Una mujer en la cumbre

Chus Lago

Una mujer en la cumbre

Prólogo de
Cristina Morató

PLAZA & JANÉS

Primera edición: abril, 2004

Printed in Spain – Impreso en España

ISBN: 84-01-30526-8
Depósito legal: B. 14.613 - 2004

Fotocomposición: Lozano Faisano, S. L. (L'Hospitalet)

Impreso en Limpergraf
Mogoda, 29. Barberà del Vallès (Barcelona)

L 3 0 5 2 6 8

En memoria de mi tía Agustina,
mi hada montañesa

A Javier Iglesias, Senén Cruces,
Moncho Melón, Miguel López y Santiago Suárez,
la cordada que perdimos

A Antonio, mi marido, que pactó
con el diablo (mis montañas)

ÍNDICE

AGRADECIMIENTOS

A Raquel Gisbert, mi editora, que escaló a mi lado las páginas de este libro.

A Jorge Santos y Almudena Santiago, del departamento de marketing y publicidad de CAIXANOVA, porque su oficina fue el campamento base en el que se urdió ir *Tras las huellas del Leopardo.*

A Marcela Joyas y Fernando Souto, que además de amigos son los encargados de la «intendencia» de mis expediciones.

A mi querida Cristina Morató, a Fernando Rey, Roberto Fontán y Soledad Antón, empeñados en darme a conocer.

A Jorge Méndez, mi entrenador, y al Gimnasio Coliseum de Vigo, por cedernos su «sala de torturas».

A José Ramón Bacelar, el hombre que más sabe del Himalaya, por dentro y por fuera. Al doctor Daniil Ivanich, por permitirme escribir hasta altas horas de la noche, por sus primeras curas y tantas cosas más.

Al doctor y montañero José Ramón Morandeiras, que gracias a su gran experiencia no he acabado escribiendo este libro con los dedos de los pies.

A Julia Carazo, Isabel Dorado y Celia Iturralde por los paseos por el campo, las charlas y su apoyo.

PRÓLOGO

Hay una fotografía que refleja como ninguna otra el espíritu indómito de Chus Lago. La imagen fue tomada en 1998 cuando la escaladora afrontaba el mayor desafío de toda su carrera, el ascenso al Everest, la montaña más alta del mundo. Era su primer intento en solitario, y la culminación de un sueño al que había dedicado los últimos siete años de su vida y muchas horas de duro entrenamiento. En ella se ve a Chus, apenas un punto negro en medio de un imponente paisaje helado, abriendo huella sobre un manto de nieve virgen. La belleza del instante no oculta el peligro real de la ascensión. Chus camina lentamente como una trapecista, sin ayuda de cuerda, a más de 7.000 metros de altitud, por la peligrosa arista noreste que conduce a la cima. Un solo paso en falso y la capa de hielo que se encuentra bajo sus pies podría resquebrajarse y lanzarla 2.000 metros cuesta abajo arrastrada por una avalancha.

En aquella ocasión Chus se quedaría a escasos seiscientos metros de la anhelada cima, pero recuerda la experiencia como la más intensa y gratificante de su vida. Por primera vez había sentido lo mismo que aquellos exploradores del XIX que se aventuraban por un mundo aún por cartografiar, una «terra incógnita» llena de misterios y peligros. Seis meses después, la infatigable alpinista regresaría al mismo lugar y conseguiría hacer cumbre y sentirse según sus palabras «fuera de la Tierra». Aquel histórico 26 de mayo de 1999 la atleta gallega se había convertido en la primera española y la tercera en el mundo en escalar el Everest sin ayuda de oxígeno artificial. Chus había demostrado con su hazaña que una mujer sola, con buena preparación física y mucha constancia, sin necesidad de sofisticados equipos técnicos ni de un ejército de sherpas, podía conseguir llegar a donde se propusiera, incluso a la cima del mundo, respirando con sus propios pulmones.

Chus Lago es la única alpinista del mundo que ha coronado la montaña más elevada y mítica del planeta sin ayuda de oxígeno y vive para contarlo. Este dato que haría presumir y sacar pecho a más de un montañero, para Chus sólo significa un premio a la constancia y al sacrificio. Desde que tenía diecinueve años entrena cinco horas diarias de aeróbic que le permiten soportar —entre otras muchas cosas— largas y penosas ascensiones por encima de los 7.000 metros de altitud cargando más de veinte kilos a sus espaldas. Los médicos deportivos que le han realizado pruebas de esfuerzo la califican como la «Indurain» de la escalada y resaltan su extraordinaria capacidad para recuperarse de las pruebas más extremas y su devoción por el trabajo físico. Quizá porque el corazón de Chus late al ritmo de un atleta de élite, pudo permitirse el lujo de contemplar aquel día el mundo a sus pies sin una máscara de oxígeno que empañara su visión. «La cumbre es lo que sueñas hasta que la alcanzas, es el poder de tu deseo. Y no ves a Dios, pero sí, glaciares, lunas y soles... y montañas blancas y azules, marrones y grises. Y llegué al límite, al borde, al final, al extremo. Sentí lo que no se alcanza con los sueños: la intensidad», escribiría en su diario.

Algunas de sus antecesoras no tuvieron tanta suerte. La inglesa Alison Hargreaves, una experta alpinista de renombre internacional, lo consiguió en 1995 pero moriría más tarde en el descenso del temido K-2 cuando intentaba alcanzar las tres cimas más altas del planeta en el mismo año. Tenía treinta y tres años, era madre de dos niños y se esforzaba por escalar las montañas con lo mínimo indispensable, sin ayuda de oxígeno embotellado ni porteadores de altura. La norteamericana Franca di Estefano en la primavera de 1998 coronaba triunfante el Everest, pero poco después moría en el temido descenso tras permanecer dos días con vida, sin que nadie pudiera rescatarla.

Quien no entienda qué mueve a un ser humano a emprender aventuras tan difíciles y peligrosas, tendrá que leer las páginas de este evocador libro donde la escaladora se revela como una prometedora escritora. Chus, viajera incansable, poeta de la montaña, nos transmite sus vivencias y sensaciones más personales en escenarios tan distantes como los Andes peruanos, las legendarias llanuras de Kenia o la cordillera del Himalaya, que la atrapó con apenas veintidós años. De su mano nos adentraremos en los silenciosos monasterios tibetanos, las remotas aldeas de las estepas, los ríos sagrados de la India y los coloristas mercados del Nepal. También en el alma de los sherpas, el miedo a las avalanchas, a las brutales tormentas de nieve, a la soledad y a morir congelado, muy lejos de casa.

Chus me confiesa que la llamada de la montaña tiene más que ver con «vencer el miedo, aceptar con entusiasmo vivir al límite y comprender la fragilidad de la existencia» que con una mera competición deportiva. Ella pertenece, por mérito propio, a ese restringido grupo de personas que necesitan el desafío para sentir al máximo la aventura de vivir. A mí, que la admiro profundamente, me gusta saber que hay quienes no se conforman con el bienestar que ofrece nuestra sociedad de consumo y que prefieren comprobar hasta dónde llega su valor, su aguante y su energía. Y demostrar, como decía la viajera y orientalista Alexandra David Néel, quien en 1924 recorrió a pie cerca de 3.000 kilómetros en el País de las Nieves sin apenas provisiones y soportando temperaturas extremas, «lo que vale la voluntad de una mujer».

CRISTINA MORATÓ

LA MONTAÑA INVISIBLE

La tarde del 26 de mayo de 1999, las únicas fumatas que se elevaron en el aire fueron las largas columnas de cúmulo-nimbos, puestas en pie sobre los glaciares, y el humo de las hogueras de enebro que los sherpas encendieron para estar a bien con los dioses que habitan el Himalaya, y éstos estuvieron conformes. Apenas sopló una ligera brisa. Una brisa que a aquella altitud podría bastar para inmortalizarte como a una momia por el resto de la eternidad si, entretanto, se conseguía parar el recalentamiento del planeta.

Ni los partes meteorológicos que se recibían, casi a diario, vía satélite en el campamento base, ni cierto libro tibetano augurando propicios días de cumbre sirvieron para nada. Pasó porque sí, porque las fuerzas de la naturaleza y las que no se explican decidieron que desde el macizo Kangchenjunga hasta el Dhaulagiri, del sur al este y desde el oeste hasta el norte reinara la más absoluta calma.

Lo había conseguido, me había subido al techo del mundo, el Everest dejaba de ser un sueño.

Llegué a mi tienda hacia las seis de la tarde caminando con paso vacilante, inmensamente agotada. Mi cabeza había salido mejor parada de aquella aventura de llegar a la altura más deseada. Es cierto que lo último sólido que había ingerido habían sido los cereales del desayuno del día anterior. No había vuelto a pensar en la comida, sólo en dar un paso y otro que me acercaran hasta la cumbre del Everest y en volver de nuevo a mi campamento antes de que llegara la noche.

Me dejé caer a la puerta de la tienda, el sol era un ascua sofocando incandescente la cordillera. Llegué raspando la mágica hora del ocaso, sin perder la zapatilla.

Sentía los músculos del rostro paralizados por el frío. Le dije a Sandu, mi porteador, que él siguiera y que ya nos encontraríamos en el siguiente campamento. Estaba machacada por tantas horas de tensión y esfuerzo. Sandu, escudado en la máscara de oxígeno, se deslizó campaneando de un lado a otro de la cuerda que partía justo a mis pies.

Yo había decidido quedarme. No podía seguir bajando. Mi cuerpo ya no respondía. Nunca en toda mi vida me había sentido tan cansada. Recuerdo que reflexioné sobre aquella sensación tan abrumadora en la que extender un dedo suponía, en sí mismo, un insoportable esfuerzo de voluntad. Me movía el instinto de supervivencia y el de una promesa.

Aldo, uno de los escaladores italianos que descansaban en aquella misma tienda, me ayudó a quitarme la carcasa de las botas. Preparó té y se tumbó a descansar a mi lado. A la una de la madrugada abandonó el saco y partió hacia la cima, tal como horas antes hiciéramos Sandu y yo.

Estaba sola. El ser más cercano a mi tienda era el cadáver de un alpinista que el deshielo dejara al descubierto entre las rocas y la nieve. Unos metros más arriba el equipo de georgianos aguardaba también, hacinado en una maltrecha tienda, el momento de bajar y maldecía porque ya no le quedaba gas con que derretir nieve y preparar un poco de agua.

Me tumbé a lo largo de la esterilla aprovechando el espacio que Aldo había dejado libre. Me faltó el aire. Probé a poner la mochila de respaldo, con la cabeza más elevada que el resto del cuerpo, hasta que el ahogo me obligó a incorporarme nuevamente.

Había estado boqueando como un pez fuera del agua durante horas, inspirando a un ritmo frenético. Me pareció que el latido del corazón se propagaba en la oscuridad como el redoble de un tambor, que me traspasaba la piel, la fina membrana de nailon de la tienda, y que el mundo entero podía oír aquellas lentas y poderosas contracciones Bombeaba sangre dos veces más saturada de glóbulos rojos como consecuencia de la altitud. Acababa de quedarme sin oxígeno en la bombona. En todas aquellas semanas en altura únicamente la había utilizado durante esas tres horas escasas, en el tramo del descenso que acababa de terminar. Cuando el oxígeno se acabó, mi cuerpo reaccionó enloquecido al cambio de presión.

Aguardé sentada a que llegara el amanecer. Sólo tenía una cosa que hacer esa noche: sobrevivir a la espera. Mi madre me había prohibido terminantemente que me muriera en aquella montaña.

Mientras llegaba la claridad de la mañana, estrangulé el cuello de la lámpara frontal. Con la luz todo se ve de diferente manera.

Me repetía «no va a pasarte nada, nada». Imaginaba una y otra vez el momento de llegar a la base de la montaña. Cogería las baterías del teléfono y marcaría el número de casa para hablar con Toni, mi marido. En aquel momento se entrenaba corriendo en el parque de Castrelos, en Vigo, sin sospechar que me encontraba en el campamento III, y que respiraba más rápido que él sin siquiera mover un pie. La última vez que hablamos le dije que no podría conectar el teléfono hasta pasada una semana, y que no se preocupara porque antes de empezar a subir le avisaría. Le había engañado. Mentí piadosamente. Nada más colgar emprendí camino al Collado Norte, la primera etapa hacia la cumbre.

Por fin mi madre dormiría tranquila, y dejaría de despertarse angustiada en plena noche, asaltada por la duda de si yo seguía viva.

A las seis de la mañana descorrí la cremallera. El cielo estaba totalmente despejado y la temperatura rondaba los diez grados bajo cero. Arrastré fuera la mochila como pude e hice una pausa obligada para recuperar el aliento. La cuerda fija estaba a pocos metros de distancia. Me detuve un par de veces más antes de conseguir engancharme a ella.

Sandu me aguardaba preparando agua en nuestra tienda del campamento II y Nimpengba, mi otro porteador, nos salió al encuentro cerca del campamento I, situado sobre el Collado Norte.

Recobré el aliento a medida que iba perdiendo metros. Sin darme cuenta, en algún momento dejé de pensar en la respiración para concentrarme única y exclusivamente en el puro cansancio físico.

A media tarde entraba, por fin, en el campamento base avanzado. Estaba situado a la nada despreciable altitud de 6.400 metros, el más elevado de cuantos existen en el mundo.

Maila, el cocinero; Sadru, el joven tibetano que le ayudaba en sus labores; Isicawua, un alpinista japonés, huésped como yo del campamento italiano, y su sherpa de siempre, Dorje, salieron a recibirme. A través de sus ojos comprendí lo que acababa de hacer. Me senté extenuada, emocionada y lloré.

Desde aquel campamento hasta el lugar donde, por decirlo de alguna manera, la vida es posible de forma permanente, había todavía una distancia de veintidós kilómetros. Siguiendo un sendero a orillas del glaciar de Rongbuk, se llegaba al campamento base y al monasterio de Rongbuk, donde una pista de tierra se alejaba en dirección norte para acabar enlazando la carretera que une la ciudad de Katmandú con Lhasa, la antigua capital del Tíbet.

Dos días más tarde desmonté la que había sido mi casa durante seis semanas para concluir con el definitivo tramo de la montaña.

Al abrigo de la cara oeste del monte Changset la temperatura se suavizó.

Descansé sentada sobre una roca del camino. La delgadez impedía que mis muslos se juntaran. Mientras calculaba cuántos kilos habría perdido, miré al suelo entre mis piernas, y descubrí una retama de hierba y una flor lila sin cuello. «Por fin hierba», me dije.

El glaciar estaba a punto de romper su voto de silencio. A esa altura comienza el deshielo y todos los sonidos del agua y de la vida. Saboreé la frontera. Supe que llegaba el final.

El silencio se murió de un portazo, el que dio el chófer del jeep cuando el último de nosotros montó en la Land Cruiser. La puso en marcha y metió en el radiocasete una cinta de canciones chinas. La estepa, plana y sin sobresaltos, nos cercó con su marea de mar en calma.

El 2 de junio, Sandu, el equipo de alpinistas italianos y yo dejábamos atrás el País de las Nieves —el Tíbet—, regresábamos a Katmandú, la capital de Nepal, para volar a casa.

El Everest fumaba nieve en el horizonte azul, cada vez más lejano. Miré por última vez el vértice de su magnífica pirámide donde la tierra se acaba y me asombré, no tanto de mí misma, sino de la determinación humana.

Una semana más tarde estaba en casa. Mientras me dirigía hacia la terminal del aeropuerto de Vigo con Toni a mi lado, el creciente rumor de una canción que coreaban cientos de personas me despabiló del amodorramiento del vuelo. Eran mis alumnos del gimnasio, en el que trabajaba como monitora de aeróbic desde los diecinueve años, amigos y familiares que me cantaban una canción popular gallega, *A Rianxeira*, la misma que le coreaban al Celta en sus tardes de gloria futbolística.

Bajé las escaleras hasta la sala de recogida de equipajes. Los destellos de las cámaras de fotos y de televisión de los periodistas hicieron fuego a discreción. Mi madre apareció, como en cada regreso de una expedición, asida a un ramo de flores y con la sonrisa intranquila. La tomé por el aire, nos besamos emocionadas y vi en sus ojos cuánto había sufrido y que toda aquella fiesta no le compensaba. Había crecido oyéndole decir «No sé a quién sales, nena» como un reproche cosido a la admiración por atreverme a ser lo que nunca me había enseñado, desesperada porque el destino que ella me deseaba se le torcía más con el paso del tiempo.

Atravesé la puerta de recogida de equipajes sin imaginar la dimensión de aquella bienvenida, aplausos, gritos y lágrimas. Los más pequeños de la familia traspasaron la calurosa barrera con ramos de flores y pancartas dibujadas por ellos mismos, con montañas en las que habían colocado un muñequito en la cima, yo. Abracé a los que me abrazaban, y pronto me vi alzada sobre los hombros de mis amigas. Mi hermano el mayor agitaba una enorme botella de cava que no terminaba de vaciarme encima. Alberto, el más pequeño de los tres, aguardaba sonriente al lado de mi padre a que aquella marabunta de locos divertidos terminara de besarme y felicitarme.

Entre las manos y caras que toqué estaba Jaime, compañero de escaladas al sol sobre la costa y de charlas colgados en plena pared. La verticalidad nos desataba la lengua y las ganas de ir algún día a tal sitio o a tal otro unidos por la misma cuerda. Nuestros veteranos profesores de montaña Antonio y Chito Veiga, de quienes había aprendido a descifrar el rumbo estelar, a instalar una tienda, a respetar y apreciar todo aquello que viene dado con la montaña, el paisaje, sus gentes, sus historias, a hacer de una caminata bajo la lluvia y la niebla una aventura inolvidable. Antonio nos había retratado a todos en la magia del papel en blanco y negro para que nunca se nos fuera de la memoria lo que habíamos vivido. Aquellas fotos se parecían tanto a las de mi padre saltando en paracaídas desde un avión del ejército en 1940 o a las de su equipo de fútbol...

Mi padre, de joven, había sido paracaidista. Lo descubrí por las fotos del álbum familiar, en las que se le veía saltando desde los junkers del ejército.

Durante unas vacaciones en Alcantarilla yo había visto a los paracaidistas saltar de verdad. Subida a la tapa del inodoro miraba atentamente por el ventanuco del baño, era el único lugar de la casa desde donde se los podía ver. Mi tía Juani decía que ya venían. Aparecieron de repente, igual que las medusas en la playa de la Punta, que llegaban todas juntas impulsadas por mágico acuerdo y llenaban la orilla, y entonces nadie se bañaba.

Permanecí allí, esperando sin pestañear, hasta que me dijeron que ya estaba, y que ya no «caerían» más.

En mi casa siempre se construyeron aviones, incluso antes de que yo naciera, cuando papá dejó de volar. Los esqueletos de los últimos aeroplanos permanecieron guardados durante muchos años detrás de las puertas, debajo de la cama de mis padres y hasta hubo un ala de dos metros de envergadura aparcada en lo alto del armario de su habitación.

Primero los dibujaba en papel milimetrado, el ala, el fuselaje, la hélice. Después recortaba en la madera de balsa cada una de las piezas. Las lijaba con mucha delicadeza para que no se rompieran y cuando tenía el esqueleto armado forraba las cuadernas de las alas con papel chino, que era de color rosa, por un lado liso y brillante y por el otro áspero como el papel higiénico de la marca Elefante.

Podía tardar meses en construir uno de aquellos aparatos sin motor y nos sobraba una tarde para convertirlo en añicos.

Solíamos ir al campo de la Rabuda con cada nuevo avión. Era una pradera próxima a la vía del tren que olía al añil y al jabón de la ropa que dejaban al clareo.

Alberto y papá eran los encargados de poner el avión en el aire. «Suelta», le gritaba, y como un milagro, cada vez, elegante y liviano, nuestro avión se bautizaba tomando altura. Los demás niños, que dejaban sus juegos al vernos llegar, lo perseguían corriendo (yo entre ellos), con los brazos abiertos en cruz como si fuéramos la sombra de un escuadrón. Papá y José miraban. Así una y otra vez hasta que un desafortunado aterrizaje lo dejaba maltrecho sobre la hierba. Regresábamos a casa cargando cada uno con un pedazo y mi madre nos miraba entrar compasiva, como si en vez de tres hijos tuviera cuatro.

Una tarde, mi padre nos llevó al monte de La Madroa. Había leído en el periódico que un hombre iba a saltar desde el mirador en ala delta y sobrevolaría Vigo. Nunca habíamos visto nada parecido. Subimos caminando desde casa, por el mismo sendero que solíamos recorrer cuando íbamos a comer los domingos al bosque de castaños. Mucha gente se había congregado cerca del mirador para ver el acontecimiento. Al borde de las rocas había un hombre al que nadie se acercaba pero al que todos miraban. Contemplaba el paisaje de montañas gastadas y la ciudad a los pies de la ría. Parecía ignorar la expectación que se cernía en torno a él y al aparato, unas enormes alas de colores que impresionaban por su sencillez.

No hizo ni pizca de viento. La gente empezó a impacientarse y a protestar: «¡Que salte de una vez!». Mi padre se le acercó cuando ya llevábamos más de dos o tres horas aguardando. Desde atrás, el público los observaba mientras ellos charlaban tranquilamente, como si poseyeran un algo en común que los demás no tenían. Regresó para decirnos que volvíamos a casa. Se acercaba la noche y seguía sin soplar un triste suspiro de brisa.

El invento más simpático y aparatoso de cuantos construyó mi padre fue, sin embargo, un engendro de velero plano montado sobre seis neumáticos de camión. Convirtió nuestra sala de estar en una auténtica carpintería, con serrín incluido, con la complicidad de mi madre que confeccionó una preciosa vela color tomate. Además tenía mástil desmontable, timón, mosquetones y poleas de acero inoxidable, «para que no se los comiera el salitre», nos decía.

El día de la tan ansiada botadura tuvimos que bajarlo con una cuerda por el hueco de las escaleras desde el cuarto piso donde vivíamos. Cómo llegó a la playa se me pierde en la memoria.

Los bañistas se levantaron cuando vieron «aquello» atravesando la arena entre sus toallas dirigiéndose a la orilla del mar.

Papá llevaba el tabaco y el mechero en el bolsillo de su camiseta de perlé gris. Pensé si de verdad podía ser tan optimista como para no haber considerado la posibilidad de volcar y darse un chapuzón.

Lo perdimos de vista entre las bateas, zigzagueando «mar adentro» como un insecto mono ala, desequilibrado. Años más tarde todos lo recordarían posiblemente como la primera tabla de windsurf que se había visto por aquellas costas. Cuando la gente regresó a sus toallas y los niños a los flanes de arena nosotros permanecimos allí, al pie del agua, con la mano de visera sobre la frente.

«¡Ya viene!», José señalaba nervioso al horizonte. Papá regresó completamente empapado, sentado en la proa de la chalana de un pescador que a su vez remolcaba nuestro bote. Se lamentó de que se le hubiera mojado el tabaco y que al *Lago I*, el velero, le faltara un pequeño detalle, algo así como una quilla.

Yo creo que la afición al montañismo me entró por el mar. En Galicia la costa empieza y se acaba en los montes. Toda mi familia subía al monte a comer después de haber pasado la mañana del domingo retozando en la playa. Tanto subí, que, por fin, a los once años me dejaron inscribirme en la sección de montañismo del colegio. Ese mismo año, mis hermanos José y Alberto se hicieron socios de Montañeros Celtas, donde fui a parar yo también seis meses más tarde. La memoria más antigua y fascinante que conservo de la montaña se remonta al día en el que dormí por primera vez fuera de casa, en una tienda de campaña. Se oía el sonido de los árboles y de la hoguera avivada por el viento. Me pasé toda la noche viendo las sombras chinescas que dibujaban los pinos en el toldo de la tienda y los bultos de los otros niños arropados en sus sacos de dormir.

Los mayores tenían razón al afirmar que el momento más frío de la noche sucede poco antes del amanecer. Y ese día amaneció gris, envuelto en lluvia *poallenta* y pegajosa. Por la mañana llegué a la cumbre antes que nadie. Había sido como cruzar una puerta en la niebla. Los mejores momentos que he vivido a lo largo de casi treinta años han sido igual de sencillos.

La primera vez que vi nevar también fue en la montaña, a través de la puerta de una palloza en Ancares, en la provincia de Lugo. Un paisano nos despertó al grito de «Arriba rapaces, venid a ver cómo nieva». Todavía dentro de los sacos, corrimos hacia la puerta saltando a pies juntillas. Caían plumas del cielo que nos hacían cosquillas en la cara. Recé todo el día para que nos quedáramos bloqueados y no pudiéramos volver al colegio esa semana. Pero, por desgracia, no cayó con la suficiente intensidad. El martes, en el telediario, daban la noticia de que Piornedo y otros pueblos de la sierra se habían quedado incomunicados. «Hummm, ¡por un poquito!», lamenté.

Los lunes por la mañana, en el colegio, solía tocarme pasillo. «María Jesús Lago Rey, salga fuera de la clase hasta que la avise.» A nadie le interesaba oír que se pueden atravesar las nubes y que a veces éstas anegan el valle convirtiéndolo en una laguna de humo. Lo divertido era cómo nos habíamos perdido en medio de la sierra o que habíamos tenido que dormir al raso, muertos de miedo por si venían los lobos o el *Saca untos*. Aunque ninguno creíamos en los personajes de leyenda, el paisaje gallego ayudaba mucho llegado el momento.

Confieso que he olvidado los nombres de casi todas mis compañeras de colegio. Sin embargo, no he olvidado la fórmula de la calcita, ni las partes de las que se compone un glaciar, algo que posiblemente ellas ni recuerdan haber estudiado. La memoria selecciona, no cabe duda, aquello destinado a permanecer.

En las Navidades de 1975, los Reyes Magos me dejaron una

mochila, una cantimplora y un par de medias de lana que sin duda eran para montañeros porque tenían muchísimos colores. Mi cantimplora se parecía a un ovni forrado de cuero. El cazo de aluminio para el desayuno había sido un regalo de mis padres el día que mis hermanos y yo nos apuntamos a la Operación Benjamín. Enseguida tendría oportunidad de hacerme con la fiambrera. De hecho, llegué a tener tantas que durante la semana estorbaban en la alacena de la cocina.

Parecer un montañero era bien sencillo. Bastaba con cargarte unos pantalones de pana, viejos a ser posible, cortándolos a la altura de las rodillas. Nos daba la sensación de que con todo aquel equipaje nos creíamos los montañeros famosos que aparecían en las revistas de escalada. Un día, por casualidad, di con un antiguo comercio en el centro de Vigo llamado Almacenes Barcelona. El promedio de edad de sus clientes sobrepasaba, bien a gusto, los sesenta años. Entre la mercancía que colgaba expuesta en perchas, había bragas enormes, sostenes al más puro estilo victoriano que llegaban a la cintura y con tantos corchetes que la que se pusiera aquello tendría que contarlo como actividad del día. Mi interés se centraba exclusivamente en la lencería masculina de felpa, pero ni siquiera a mi padre se le hubiera ocurrido comprar aquellos calzones y camisetas. Seducción aparte, aquellas camisetas abrigaban, pero nunca conseguí hacerme con una de mi talla. Así que de esa guisa me vestía cada sábado: camisa de leñador a la altura de medio muslo, Chirucas, y dos trencitas sobresaliendo bajo el gorro de lana.

Fue por esa época cuando la casa Kamet sacó al mercado un modelo de bota de cuero provista de un botín interior, lo mejor que se había visto para caminar por la nieve. Pero a lo máximo que mi asignación semanal me dejaba aspirar era a unas Chirucas flexibles que costaban unas 350 pesetas. Cuando llovía eran auténticas esponjas y sobre roca mojada resbalaban como si pisaras una monda de plátano. Pasarían años hasta que por fin pude comprarme las dichosas botas rígidas de cuero.

Todavía estaban lejos de aparecer las fibras de forro polar, el Wind Stopper, el Thinsulate, el Gore-Tex o las mochilas con asas en los hombros y en la cintura, pensadas para la anatomía femenina. Yo pertenecí a la última generación de montañeros que escalaron con bota de cuero y piolet de madera.

Cuando acabé el instituto, comencé a trabajar como instructora de aeróbic. Al finalizar la jornada laboral, cambiaba la bolsa de deporte por la mochila. Me subía al coche con varios amigos, gasolina a escote, y emprendíamos viaje hacia nuevos y diferentes lugares: Picos de Europa, Pirineos, Sierra Nevada... En el año 1987 trabajé una temporada en la biblioteca de mi antiguo instituto combinando el horario con el del gimnasio. Mis compañeros de escalada José Carlos, Luis y Moncho Melón y yo trabajábamos en lo que fuera para ahorrar unos durillos y poder irnos a la Cordillera Blanca, en Perú. Ese año, por fin, hicimos cola ante el dispensario de vacunación y nos inmunizamos contra el cólera, la fiebre amarilla y el tétanos. La agencia de viajes nos brindó la oportunidad de pagar a plazos los billetes de avión. Desde ese preciso momento, comencé a contraer una deuda fija (discontinua) que iría heredando de expedición en expedición.

El petate sin deshacer parecía un ballenato azul varado en la alfombra del salón, tocado de muerte por los bajos, señal de haber sido arrastrado, sin ningún tipo de consideración, por algún desaprensivo mozo de aeropuerto. Los rotos, fruto de antiguas y recientes heridas, certificaban que aquellos viajes no eran precisamente un camino de rosas. Había atravesado las tres cuartas partes del hemisferio Norte hasta China en bodegas de aviones, a lomo de yaks, en bateas de polvorientos camiones y, aun con todo aquel olor a vagabundo, Toni y yo lo habíamos paseado, el mismo día que regresé desde el Himalaya, por los pasillos de uno de los hoteles más lujosos de Madrid, cortesía de mis patrocinadores.

Al abrirle las tripas, la exótica esencia de Asia profanó la casa. «¡Qué peste!», exclamó Toni batiéndose en retirada del salón.

Cuántas veces de niños, al regresar a casa de una acampada, nos hacíamos sitio hacia el fondo del autobús atravesando conversaciones, perfumes y miradas contrariadas que nos reprochaban el tufo a hoguera que dejábamos flotando en el aire como un pecado.

Aquella tarde, sin embargo, Golfo, el gato, parecía sentirse atraído por mi petate. Tal vez percibía un invisible más allá: el del fuego de las cocinas del Tíbet alimentado con bosta de yak, el del té negro con mantequilla o el del incienso de todos los templos que había visitado, olores que se mantenían a pesar de que la ropa estaba limpia.

Sandu se había ofrecido a llevar la ropa a la lavandería nada más llegar a Katmandú: «Será más barato que si la dejas al servicio del hotel». Supongo que se refería a las mujeres que lavaban a mano tinas y tinas de ropa a orillas del río Bishnumati y que luego colgaban de larguísimos tendales multicolores a las afueras de la ciudad para que se secaran al aire.

Siguiendo con la rutina del regreso, me puse manos a la obra con el inventario del petate. Siempre se producen bajas. Algo que se rompe, o sale volando como le había ocurrido a una de mis manoplas, o algo que desaparece misteriosamente, como era el caso del generador.

En el momento de cruzar el Puente de la Amistad, en la frontera de China con Nepal, contratamos una docena de *coolis*, porteadores tibetanos, para que nos ayudaran a trasladar el equipo de un camión a otro; a la mayor parte de los vehículos no les está permitido atravesar el puente. En medio de una algarabía de trekkinistas, turistas y *coolis*, que iban y venían a pie cargados con bultos de lo más dispares, perdí de vista al muchacho que cargaba con el generador. El caso fue que éste no llegó a su destino... o sí.

Terminé de guardar la última pieza de aquella aventura. Recorrí la casa abriendo y rebuscando cosas en los cajones. Toni me preguntó si buscaba algo y yo le contesté que no, que simplemente las miraba y sonrió con esos ojos de madera de castaño que guardan más de lo que dicen.

El regreso era siempre así. El tiempo transcurre de forma diferente para los que se van. De repente, me reencontraba con la parte de mí misma que se quedaba, la que me une al suelo y le da continuidad a la vida, la que me reengancha al engranaje cotidiano. Como si la intensidad y las emociones tuvieran la capacidad de alargar el tiempo, me sentía regresar a casa transcurridos varios años.

Dejé sobre la estantería un nuevo diario, el número once. Olvidar me horroriza más que resbalar por una rampa de hielo hacia el vacío, es como quedarse sin parte de uno mismo. El testimonio de mi paso por Kenia quedaba reflejado en el cuaderno de tapas duras que tenía pintado un impala negro en la tapa. En Nepal había comprado cuadernos de papel de arroz forrados de seda, con brillantes bordados de dragones y motivos tántricos, y en algunas páginas la tinta se había emborronado por la lluvia. Los cuadernos más corrientes pertenecían a las expediciones a la Cordillera Blanca del Perú, la Cordillera Real de Bolivia y a la de Pamir, en Kirguizistán.

Podía leerlos sin abrir una página, y sentarme de memoria bajo una acacia a contemplar el lánguido caminar de las jirafas u otear desde la cima del Gran Condoriri o del monte Illimani el altiplano boliviano. Podía ver la ciudad de Machu Picchu desde lo alto del Huayna Picchu y navegar entre los espejismos del lago Titicaca. Al otro lado de la estantería había un montón de cuadernos en blanco esperando sus expediciones. Aquello de escribir las sensaciones que se me filtraban en cada viaje empezaba a ser una costumbre que ya no podría abandonar.

Hasta yo misma podía darme cuenta de que siempre había estado buscando algo, algo que cada vez parecía estar más lejos, más alto, más difícil de alcanzar, y que me había llevado a escalar una montaña y otra hasta alcanzar la cima del Everest. Había traspasado el límite del miedo, del amor y de la fatiga.

Nunca me había preguntado el porqué ni para qué, pero ahora, después de semejante esfuerzo, necesitaba averiguar cuál era su significado. La respuesta siempre había estado allí, en cada uno de los diarios, aunque yo no me había dado cuenta hasta entonces. Bastaba con echarles un vistazo para comprender que las montañas eran como espejos gigantes donde uno podía verse reflejado, representaban la dimensión del propio desafío humano. La cumbre de mi Everest tenía, entonces, el mismo valor de todo aquello cuanto había sido capaz de superar.

Después de tantos años apuntando con todas mis ganas hacia ella también me había equivocado al pensar que los sueños se acababan allí mismo; el fin no estaba en aquella cima ni estaría en ninguna otra; vivir la montaña... ése era el fin.

TRAS LAS HUELLAS DEL LEOPARDO. POBEDA 2003

En 1993 visité la cordillera del Pamir (en Asia Central) para escalar el pico Lenin, uno de los más elevados de la extinta Unión Soviética y que antes de la muerte del líder bolchevique en 1924 se llamaba pico Kaufman.

Sin planteármelo, había escalado una de las cinco montañas que se necesitan para obtener la medalla de honor «Vencedor de los picos más altos de la Unión Soviética». Este título honorífico, de nombre tan pomposo, fue propuesto por la Federación de Alpinismo de la URSS en 1967 coincidiendo con la celebración del cincuenta aniversario de la revolución bolchevique y en el momento en el que el país disfrutaba de su máxima grandiosidad y expansión económica.

Muchas montañas de Asia Central fueron bautizadas con el nombre de los líderes comunistas y utilizadas como plataforma propagandística de ciertos acontecimientos políticos. Así, en la cordillera del Pamir se encuentran picos de nombres tan curiosos como es el caso de El Decimonoveno Congreso del Partido Comunista, el pico Lenin o el Comunismo (rebautizado con el de Somoni recientemente).

Tres de las cinco montañas necesarias para obtener la medalla se encuentran en la cordillera del Pamir y las otras dos en la cordillera de Tian-Shan. Pamir es el segundo sistema montañoso más grande del planeta y se extiende a lo largo de las repúblicas de Tayikistán, Kirguizistán, Uzbekistán, Afganistán y China. A esta cordillera pertenecen el pico Somoni de 7.495 metros, el pico Lenin de 7.134 metros y el Eugenia Korgenevskaya de 7.105 metros, llamado así gracias a la buena ocurrencia de su descubridor N. Korgenevsky de bautizarla con el nombre de su esposa.

La cordillera de Tian-Shan es la tercera más elevada de la Tierra y se extiende a lo largo de las fronteras de Kazajstán, Kirguizistán y China, que es donde se encuentra el monte Muztag, de 7.723 metros, y que no contaba en la medalla por encontrase fuera del territorio soviético. Durante décadas los exploradores que se adentraban en Tian-Shan creían que el pico Khan Tengri era la montaña más elevada del sistema comprendido en la zona soviética, algo perfectamente comprensible ya que su fisonomía de aleta de tiburón destaca sobre los demás picos con el mismo orgullo que si en verdad se tratara de la máxima altitud.

El explorador y alpinista germano G. Merzbacher también lo creía cuando a principios del siglo XX se adentró por el norte de Tian-Shan buscando un acceso que le permitiera llegar hasta la base del Khan Tengri y escalarla, lo que no fue posible. Veintiocho años más tarde de aquel fallido intento, un equipo de alpinistas rusos logró alcanzar la cima. Pudieron hollar, no muy lejos de allí, otra montaña que presumiblemente podría robarle la hegemonía al Khan. Acababan de descubrir el pico Pobeda (entonces ni siquiera tenía nombre). En 1943 un equipo de topógrafos llevaron un teodolito para salir de dudas. Las mediciones revelaron que tenía una altitud de 7.439 metros. Se trataba, ni más ni menos, que del siete mil más septentrional de la Tierra.

En 1982 la Federación de Alpinismo de la URSS, debido al conflicto territorial con China, que se había acrecentado desde la muerte de Stalin, decidió cerrar el acceso al monte Pobeda debido a la proximidad de la frontera, e incluir en su lugar el pico Khan

Tengri (entonces no comprendido en la medalla). En la actualidad, se requieren las cinco montañas (Lenin, Somoni, Korgenevskaya, Khan Tengri y Pobeda) para ser merecedor de este título honorífico al que los alpinistas han terminado llamando simplemente el Leopardo de las Nieves.

El 6 de agosto de 2001 alcancé la cima del Khan Tengri junto a mi compañero de cordada Merab Khabazi, un alpinista de la República de Georgia. En esa expedición, también intentamos escalar el Pobeda, aunque no lo conseguimos. A Merab lo había conocido realmente un año antes, en Tayikistán, en la cordillera del Pamir, cuando nos unimos para escalar el pico Somoni y el Korgenevskaya. Es cierto que habíamos coincidido en la cumbre del Everest, el 26 de mayo de 1999, pero eso no contaba, porque yo ni siquiera tenía conciencia de ese hecho, ya que apenas cruzamos unas palabras. Después en Katmandú me lo había encontrado fugazmente con el grupo de los italianos intercambiando direcciones y ni siquiera lo reconocí. Me guardé su dirección junto a otras tantas; cuando se trata de hacer alpinismo el mundo es muy pequeño. Meses más tarde, a la vuelta del Everest, preparé una expedición al Pamir. Cansada de no recibir contestación por parte de las agencias de trekking de Tayikistán, me decidí a escribirle por si él podía hacer algo. Me imaginé que le resultaría más fácil, ya que era un escalador de una república ex soviética. Así fue. Para él, el Leopardo de la Nieves era un proyecto más que familiar; entonces en España apenas se conocía. Cuando Merab me dijo que le apetecía sumarse al proyecto no me lo pensé mucho, se trataba de un alpinista con mucha experiencia, su historial le avalaba. Por nuestras breves conversaciones telefónicas me había parecido un hombre serio, tenía treinta y nueve años y era científico, estaba casado y tenía una hija pequeña. Hablaba varios idiomas. Además de su lengua materna, el georgiano, dominaba perfectamente el ruso, el inglés y el castellano.

Según mis cálculos, había que salvar fuertes desniveles antes de alcanzar las cimas de aquellas montañas, ya que los campamentos base estaban situados a muy baja altitud y esto suponía tener que portear durante muchos días. No parecían montañas muy frecuentadas y la tarea de abrir huella era una empresa agotadora. Por otro lado, excepto el pico Lenin, todas eran montañas técnicas, con tramos mixtos (roca y hielo) y zonas de grietas que había que atravesar encordado.

A día de hoy, Merab y yo todavía no hemos conseguido superar del todo las diferencias de opinión en cuanto al modo y la forma de hacer las cosas. Nuestra amistad, sin embargo, no ha dejado de crecer a la par con las dificultades y momentos de gran riesgo que nos ha tocado compartir. Siempre que nos embarcamos en una nueva expedición nos decimos que ésta será diferente, tranquila, sin incidentes, de esas que nunca ocurren y que empiezo a dudar que de verdad existan.

En aquella expedición de 2001 escogimos la ruta sur del Khan Tengri porque el campamento base era el mismo que se utiliza para ascender al Pobeda. De haber escogido la ruta norte hubiéramos necesitado un helicóptero, con el consiguiente desembolso económico que esto suponía. Tan sólo tres días después de nuestra llegada al campamento base, sin más aclimatación que la de haber pasado tres días y tres noches a 4.000 metros de altitud y de dar un corto paseo por el glaciar, nos dispusimos a escalar el Khan Tengri. La ruta sur es peligrosa debido a la caída de avalanchas que continuamente bajan del pico Chapaev; este pico forma con su vecino el Khan Tengri una especie de canal de paso obligado hacia el Collado Norte y hacia la arista oeste. Cargamos con víveres, gas y todo lo necesario para siete días y también con un tablón de dos metros de largo para poder atravesar una grieta en la que ya se habían accidentado algunos alpinistas aquella temporada. Todo fue sobre ruedas una vez que pasamos la segunda noche en el campamento II a 5.200 metros, en la que conseguimos reponernos de los efectos de la altitud. Alcanzamos el Collado Norte y pasamos una tercera noche en una cueva de hielo. El 5 de agosto escalamos la mitad de la arista oeste y nos dispusimos a pasar la noche en una tienda instalada sobre una estrecha repisa, a 6.400 metros. Hacia las diez de la noche recibimos la visita de dos alpinistas que descendían de la cima sin fuerzas para continuar bajando hasta el lugar de las cuevas. Nos apretamos como mejor pudimos para caber cuatro en una tienda con capacidad para dos personas. Aproximadamente una hora más tarde llegaron otros tres alpinistas a los que no les quedó más remedio que pasar la noche al raso. Merab y yo les prestamos nuestros sacos de dormir. La noche fue especialmente dura para todos, sin excepción. Los que tenían saco no tenían tienda y algunos de los que teníamos tienda estábamos sin saco, pero además Merab y yo estábamos agotando las reservas de energía que necesitábamos para continuar la ascensión en luchar contra una temperatura de treinta y cinco grados bajo cero que nos contracturaba los músculos. Merab no paró de gemir y temblar de frío. Tuvimos que permanecer todo el tiempo de costado, inmóviles, como sardinas enlatadas.

A pesar de no haber descansado absolutamente nada, a las ocho de la mañana partimos con la idea de escalar el último tramo de la montaña. Tan pronto dejamos nuestras plazas libres en la tienda los tres alpinistas que vivaqueaban fuera se dispusieron a ocupar nuestro lugar.

Recuerdo, a primeras horas de la mañana, cuando el frío mordía como un perro infectado de rabia, mirar atrás muchas veces y ver a mi compañero que seguía en el mismo punto siempre, encogido en cuclillas tratando de reactivar la circulación de las manos.

El sol tardó lo que no está escrito en empezar a calentar la pared, una ilusión que duraría poco. El viento helado del oeste nos estaba esperando más arriba. Mientras atravesaba la última arista, en la que justo el día anterior un joven alpinista se había despeñado, me decía a mí misma que por aquella temporada ya estaba bien de montaña, de comer mal y de dormir peor; cogería el helicóptero de vuelta y me iría al sol, al suelo, al calor, a recorrer la estepa kazaka, o a bañarme en el lago Issik-Kul. Pero eso fue antes de contemplar el Pobeda desde la cima del Khan Tengri. A dieciséis kilómetros de distancia, su pared norte tapiaba el horizonte de este a oeste. Era fantástica. Me sentí atrapada por su descomunal belleza y me di de cuenta de que no tendría voluntad suficiente para llevar a cabo mis planes.

Aquel agosto nadie logró alcanzar la cima del Pobeda; nosotros no fuimos una excepción. Las fuertes nevadas abortaban todos los planes de avanzar por encima de los 7.000 metros de altitud..

Al año siguiente, en julio de 2002, regresamos a Tian-Shan, con la idea de dedicarle toda nuestra energía y atención. Pero el Pobeda dijo no, que no y que no. Después de haber sido embestidos por dos avalanchas mientras estábamos en nuestra tienda en el campamento V, a un día de lograr nuestro objetivo, de haberme caído dentro de una grieta y de padecer la dolorosa ceguera de las nieves (era como si tuviera los ojos completamente llenos de arenilla puntiaguda que no me permitía ni un leve parpadeo) nos propusimos poner distancia, mental y física, con aquella montaña. Pero no lo hicimos. Igual que me había ocurrido con el Everest, cuanto más lejos y difícil parecía estar nuestro objetivo, menos podíamos apartarnos de él. Mi marido conocía los pormenores de aquella aventura, lo llamaba a casa cada vez que bajaba al campamento base, cada nueve días aproximadamente. El día que regresamos después del primer intento, le dije que la cosa estaba difícil pero no imposible. La segunda vez, con las sensaciones todavía muy recientes (las avalanchas, la ceguera y la debilidad) le juraba y le perjuraba que se había acabado y que volvía a casa y que estaba dispuesta a tener un hijo; no, dos hijos. En realidad le pedía que me atara a la tierra, que me diera una excusa, una razón lo suficientemente fuerte que me impidiera volver a hacer alpinismo. Cuarenta y ocho horas más tarde de haber mantenido aquella conversación, rapelar a ciegas un serac ya no me parecía tan tremendo, ni tampoco el dolor de la conjuntivitis, y no me podía creer que yo le pudiera haber hablado de tener hijos teniendo cosas más importantes que hacer como era intentar una vez más alcanzar la cima de aquella montaña.

Al finalizar la expedición de 2002 nuestras actividades en la montaña corrieron suertes diferentes. Merab se marchó al norte de Georgia para escalar el Usba, la montaña más severa del Cáucaso. Una avalancha lo arrancó de la pared cuando estaba escalando de primero de cordada provocándole una caída de quince metros. Como consecuencia de este accidente se rompió el tendón rotuliano y tuvo que ser evacuado en helicóptero hasta Tbilisi, la capital, para ser operado de urgencia. Mientras esto ocurría, yo me encontraba en Nepal, escalando cascadas de hielo con tres alpinistas españoles, Miguel Ángel, Curro González y Óscar Morales.

Merab consiguió recuperarse a tiempo de acudir a nuestra cita en Kazajstán, el 20 de julio de 2003, el Pobeda nos estaba esperando.

Era 19 de julio, al abrir los ojos y ver la tenue claridad que entraba por la ventana me di cuenta de que me había quedado dormida, que había perdido el vuelo de Santiago a Madrid y me arriesgaba a perder el vuelo a Amsterdam de las diez y media; en consecuencia también el de Amsterdam a Almaty.

Toni y yo saltamos de la cama como cohetes, corrimos al coche con el equipaje y nos dirigimos a todo meter hacia el aeropuerto de Vigo, que era el que teníamos más a mano, por si todavía cabía la posibilidad de tomar un avión que me salvara de perder los demás enlaces. Por fortuna, había reservado cada tramo con bastante margen entre uno y otro.

En el momento en que nosotros corríamos hacia la ventanilla de información, el vuelo a Madrid de las 7.30 entraba en pista de despegue. La azafata de tierra me vendió un billete de otro que salía cuarenta minutos más tarde desde Santiago. Volvimos al coche y nos dirigimos a la autopista. Al pasar el peaje de Rande, la policía nos hizo detener el coche y Toni tuvo que someterse a un control de alcoholemia. Milagrosamente, llegamos al aeropuerto a las 8.25. Tiré literalmente mi billete sobre el mostrador mientras Toni se acercaba arrastrando el petate por la sala de facturación. Discutí con el azafato que se negaba a dejarme embarcar. Por fin accedió, pero era demasiado tarde para reabrir la bodega del avión. Mi equipaje se tenía que quedar en tierra. Tuve un segundo para decidir. «Pero ¿no lo entiende? ¡Ella es alpinista!, no puede viajar sin su petate», le insistía Toni desesperado. Comprendí que aquel hombre no estaba dispuesto a ayudarnos. Me dispuse a tomar una decisión de lo más urgente, la de embarcar sin equipaje o la de quedarme e intentarlo en unos días, tan pronto como fuera posible. Toni me insistió en que embarcara, que me haría llegar el equipaje como fuera. Le hice caso. Entré en el avión aturdida. Me marchaba cuarenta días a escalar una montaña y sólo llevaba conmigo una mochila medio vacía. El día se presumía estresante, no conseguiría recobrar el aliento hasta llegar a Almaty.

Mientras yo atravesaba Europa de aeropuerto en aeropuerto, Toni no perdió ni un segundo en indagar entre las agencias de transporte internacionales el modo más rápido de hacerme llegar el equipaje. Al día siguiente, a las tres de la madrugada, hora kazaja, aterrizaba en el aeropuerto de Almaty. Después de mostrar mi pasaporte, pasar la aduana, y rellenar los formularios de rigor atravesé la puerta de salida. Fuera me esperaba Merab con un taxi de la agencia Khan Tengri para llevarme al hotel.

—Pero ¿dónde está tu equipaje?, ¿han vuelto a perderlo? ¡Noo! —se lamentó al comprobar que no traía nada más que una mochila y la bolsa de las cámaras fotográficas.

—Verás, es una historia muy larga. Lo tendré aquí dentro de tres días.

El viaje de Merab había estado también plagado de incidentes. En su escala en Azerbaiyán, mientras paseaba por Bakú, la capital, haciendo tiempo hasta la hora de tomar el vuelo de Almaty, la policía le había abordado en plena calle, sin ninguna razón aparente, y los agentes le habían obligado a ir a la comisaría, donde muy hábilmente le sustrajeron cien dólares. Nos reímos a pesar de todo, pero en el fondo a los dos nos preocupaba aquel retraso. Debíamos proseguir el viaje, todavía teníamos por delante un día más hasta la frontera de Kirguizistán y China y otro para volar al campamento base.

Durante los tres días de espera en Almaty la ley de Murphy se cebó con nuestros instrumentos electrónicos: el ordenador y el teléfono vía satélite. Todo aquello susceptible de fallar, lo hizo. La espera de mi equipaje resultó de lo más entretenida, ya que tuvimos que dejar el portátil de Merab para que lo arreglaran y visitar la oficina de Turaya para solucionar el problema de conexión vía satélite. Teníamos todo tipo de enchufes, tarjetas y cables que podrían hacernos falta; sin embargo, no éramos capaces de ponerlo en marcha de ninguna manera. Por otro lado, empleamos casi una tarde en un gran supermercado del centro de la ciudad comprando la comida que precisaríamos en altitud. No era fácil porque muchas de las etiquetas de los productos estaban en kazajo y no teníamos ni idea de si estábamos comprando sopa, puré o levadura para postres.

El 25 de agosto, superada la ley de Murphy, con mi petate en el portamaletas de la Toyota de la agencia, emprendimos viaje hacia el este primero y luego hacia el sur, por las llanuras verde oliva de la estepa kazaja. Cuando parecía que el desierto estaba próximo, contra todo pronóstico, al llegar al valle de Karkara, el paisaje se transformó en una sierra de montañas herbosas y bosques de pináceas donde el río hacía las veces de frontera con el vecino Kirguizistán.

El campamento de la agencia estaba instalado de forma permanente sobre una campiña limitando con el río y cercado por una valla de troncos. El helicóptero que nos conduciría hasta el glaciar Inylchek se encontraba aparcado sobre la pequeña pista rectangular que había justo a la entrada.

Habría como unas veinte tiendas, un galpón para el comedor, el almacén, las letrinas y una casita prefabricada, de donde Kazbek, el jefe de la agencia, salió inmediatamente a recibirnos. Conocíamos a Kazbek del año anterior y nos caía bien. Era un hombre corpulento y atractivo. Su fama como alpinista le había precedido a nuestro anterior encuentro; todos los que nos hablaban de él lo hacían con mucho respeto y admiración. Kazbek escaló el Everest en 1982 con un equipo de once alpinistas, por una ruta nueva que nadie, hasta el momento, había osado repetir. Ahora, ya retirado de la escalada y con unos kilillos de más, como él mismo aseguraba, se dedicaba por entero a su agencia de trekking Khan Tengri. En sus ojos azules había un cierto aire de nostalgia que, yo sospechaba, no siempre debieron de tener.

Nos alegramos de que compartiera nuestra mesa durante la cena porque así tuvimos oportunidad de preguntarle cómo estaban las cosas en la cordillera. La temporada acababa de empezar y no había grandes noticias al respecto, sólo lo que nos imaginábamos, que habría muchos grupos para escalar el Khan Tengri y que algunos de nuestros amigos y conocidos se encontraban ya en el glaciar.

Por la mañana preparamos las mochilas con todo lo necesario para dos días y nos dirigimos hacia una montaña no muy lejos de allí que Kazbek nos había aconsejado. Decidimos aprovechar el día para aclimatarnos y subir al menos 1.000 o 1.500 metros de desnivel.

Caminamos sin prisa; sumidos en nuestros propios pensamientos fuimos adentrándonos en un valle verde como la piel de un guisante, que se iba angostando a medida que ascendíamos, y lleno de flores que nunca antes habíamos visto.

Anocheció enseguida, a las seis y media. Cuando ya estábamos preparando la cena dentro de la tienda estalló una tormenta a lo lejos. La violencia de su aparato eléctrico se dejó sentir en las vibraciones de la tierra, bajo nuestras esterillas. Merab dijo que era imposible que llegara hasta nosotros, pero yo la veía más cerca cada vez que me asomaba afuera. «¿Qué apuestas?», le reté. Las montañas dibujaban un círculo en torno a Karkara y la tormenta se acercaba a nosotros siguiendo las crestas a mucha velocidad. Pasó sobre el espolón donde teníamos instalada nuestra tienda, descargó con furia la lluvia y nos zarandeó con un viento repentino que aunque no duró mucho tiempo nos obligó a apagar la cocinilla. Después continuó paseándose de cima en cima como una matraca de fuegos artificiales hasta que por fin se disolvió.

Por la mañana regresamos al campamento, llegamos justo a la hora de la comida. Después del aseo conectamos el teléfono al ordenador para enviar los primeros e-mails. Esta vez teníamos un enlace, Óscar Gogorza, un alpinista que además era periodista y que iba a encargarse de enviar a la prensa y a los patrocinadores las noticias que fueran surgiendo. Las cartas de Óscar transmitían ilusión, tenía tantas ganas como nosotros de que empezara la aventura.

El 28 amaneció nublado, aun así Kazbek nos aseguró que volaríamos en helicóptero hasta el campamento base. Llevamos los petates hasta la pista, cerca de la empalizada del campamento y los cargamos en el helicóptero. Lena, la mujer de Dima, un guía ruso al que también conocíamos de anteriores expediciones, se sumó al pasaje. Lena era la jefa de las transmisiones por radio, la encargada de coordinar todos los campamentos y los vuelos que iban y venían de la cordillera transportando alpinistas y víveres.

Las aspas empezaron a girar ganando velocidad hasta ponerse horizontales, un ligero balanceo y nos elevamos lo justo para pasar por encima de los galpones. Seguimos el curso del río y entramos en el cañón a muy poca distancia de la copa de los árboles. Las nubes nos envolvieron completamente. La falta total de visibilidad obligó a los pilotos a tomar tierra urgentemente sobre la pista que discurría a lo largo del cañón. Los dos pilotos desembarcaron y se alejaron caminando río arriba para comprobar si más adelante estaba despejado. El mecánico sacó una caña de pescar bajo el asiento sobre el que Lena se había quedado completamente dormida y nos dirigió una picaresca mirada, parecía la mar de contento con aquella situación. Descendió a la orilla y se entregó por completo a la pesca del salmón. A la media hora, Kazbek y el jefe de pilotos de la compañía llegaron en coche y montamos con ellos para seguir el mismo camino que habían seguido los pilotos del helicóptero. Tenían razón, a pocos kilómetros de allí la niebla se disipaba completamente. La carretera se acababa al llegar a una pradera en la que habían acampado, con sus yurtas de fieltro, algunas familias nómadas. La Toyota era como un nave espacial en medio de aquel prehistórico paisaje.

Regresamos al helicóptero. Los pilotos parecían de acuerdo en intentarlo nuevamente. El joven de la caña devolvió la pesca a las turbulentas aguas del Karkara y embarcó completamente aterido de frío aunque radiante de felicidad. El equipo de vuelo consultó el mapa una vez más y justo antes de que el motor se pusiera en marcha uno de ellos se volvió hacia nosotros para preguntarme medio en broma si en España los helicópteros volaban con niebla. «Ni en España, ni en ninguna parte del mundo», contesté yo; pero Merab, muy diplomático, tradujo simplemente un «no, ¡qué va!». Nos elevamos del camino una treintena de metros. Las copas de los pinos parecían paraguas cerrados y me recordaban a los bosques verticales que veía mientras había estado escalando las cascadas en Nepal unos meses atrás. Durante unos angustiosos minutos volamos completamente inmersos en las nubes hasta que por fin salimos del cañón. El ruido del motor sorprendió a las ovejas que pastaban tranquilamente cerca de las yurtas. Como una mancha de leche el rebaño se dispersaba y se agrupaba nuevamente sin dejar de correr. Dos hombres a caballo las siguieron por el valle al galope.

Vimos las primeras manchas de nieve ribeteando las cimas, y los neveros aislados. Ganamos altitud y ante nosotros apareció la blanca cordillera del Tian-Shan, que en chino significa «Montañas Celestes». Tras cruzar la arista de Sary Dzhas nuestro helicóptero se reflejó sobre las aguas azules del lago Merzbacher y continuó ascendiendo por en medio del glaciar Inylchek sur.

Las tiendas de color anaranjado de nuestro campamento base resaltaban sobre la larga pedrera de la morrena oriental, donde confluían el glaciar Inylchek y el glaciar que provenía del Pobeda. Los demás campamentos estaban un poco más arriba del nuestro, también sobre la morrena. Era fácil distinguirlos por el colorido. Las blancas lenguas de los glaciares parecían desde el aire una piel de cebra donde las rayas negras eran las grietas transversales y las largas pedreras de las morrenas. Cruzamos la lengua en diagonal y el helicóptero se posó justo en medio del círculo de rocas pintadas de rojo, delante de un hombre que mantenía los brazos en cruz y que sostenía un pañuelo para indicar la dirección del viento. Un pequeño grupo de personas se encogieron en cuclillas para resguardarse del viento que generaban las aspas del aparato. Desembarcamos sin perder tiempo e hicimos una cadena con los que estaban en tierra. La operación duró apenas unos minutos. Las aspas seguían girando mientras tanto. Yo sentí desde el primer momento que al aire le faltaba olor, tenía esa temperatura que anestesia el rostro y presentí un no sé qué, como de aire sin aire propio de la altitud.

Cuando todos los víveres, mochilas y bombonas de gas estuvieron fuera, cada cual se echó sobre los fardos que tenía más cerca para evitar que éstos salieran volando mientras el helicóptero aceleraba, volvía a elevarse y giraba ciento ochenta grados sobre sí mismo para tomar el mismo camino de regreso.

El doctor Daniil Ivanich, el jefe del campamento, se puso en pie y se acercó a darnos la bienvenida a Merab, a Lena y a mí (éramos viejos conocidos). Nos estrechó efusivamente la mano y nos presentó a las dos cocineras, Tania y Ania, y a Yaric, un joven alto y delgado que en aquel momento echaba a andar en dirección al campamento con una bombona cargada al hombro, lo que no le había impedido darse la vuelta y sonreír.

—¡Ya estamos aquí! —exclamó Merab abriendo los brazos de par en par, fascinado por el paisaje—. Esta vez lo haremos, Chus —aseguró refiriéndose al Pobeda. Busqué nuestra montaña con la mirada, era la más azul y la más grande, y me sentí orgullosa.

Me vestí las asas del petate por los hombros para trasladarlo hasta el campamento y oí mi respiración que sonaba pegada a mi rostro, lo mismo que nuestras voces sin eco incapaces de alterar el silencio.

Las dos enormes tiendas militares que hacían de cocina y comedor estaban situadas en el mismo lugar que el verano anterior y más arriba todas las demás tiendas alineadas en dos filas sobre las que asomaba la pirámide del Khan Tengri.

Al llegar, Lena se despidió de nosotros pero dijo que bajaría con Dima, su marido, cualquier día de aquellos.

Daniil eligió para nosotros dos tiendas próximas a la cocina y a las del personal del campamento. Mostró mucho interés en que estuviéramos cómodos. Después de examinar el interior, Merab pensó que sería mejor ponerles un suelo de tablones para que aislasen el frío, ya que se suponía que aquel lugar debía servir para recuperarse del esfuerzo y no teníamos muy buen recuerdo del año anterior. Yaric nos dijo dónde podíamos coger las tablas y nos trajo un martillo y varias docenas de puntas. Sin pérdida de tiempo construimos una tarima para cada uno, colocamos de nuevo el habitáculo de las tiendas y extendimos encima los colchones de espuma. Antes de que empezasen a bajar las temperaturas habíamos terminado de instalarnos en nuestro nuevo hogar; entonces no sospechábamos que sólo pasaríamos allí cinco noches.

El atardecer fue limpio y rojizo, la pared de mármol rosa del Khan Tengri se encendió con la misma luminosidad que si se tratara de una lámpara gigante. Al sur, al fondo del glaciar Zvyozdochka, el Pobeda repelía los brillos del sol.

Merab y yo comentamos que las condiciones de aquella temporada eran diferentes, no sólo porque el día estuviera bastante despejado sino porque el aire en sí parecía más seco, aunque era pronto para dejarse llevar por las premoniciones. «Lo haremos, esta vez lo haremos», repitió. Me conformé con sonreír y lo dejé haciendo fotos para seguir poniendo en orden mis cosas. Saqué del petate aquello que iba a necesitar enseguida, como eran unos guantes finos, el gorro, el forro polar, la chaqueta de plumas, el saco de dormir, el neceser, el frontal y elegí cuidadosamente dónde poner el resto. Colgué el rollo de papel higiénico de un cordel, cerca de la puerta, y envolví la cámara de fotos y la de vídeo con uno de los forros polares para que no se descargaran las baterías. Tan pronto las cosas estuvieron colocadas me sentí en casa, no de viaje, ni de paso, sino como si fuera a estar allí indefinidamente. Me gustaba esa sensación de no necesitar el calendario, de olvidar el tiempo, porque eso significaba que me sentía a gusto, sin ansiedad. No como la primera vez, hacía tres años, que me incomodaba aquel paisaje abstracto, sin referencias. No me importaba intentar otra vez aquella montaña. Cada vez la entendía mejor. Ahora sabía que los vientos helados que azotaban sin piedad desde el suroeste provenían de China, del desierto de Taklamakan (el lugar donde el que entra no consigue salir) y que éstos tenían el nombre de Bescunchak («Mil y un Demonios»). También sabía que *Pobeda* significa «Victoria» en ruso, y lo más importante, que el sol llegaba primero al campamento I, calentando la tienda, animando a proseguir, y que se ponía por detrás del collado Diki (el Diki Pass), y pintaba de rojo la nieve de la arista del pico de los Topógrafos. Sabía pronunciar casi correctamente el nombre del glaciar Zvyozdochka («esviosdoska».)

Fuera, Yaric hizo sonar la campana que anunciaba la hora de la cena. Me abrigué bien y pasé por la tienda de Merab para ver si ya estaba listo. Sus enseres estaban todavía amontonados sobre el colchón, tal como los había vaciado del petate. Los empujó hacia los bordes con las manos y dijo que ya estaba.

Pusieron el generador en marcha y el comedor se iluminó de repente en la oscuridad a través de la gruesa lona de algodón y de las ventanas de cristal.

Después de servir la cena, las cocineras se marcharon a la sauna y regresaron al cabo de una hora, con el cabello mojado y la piel del rostro tersa y brillante, y les tocó el turno a los hombres, Yaric, Merab y Daniil. Me quedé un rato más aprovechando que había electricidad para escribir alguna cosilla en el portátil.

Ya por la mañana Merab me contaría que estuvo a punto de desmayarse un par de veces con el calor de la sauna pero que aguantó por amor propio hasta el final, de lo que en mi opinión tenía más que de sobra.

Dimos un paseo de cuatro horas por el «esviosdoska». Los pequeños lagos azules de la superficie parecían ojos que espiaban el cielo.

Caminamos por la orilla, ganando lentamente altitud sin dejar en ningún momento la morrena. Sentados en una gran roca, mientras almorzábamos, discutimos acerca de la actividad que realizaríamos durante los días siguientes. A ninguno de los dos nos apetecía aclimatar en el Khan Tengri, porque la cara sur es demasiado peligrosa; sin embargo, tenía una ventaja y era que por esa ruta se ganaba altitud más rápidamente. Empleando menos días, lo que suponía también menos desgaste, se conseguía una buena aclimatación en menos tiempo. Al bajar estaríamos listos para intentar definitivamente el Pobeda. Regresamos al campamento base con las ideas más claras y animados ante la perspectiva de ponernos en marcha de una vez por todas.

Como siempre, nuestra nueva jornada empezó cuando comenzó el día, era mejor llegar con luz y horas de sobra para montar el campamento y descansar. El campamento I del Khan Tengri no estaba lejos, cuatro horas de marcha cargados. Escogimos cuidadosamente cada cosa que íbamos a llevar, un kilo extra se cuela enseguida y dos también, y al cabo de muchas horas pesaban como si fueran diez. Calibramos a ojo, tanteando cada paquetito de comida y de ropa con la mano antes de darle el definitivo visto bueno. Meditamos sobre la cantidad de cartuchos de gas que podríamos necesitar, sobre cuál de las cocinas era mejor, una de ellas fallaba con el frío: el cable que unía el cartucho con el hornillo era demasiado largo y al gas le daba tiempo de congelarse por el camino. Compuse un pequeño botiquín, donde lo principal eran las pastillas de paracetamol. Aun así nuestras mochilas no iban muy ligeras.

Daniil nos dio una radio. Haríamos cuatro conexiones diarias, la primera a las nueve y media de la mañana, la segunda a la una y media, la siguiente a las cinco de la tarde y la última a las ocho de la noche. A mí no me gustó la idea, la radio era pesada y necesitaba pilas extra, también el móvil, el vídeo y las cámaras de fotos. Por otro lado, mientras no hubiera que ponerse los crampones y sacar el piolet, habría que cargar a la espalda con ellos. Pero estábamos ansiosos por partir y por llegar muy arriba cuanto antes. No había más remedio que portear todo de una vez. Durante los cuatro días que permanecimos fuera del campamento, el tiempo se mantuvo bueno, excepto las cuarenta y ocho horas de nevada ininterrumpida, cuando alcanzamos el Collado Norte, que nos obligó a permanecer a todos los alpinistas encerrados en las cuevas de hielo o en las tiendas. Nos habíamos encontrado con Dima Grekov, Lena y Masha, la joven cocinera del otro campamento, y con una pareja de alpinistas británicos, Rob y Andy, a los que también conocíamos. Andy era el más alto de los dos, quizá también el mayor, rondaba los treinta cinco años, era el típico inglés de tez blanca y cabello rubio, parecía un hombre más bien introvertido aunque sonriera todo el tiempo. Rob, era un joven agradable, muy hablador, tal vez por esa razón lo reconocimos nada más verlo. Era ligeramente más bajo que su amigo, con el cabello muy corto y de color trigueño y aspecto muy fuerte. En una ocasión anterior cuando Merab y yo escalamos el Khan Tengri en el año 2001, habíamos guardado en su tienda una bolsa con crampones y otras cosas, con la idea de cogerla cuando volviéramos a pasar por allí. Él había tenido el detalle, al desmontar su campamento, de dejarla a buen recaudo, señalizada con unas piedras encima para que no la tapara la nieve. Le estábamos muy agradecidos. Por estas altitudes el altruismo suele brillar por su ausencia. Rob y Andy fueron una de las muchas cordadas que intentaron el Pobeda en 2001 y también habíamos coincidido allí durante el descenso, bajo una nevada de las que hacen historia.

Nos despedimos de ellos con bromas y risas. No sospechábamos que en unos días los cuatro protagonizaríamos la peor experiencia de nuestras vidas.

El 3 de agosto entramos de nuevo en el campamento base, satisfechos tras ocho horas de agotador descenso. La radio no había funcionado ni una sola vez, pero sí el teléfono y cada día yo realizaba una llamada a casa y a Óscar Gogorza para contarles las novedades.

Daniil salió a nuestro encuentro. «¡Merab, María!», gritó desde la puerta de su tienda donde tenía su puesto de mando con una banqueta, la emisora de radio y los catalejos por los que oteaba varias veces a lo largo del día. Tania llegó con dos vasos de zumo de frambuesa hechos con polvos y dijo que nos prepararía enseguida algo de comer. Habíamos perdido los primeros kilos y nuestras caras se habían afilado visiblemente.

Nos sacamos las botas plásticas y los monos de Gore-Tex para ponernos nuestra ropa de «andar por casa» (las botas de trekking y unos pantalones de chándal) y entramos en el comedor. Tania, Yaric, Ania y Daniil vinieron a sentarse con nosotros, se sirvieron café liofilizado y se dispusieron a escuchar las noticias que traíamos.

Antes de que el sol bajase más me fui a la sauna para tomar una ducha y lavar la ropa. Los dejé enfrascados en una animada conversación que continuó hasta mi regreso. El doctor mandó a Yaric poner en marcha el generador para que yo pudiera escribir en el ordenador y cargar las baterías del teléfono y el vídeo. Daniil regresó a su puesto de mando para la última conexión de la tarde. Tania y Ania entraron en la cocina para preparar la cena. Yaric se ocupó de sacar unos colchones que estaban secándose en el comedor para meterlos en las tiendas vacías. Esperaban a un grupo de trekking para el día siguiente, que venía caminando desde el lago Merzbacher.

A las ocho de la noche Dima, Lena y Masha llegaron a nuestro campamento, Daniil los había invitado por radio a cenar. La redondita cara de Lena se asomó por la puerta. Le siguieron los demás, todos ellos con la luz de frontal brillando sobre sus cabezas y las naricillas y las mejillas enrojecidas por el frío. «*Dobroe noche*», dijeron según iban entrando. «*Dobroe noche*», exclamamos Daniil y Merab y yo.

Abracé a Masha efusivamente. Enseguida nos pusimos a recordar pequeñas anécdotas. Con Dima Grekov, un ruso grandote con cara de bonachón, habíamos compartido largas tertulias a deshora, en noches de tormenta, bajo el toldo azul de la cocina mientras soplaba el viento de Bescunchak que amenazaba con reventar las tiendas y obligaba a los alpinistas a regresar al amparo del glaciar. Dima nos había relatado su ascensión al Everest y cómo habían sido las últimas noticias que sus tres compañeros les habían enviado por radio, horas antes de morir. Aquellos tres alpinistas que Merab y yo nos habíamos encontrado sin vida sobre el Segundo Escalón en 1999 tenían ahora un nombre y una historia. El año anterior nos habíamos encontrado a Dima en el campamento I cuando bajábamos del Pobeda tras ocho días de durísima escalada. Yo venía caminando detrás de mi compañero asida a un extremo del bastón, completamente ciega por la radiación solar. Había perdido la vista por culpa de la niebla durante el descenso por la arista oeste. Me había quitado las gafas porque tenían el cristal muy oscuro y me impedían ver dónde ponía los pies. Pero el sol se filtraba a través de las nubes igualmente, aunque a mí no me diera esa impresión y aquello me había provocado una conjuntivitis extrema que me había dejado completamente ciega durante tres días. Pero con todo, conseguimos descender. Encontramos a Dima y a Akkal, su cliente, un doctor turco, aguardando pacientemente en su tienda a que el tiempo mejorase. Akkal me aplicó enseguida un anestésico eficaz que me quitó completamente aquel dolor insoportable y me permitió dormir por primera vez en tres días. Al despertar, al día siguiente, conseguí vislumbrar el paisaje casi con toda nitidez. Dima y otros se repartieron mis cosas para aliviarme el camino de regreso al campamento base. No pensábamos volver después de lo sucedido. Sin embargo, me bastaron cuarenta y ocho horas de seguridad en tierra firme para cambiar de opinión. «Lo sabía», me había contestado Merab cuando le comuniqué mi idea de regresar, igual que lo había sospechado Toni cuando le colé aquella historia de los hijos. Ya no nos quedaba comida, ni gas y habíamos adelgazado hasta la última gota de grasa. Pero conseguimos que una expedición francesa que se retiraba nos pasara sobres de purés, sopas y cereales en cantidad suficiente para realizar un nuevo intento. Dima, Akkal, Bidzina, un amigo georgiano de Merab, y nosotros volvimos a coincidir, días más tarde, en el campamento III. Pero esta vez, después de dos días encerrados en una cueva de hielo por culpa del Bescunchak, cuando llegó el momento de proseguir me sentí sin fuerzas. El viento del Taklamakan, el viento de los «Mil y un Demonios», me pudo de verdad y yo, con la mochila a la espalda, sin atreverme a atravesar la boca de la cueva le confesaba a Merab que no podía más, que no tenía fuerza ni ganas para soportar otros cuatro días de viento helado escalando; no podía y le pedía perdón. Merab estuvo de acuerdo con mi decisión, me dijo que no sabía cómo decírmelo pero que a él tampoco le quedaban fuerzas después de aquellos tres duros intentos, se sentía desgastado. Aquella mañana, mientras ellos ascendían lentamente, envueltos en la tormenta, nosotros enfilamos al campamento base y ahora volvíamos a reencontrarnos. «¡María!», a través de la mirada de complicidad de Dima reviví, mientras me abrazaba, la memoria de aquellos duros momentos.

Sirvieron la cena: pollo guisado, ensalada y puré. Jamás en todos mis años de montaña me habían servido una cena tan rica. Daniil destapó una botella de vodka y comenzamos la ronda de brindis. Bebimos por nosotros, por la montaña, por la amistad, por una larga vida y por unas exitosas escaladas. Entre sorbo y sorbo de Parliament, el viejo doctor iba uniendo sus historias de campaña sobre feroces tormentas, helicópteros en apuros y de los hombres rudos que había conocido. Sin moverse desde su puesto de mando en aquel rincón del glaciar, la lente de sus viejos prismáticos y las conversaciones a través de la radio, o con los propios alpinistas que llegaban, a veces de paso, Daniil había llegado a conocer cada piedra y cada rincón que pisaban los hombres en aquella cordillera.

Nos acostamos muy tarde, pasaban de las doce de la noche. Lena y Masha regresaron a su campamento, y a Dima (no estaba en condiciones) lo dejaron durmiendo en un colchón en el vestidor de la sauna.

Durante aquellos tres días de descanso en el campamento vimos cómo llegaron unos y se fueron otros. Kolia, un guía de la agencia y su cliente japonés Shirota llegaron del Khan Tengri para recuperarse antes de emprender la escalada al Pobeda. También Kazbek voló hasta aquellos confines para visitarnos unas horas. La espera se hizo agradable, tuvimos tiempo de secar la ropa, que al menor descuido se quedaba helada sobre las rocas, de escribir y leer, tomar café y enrolar una tertulia tras otra. Hasta que el 6 de agosto, no el 7 como en un principio habíamos previsto, Merab y yo nos pusimos en marcha hacia el campamento I del Pobeda. Si todo iba bien, no regresaríamos hasta haber alcanzado la cima el día 11 o el 12, yo había hecho cálculos jugando con un día extra. Estaríamos de vuelta al cabo de ocho días, el día 14 de agosto, a más tardar.

Por más que afinamos en el peso de nuestras mochilas no conseguimos aligerarlas mucho, la mía pesaba en torno a los veinte kilos y la de Merab en torno a los veinticinco. Nos despedimos de nuestros amigos que también se habían contagiado con la emoción de aquella escalada. A un día de distancia nos seguiría Kolia y la pareja de alpinistas británicos.

El glaciar Zvyozdochka discurría de norte a sur. Sus once kilómetros de lengua rellenaban el valle a lo largo y a lo ancho y unían la pared norte del Pobeda con el glaciar Inylchek sur, justo en el lugar en el que estaba instalado el campamento base. Las tres cuartas partes del camino discurrían a orillas del «esviosdoska», por encima de la morrena lateral. Atravesamos hacia el centro del glaciar y superamos la barrera de seracs y de grietas que se habían formado inmediatamente antes del plató, el valle redondo donde se inicia el glaciar. Nos encordamos para evitar llevarnos un susto. La pared norte del Pobeda se iba alzando a medida que nos íbamos acercando a ella. Los bloques y cornisas de hielo se habían vuelto, con la proximidad, del tamaño de los rascacielos.

Arriba, la puesta del sol enrojecía la nieve de la arista este del Pobeda y del pico de los Topógrafos Militares, y en dirección opuesta, justo a nuestra espalda, también enrojecía la pared oeste del Khan Tengri.

En el momento de cruzar el circo en busca de la zona más segura para instalar el campamento, entramos en la parte sombreada y el frío nos penetró al instante por la punta de la nariz y de los dedos como si los hubiéramos sumergido de pronto en agua helada. Saqué los guantes gruesos, me calé el pasamontañas hasta el cuello y subí la cremallera de la chaquetilla sin dejar de caminar. Nos pareció un contratiempo que ni la radio ni el teléfono tuvieran cobertura desde que entramos en el valle, pero después de un rato de estar cruzando el circo cambie de opinión.

Pensé que si el silencio tuviese boca, sería aquélla. Allí nacía el glaciar, bajo las paredes que descargaban nieve a toneladas y aunque las avalanchas irrumpieran de vez en cuando, reafirmando de esta manera la longevidad del Zvyozdochka, también era en aquel lugar donde el silencio renovaba sus votos con más fuerza.

Después de tantas expediciones compartidas, de tantos campamentos instalados y horas de marcha, entre Merab y yo, a veces, sobraban las palabras. Mientras yo preparaba el interior de la tienda, extendía las esterillas, los sacos, colocaba estratégicamente cada cosa, Merab llenaba con nieve una bolsa de plástico con la que después prepararíamos agua. Siempre había que hacer lo mismo, en el mismo orden, y cada uno solía dedicarse a las mismas faenas. Habían sido el tiempo y la costumbre los que se habían encargado de repartir las tareas. Enseguida anocheció. En el campamento base el simple hecho de tener un generador cambiaba completamente las cosas. Después de anochecer todavía se podía ir a la sauna, charlar en el comedor, escuchar música, pero ahora nos engullía un ciclo más poderoso; no nos quedó más remedio que seguir el mismo ritmo que seguían las montañas. La oscuridad lo paralizaba todo hasta que un nuevo cambio de temperatura pusiera nuevamente en marcha la vida. El glaciar cerraba sus ojos de culebra y el pulso se le dormía, y nosotros, con ese sueño a golpes, también dormimos.

Por la mañana amaneció nevando, y no puedo decir que me importara demasiado. Estábamos a sólo trescientos metros de desnivel del campamento base, a cinco horas de distancia caminando cargados y la altitud era benévola con nosotros. No era tan mal lugar para permanecer inactivos, por otro lado nos habíamos más que mentalizado de que sufriríamos algún día de retraso.

Ese día nadie pasó por allí. Pensamos en Kolia y en los ingleses, y estuvimos de acuerdo en que éstos estarían esperando a que la estabilidad atmosférica se consolidara. Seguíamos sin poder establecer comunicación con Daniil, tampoco pude hablar con Toni por el teléfono: el lugar en el que nos encontrábamos, en el fondo del valle, estaba rodeado de paredes de más de tres mil metros de longitud que impedían que pudiésemos localizar algún satélite. Nos turnamos para hacer el desayuno, la comida y rellenar los botes de agua, y para escuchar música con el reproductor de CD que me había traído. Nos propusimos no dormir hasta la llegada de la noche otra vez, para evitar pasarla en vela, pero había demasiadas horas muertas. Echamos alguna que otra cabezada y nos cansamos de hacer y deshacer planes, de especular y también de imaginar lo que sucedería los próximos días.

A las siete de la mañana me despertó el zumbido de la cocinilla: Merab la había puesto en marcha para derretir agua. Él nunca tenía pereza para abandonar el calorcito del saco y encargarse de las labores más ingratas del día.

Dos horas más tarde, con nuestro campamento cargado a la

espalda, nos dirigimos llaneando en dirección oeste y remontamos las primeras rampas sin más dificultad que el agotamiento que proporcionaban nuestras mochilas. Cruzamos la canal horizontalmente hasta situarnos bajo los contrafuertes de roca de la pared; sobre ésta pendía toda una barrera de seracs. Fueron unos momentos de tensión, en los que apuramos cuanto fue posible para evitar ser barridos por una avalancha que, de producirse, enfilaría con toda probabilidad por la canal. Seguíamos las indicaciones de Kolia buscando la cuerda fija que él mismo había colocado semanas atrás. Mientras Merab progresaba con mucha dificultad por el primer tramo vertical de rocas, vi cómo llegaban dos personas y al poco tiempo otras dos. Eran como palitos muy pequeños que se movían lentamente sobre la mancha del glaciar. Los que estaban más cerca montaron una tienda de color anaranjado, los otros parecían pensárselo. Con sólo vislumbrar sus movimientos podía imaginar qué era lo que estaban haciendo. Uno de los palitos se acortó. «Está descansando sobre su mochila», pensé; el otro, mientras tanto, recogía nieve. «Van a preparar agua.»

La cuerda que partía de mi cintura y que iba a parar a la de Merab se tensó. Era mi turno de empezar a subir. Los dos palitos más alejados habían extendido en el suelo una lona oscura. Por el colorido me atreví a apostar que los de la tienda anaranjada eran Rob y Andy, y que Kolia y Shirota debían de ser los que ahora montaban la tienda de color azul marino, a unos cien metros de distancia de los primeros.

Coloqué el jumar en la cuerda y saqué mi seguro del clavo que estaba alojado en la pared. Lentamente me icé al contrafuerte y comencé a escalar en dirección a Merab, que había llegado a la reunión, cincuenta metros más arriba, y aguardaba sentado en una repisa. Aquel tramo era inhumano, o tal vez lo inhumano era el peso de mi mochila a aquella altitud. El jumar no bastaba para progresar, tenía que emplear las manos para escalar e ir corriendo el autoseguro por la cuerda en vez de colgarme de él. Puse la atención y el alma en cada paso y, cuando llegué a Merab, me confesó que a él también le había costado mucho superarlo. Emprendió de nuevo la marcha, se había quedado helado esperando. Escaló otro muro de unos siete metros y desapareció hacia la izquierda entre carámbanos y estalactitas de hielo. Cuando la cuerda que nos unía a ambos se tensó, comprendí que había llegado al final del siguiente tramo. Aguardé a oír su grito antes de reanudar la marcha. No tenía ni idea de qué clase de orden me había dado, pero sólo podía ser «sube», o algo parecido. Al atravesar el túnel que formaban los carámbanos y estalactitas de agua helada que provenían de los seracs se salía sobre el valle superior. Me reuní con Merab en lo que parecía el techo de la barrera de seracs, sobre un mirador que se asomaba al circo del «esviosdoska». Comimos la única naranja que teníamos, un poco de chocolate, bebimos y reiniciamos la marcha. Me adelanté mientras él trataba de establecer comunicación con Daniil. «Iug, iaVigo. Priom» (Sur, soy Vigo. Cambio), oía repetir a mi espalda. Caminé en cabeza tres horas, abriendo huella hasta estar justo debajo del collado Diki donde se instalaba el campamento II. Nos quedaba una hora de luz, llevábamos nueve horas y media de escalada y de marcha y todavía teníamos que preparar la plaza para la tienda, instalarla y coger nieve.

Me hacía gracia la manera de hablar de Merab, pensaba como uno refiriéndose a los dos: «Qué día tan duro, pero estamos bien, no nos duele la cabeza. Estamos bien, ¿verdad?».

Cada campamento era visiblemente más frío que el anterior; en teoría la temperatura descendía a partir de los 4.000 metros un grado cada ciento cincuenta metros de desnivel.

Caímos rendidos de cansancio, aunque cada hora abriéramos los ojos, a veces sin ninguna razón, otras por el ruido que producían las avalanchas al caer, o por las insoportables ganas de orinar que provoca la aclimatación.

El 9 de agosto amaneció bueno. Todavía no había terminado de arreglarme dentro de la tienda cuando llegaron Rob y Andy. Merab ya estaba fuera poniendo a secar su chaquetilla y alguna prenda que se había mojado por culpa de la condensación. La pareja de alpinistas británicos se asomó a la puerta.

—Hola María. ¿Te acuerdas? Fue en este mismo lugar donde abandonamos en 2001. Pero esta vez será diferente —me dijo Rob muy animado.

Andy, que sostenía una barra energética en la mano, me sonrió y añadió:

—¡Por supuesto!

Lo observé, no sabría decir muy bien por qué; era atractivo, parecía tan feliz, tuve un presentimiento…

Mientras nosotros desmontamos, Rob y Andy se alejaron. Al poco tiempo aparecieron Kolia y Shirota y otra cordada de la que no teníamos noticia, eran Igor y otro ruso, a quienes también conocíamos. Entonces nosotros empezamos a andar cerrando la marcha. Cuando alcancé el collado Diki, Kolia y Shirota se habían vuelto a detener y se disponían a preparar líquido. Merab llegó veinte minutos más tarde. Desde allí veíamos a Rob y Andy que se habían convertido ya en dos puntitos. Kolia reparó nuestra radio y por primera vez en todos aquellos días conseguimos ponernos en contacto con Daniil. «Te manda saludos», me informó Merab.

Él se quedó descansando un poco más, y yo me puse en marcha. La arista se volvía más empinada a medida que se ascendía. A derecha e izquierda los flancos de la montaña perdían su redondez a pocos metros de distancia de la huella para caer como una cortina sobre el glaciar de Diki por un lado y por el otro sobre el emplazamiento del campamento II. A mi espalda quedaba la arista escarpada de las Montañas Severas, que poco a poco quedaron por debajo.

Mis botas entraban en la nieve calzándose cómodamente la huella de Kolia y Shirota. Tomé un ritmo constante, sabía que había horas de luz de sobra y conocía el camino: no llegaría antes de tres horas. De vez en cuando alzaba la vista, Kolia y Shirota pronto llegarían al campamento III. Pensé en esperar a Merab al llegar a la rampa final pero no me pareció un lugar seguro y proseguí. Cuando Kolia, que estaba ya sentado en su mochila, me vio aparecer, añadió más nieve a la tartera. Solté el pesado fardo de mi espalda, lo dejé caer en la nieve y tomé el cazo de café caliente (o *balsam*, como él lo llamaba) que Kolia me tendía. No nos reveló los ingredientes, sólo que estaba hecho con un centenar de plantas diferentes y un puntito de azúcar. Me pareció que Kolia era un hombre sabio, equilibrado, entronizado en aquel paisaje que, como decía Daniil, lo saludaba al pasar. Había escalado veinte veces el Khan Tengri y una el Pobeda.

Disfruté del momento, no todas las jornadas serían tan fáciles como aquélla. ¿Qué más se podía pedir en la vida?, pensé contemplando el paisaje, que un día de sol como aquél, la perspectiva de una cima, y el extraño café de Kolia devolviéndole a uno la humanidad.

Me senté a su lado, encendió un cigarro y la mirada se le perdió hacia abajo, donde ahora ya quedaba el resto del mundo.

Me gustaba aquel hombre, su voz calmada y sus ojos rasgados y brillantes que me recordaban tanto a Moncho, que, de haber vivido más, se habría acabado pareciendo a Kolia como una gota de agua a otra. Los dos tenían el rostro alargado, enjuto y curtido por la montaña; eran delgados, de estatura media y transmitían esa tranquilidad que transmiten los que saben estar en la montaña; y, aun cuando todo lo supera a uno, se muestran inalterables por fuera y en alerta por dentro. Kolia era un hombre generoso, era la segunda vez en aquel día que me ofrecía de beber. El agua es el bien más preciado y escaso en la montaña, porque hay que cargar con ella a la espalda, porque requiere tiempo y gas para su preparación y el gas no se puede acabar hasta que no se acaba de escalar.

Volví hasta el borde de la pala para ver cuánto le faltaba a Merab. Estaba a unos setenta metros por debajo, ascendiendo el tramo más empinado. Supuse que tardaría otros veinte minutos en llegar.

Mientras tanto preparé la plaza para descansar esa noche en el campamento III; era tan agotador apalear nieve a aquella altitud como escalar, si no más. Los británicos habían instalado su tienda cincuenta metros arriba, todavía seguían fuera, atando los vientos, clavando sus herramientas en el suelo para evitar perderlas y cogiendo nieve. De vez en cuando mientras descansaba, los veía trajinando en sus cosas.

Cuando Merab y yo abandonamos el campamento a la mañana siguiente Kolia y Shirota empezaban ya a escalar las primeras rocas de la arista. La tienda de Rob y de Andy era la única que seguía montada aunque ellos ya habían salido. Su plan era distinto al nuestro. Querían subir a reponer cuerda en los resaltes más comprometidos e instalar otra tienda a 6.100 metros para luego volver a bajar de nuevo a dormir al campamento III.

Hacia las diez comenzamos la escalada. El día sería largo, lo sabíamos. La altura se había sentado sobre nuestras mochilas y yo pensé seriamente en dejar un depósito con algunas de mis cosas personales.

Llevábamos escalados doscientos metros, suficientes para convencerme de que me había excedido y me decidí a dejar el pantalón de plumas, algunas medias y medio kilo de baterías en un saquito, colgando de un clavo.

Muchas de las cuerdas que recorrían la pared estaban muy rotas, algunas no eran más que una sucesión de tramos unidos y habíamos pasado ya por algunas reuniones que le ponían a uno los pelos de punta.

Merab estaba escalando a unos treinta metros por encima, cuando me gritó que aguardara. La cuerda a la que acababa de asirse con el jumar se le había venido encima y tenía que subir para volver a atar el cabo superior.

A la izquierda de Merab, a unos cinco metros por encima de su cabeza, apareció uno de los ingleses. Lo vimos asomarse un momento y desaparecer.

Merab decidió aguardar en la cuerda anterior para no coincidir con el inglés, ya que se estorbarían al pasar.

—¿Ves lo que hace? —me preguntó impaciente—. ¿Por qué no baja?

—No sé. Le veo el casco, nada más.

La verdad es que nos parecía raro lo mucho que tardaba y no sabíamos realmente lo que estaba haciendo. Se movía hacia un lado y otro como si se estuviera pensando las cosas. Nosotros no estábamos en un lugar muy cómodo y no podíamos seguir esperando a que él se decidiera, pero teníamos que hacerlo. Quizá en aquel momento debíamos haberle gritado para preguntarle si pensaba seguir o pensaba descansar ahí. Pero no lo hicimos porque quisimos respetar su situación. Me imaginé que el que estuviera por encima de nuestra cabeza significaba que se estaba preparando para rapelar aquel tramo extraplomado y no quise distraerle. Entonces éste se asomó nuevamente para examinar el lugar. Era Andy. Me pareció muy extraño que no me dirigiera un saludo, tenía que verme a la fuerza, me encontraba a pocos metros de él, en su misma línea de bajada. Tampoco entonces dije nada.

Aparté la atención una milésima de segundo para mirar a Merab que permanecía impaciente colgado a la sombra. En ese momento, los dos oímos el impetuoso choque de los crampones de Andy contra la roca. Algo estaba fuera de su sitio, la brusquedad de aquel sonido.

—¿Qué ocurre Chus?, ¿qué ha sido eso? —me preguntó Merab.

El tiempo se detuvo, se volvió infinito porque si no, no puedo entender cómo conseguí reparar en tantos detalles y tan dispares. De repente vi a Andy suspendido en el aire, fuera de la pared. En ese segundo en el que las cosas debieron de suceder, vi cómo su mano se abría, soltaba el manojo de cuerdas viejas a las que se había asido y éstas regresaban a la pared como la cuerda de un arco, soltando pequeños cristales de hielo. Iba a matarse. Acababa de firmar su sentencia. «Nada de lo que haga puede salvarlo ya», pensé. Mi corazón se aceleró y mis músculos se tensaron.

Cayó al suelo por detrás de unas rocas que me impedían verlo. Oí el primer impacto, y el de una secuencia de choques hasta que lo vi aparecer, deslizándose y golpeándose contra las piedras, completamente inerte.

Era una imagen brutal, desgarradora, terrible, triste...

Andy no hizo ni un solo gesto por detenerse, no se le había escapado ni un gemido. Acabó deslizándose sobre un canchal de rocas pequeñas y sueltas hacia el borde de la pared dejando un reguero de sangre tras de sí. Había perdido el casco y las gafas. Su rostro impasible miraba al cielo sin expresión de nada, como si ya no estuviera allí. Le grité a Merab que bajara, que el inglés se había caído. Merab no podía ver nada, estaba metido detrás de un bloque de piedra que le impedía la visión. Se lo tuve que gritar varias veces porque parecía haberse vuelto sordo de repente. El inglés estaba a sólo dos metros del precipicio, deslizándose suavemente. Se giró con la inercia y desapareció por el filo de la pared durante doscientos metros en caída libre hasta la nieve. Cerré los ojos.

Merab empezó a descender. Me pidió que le contara lo que había visto. Lo hice y rompí a llorar. Me abrazó con fuerza hasta que me calmé.

Debajo de la pared de rocas, a unos doscientos metros de desnivel, descubrimos un surco de nieve manchada de sangre, como si se hubiera acabado deslizando por allí. De confirmarse nuestras sospechas habría ido a parar entre el campamento II y el campamento I, después de recorrer mil metros por la pared norte hasta el suelo.

Pero aun así le insistí a Merab para que se asomara, por si cabía la posibilidad de que se hubiera detenido en la base de la pared. No era posible y lo sabía. Ésta no era llana sino completamente inclinada. Bajamos juntos unos ochenta metros y montamos una reunión sólida. Me anclé a ella, y Merab descendió en diagonal hasta el lugar que yo le indiqué. Era fácil de seguir, las rocas estaban totalmente teñidas de rojo

Mientras Merab rapelaba, observé a los tres puntos que ascendían por la arista en dirección al campamento III. De haber visto el accidente hubieran variado su comportamiento, cosa que no hicieron. Seguían avanzando a la misma distancia, sin moverse de la huella. Merab regresó. Después me diría que yo estaba como ausente. No había nada que hacer, en la nieve sólo había restos, no sabía de qué, posiblemente del equipo personal de Andy. Sacó la radio y llamó al campamento base una y otra vez, durante más de una hora.

A la una y media, ni un minuto antes, Daniil respondió. Lo primero que éste oyó nada más emprender la rutinaria conexión había sido el SOS que Merab lanzaba de manera insistente. Apoyada contra la pared, los escuché sin articular palabra. Reconocí la voz de Kolia que entró en la emisión más tarde, para evitar interrumpir.

—Daniil me ha dicho que ahora todos los campamentos base conocen la noticia, Lena estaba también a la escucha. Reclutarán un equipo de rescate y enviarán el helicóptero lo antes posible. Me ha dicho que dejemos todo en sus manos, ya no podemos hacer nada más. Te manda un abrazo y Kolia también —me dijo Merab.

Después de decir esto, se quedó callado un momento, sospeché que había algo más.

—¿Y qué? —le pregunté.

—Me ha pedido que esperemos a su compañero. Kolia dijo que no puede tardar en llegar, y que le contemos lo que ha ocurrido.

—Es mejor no contarle toda la verdad —le contesté—, podemos decirle que su compañero está herido y ya se enterará al llegar a la tienda, cuando haya atravesado esta zona tan peligrosa.

—Escúchame, Chus: nadie, nadie ha visto nada. Estará días enteros buscándolo. ¡Tiene que saberlo!

Insistí nuevamente en mi idea de no decirle nada, pero Merab estaba completamente determinado:

—No, tengo orden de que le esperemos y de decírselo. —Suavizó el tono de su voz y añadió—: Lo haremos Chus. Todo está bien, no te preocupes.

Sabía que a continuación me preguntaría «¿Y ahora qué?, ¿seguimos o nos bajamos?». Pero yo ya había tenido tiempo de tomar una decisión, mi mente iba y venía a una velocidad extranormal. De nuevo estaba en un punto sin retorno. En cualquier otro deporte, la muerte no es más que un símbolo: el que gana «vive» y el que pierde «muere». Es parte del juego. Las muertes de Javi, de Senén, la de Moncho, la de Eric o la de Kiko y la de tantos otros amigos no tenían nada de simbólico. Me pareció una ironía que todos ellos, sin excepción, tuvieran en común las mismas cualidades, personas que desbordaban optimismo, fuerza y ganas, capaces de reírse de los momentos de apuro a los cinco minutos de haberlos pasado. La montaña estaba llena de gente así, que amaba desmesuradamente la vida.

Las cosas habían cambiado en comparación a dos horas antes. Merab seguía hablando pero yo ya no le escuchaba, escuchaba mi propia voz interior: si abandonábamos nos encontraríamos con la sangre y el cuerpo de ese chico desafortunado. Si continuábamos, pondríamos distancia. Era como una huida pero, ahora más que nunca, tenía que encontrarme con la cima. Después de lo que había ocurrido, necesitaba desesperadamente una compensación de aquella montaña. Nada podía cambiar lo ocurrido.

—Seguimos, Merab. Con bajar no se consigue nada.

Nos atamos a nuestra propia cuerda para empezar a subir. Nos prometimos no cometer ningún fallo, no dejar absolutamente nada al azar. Estábamos en medio de una pared escarpada. Hacia abajo veíamos los campamentos en los que la noticia de la muerte trágica de Andy ya correría de boca en boca. Hacia arriba, en el borde de la arista, se asomaba la cara de Rob que, sin sospechar nada, nos sonreía. El mundo se me vino encima otra vez. Rob puso el descensor en una cuerda nueva, se dejó deslizar hacia atrás para vernos mejor y se paró sentado en el vacío.

—Hola, Merab, María. —Su voz sonó firme y alegre, como siempre—. ¿Habéis visto pasar a mi compañero?

Estaba exactamente colgado en el lugar del accidente. Merab le pidió que siguiera bajando hasta él. Tuvo que insistirle, Rob estaba impaciente; intuía, por el tono de voz de Merab, que algo grave había pasado. Se detuvo a un metro de nosotros y Merab se lo contó.

—Bromeas, ¿verdad, Merab?

—No, Rob, ella lo vio todo.

Buscó con la mirada en el suelo hasta descubrir el reguero de sangre. Se le escapó una exclamación de dolor y la expresión de su cara se transformó por completo. No fue una conversación larga, no era el momento ni el lugar para analizar los hechos. Con bastante serenidad, nos agradeció que hubiésemos alertado al campamento y que todo estuviera dispuesto para el rescate. No quiso que lo acompañásemos al campamento III de ninguna manera, a pesar de nuestra insistencia. Comprendí que todavía estaba a medio camino de creerse lo ocurrido, posiblemente pasarían unas horas antes de que tomara conciencia. Lo seguimos con la mirada. Comentamos que bajaba seguro y nos pusimos en marcha. Había que seguir.

Durante las nueve horas que duró la ascensión luché por apartar de mi cabeza aquella mano que había visto abrirse en el aire y la sonrisa con la que Andy se había asomado a mi puerta del campamento II. A una cuerda le siguió otra; a un resalte, otro; a una hora, otra. No podía evitar el agarrarme a cada presa con una fuerza innecesaria. Pagaría caro aquel derroche de energía pero ¿qué hacer?

Hacia las tres de la tarde nos sentamos a descansar en la repisa donde unas horas antes Rob y Andy instalaron su campamento, a 6.100 metros de altitud. Contemplamos su tienda en silencio y bebimos la poca agua que nos quedaba. Decidimos mantener el plan de pasar la noche a la altura de 6.400 metros. Entre aquel punto y el lugar previsto no era posible encontrar dónde hacerlo, así que no podíamos perder el tiempo.

La tensión se mascaba en el aire. Merab y yo discutimos más de una vez. Una de ellas fue porque le había visto soltar mi cuerda de la reunión antes de que me diera tiempo a pasar mi propio seguro. Respondió que ya tenía que haberlo hecho nada más llegar. Le acusé de que ni siquiera me había dejado recobrar el aliento, a lo que me respondió que en vez de decir tonterías podía apreciar que subía muy cargado, todo el tiempo en cabeza porque yo no le había dado ni un relevo. La discusión se terminó de repente, cuando me di cuenta de que Merab estaba a caballo de una fina arista de nieve y necesitaba los cinco sentidos o lo que le quedaba de ellos para atravesarla sin cometer errores. Aquél no era el mejor lugar para unificar criterios. En mi inconsciente le acusaba de querer instalar la tienda tan arriba y obligarme, por decirlo de algún modo, a cargar en silencio con lo ocurrido.

Una vez que por fin entramos en nuestros sacos de dormir, y después de comer y beber algo, rompimos a hablar. Me disculpé y reconocí que había descargado toda la tensión, el cansancio, y el miedo sobre él. Aunque intentamos bromear, ya nada volvió a ser lo mismo. La tienda de Kolia estaba ciento cincuenta metros más arriba y seguíamos en contacto a través de la radio.

El 11 de agosto el tiempo seguía inverosímilmente estable. Nos habíamos colado, sin duda, en una ventana de buen tiempo. Atravesamos la zona de rocas más comprometida de toda la arista, donde estaban los tramos más verticales. La proximidad del final renovó la ilusión. Instalamos un quinto campamento, al abrigo de una gran roca, a 6.800 metros de altitud. A doscientos metros de alcanzar la arista este. Seguía pensando en la posibilidad de montar un sexto campamento bajo la pirámide final, la mayoría de los alpinistas lo hacían, pero estaba más preocupada en sobreponerme a lo sucedido y no dije nada.

El despertador sonó a las cinco y media de la mañana. Era el gran día. Zanganeé unos minutos y me incorporé. Sin apenas hablar me vestí el pantalón de Gore-Tex y el arnés. Saqué la cámara de fotos que tenía al abrigo en el saco y la metí en la mochila. Después de desayunar leche con cacao y cereales me sentí más animada.

—¿Cómo está el tiempo, Merab?, ¿sigue despejado?

—Muy, muy bueno —respondió sirviéndose cacao.

A las siete menos cuarto abandonamos la tienda y ascendimos perpendicularmente en dirección a la arista este, lo que nos llevó poco más de una hora. Fue casi como llegar a la cima, parecía que ya no se podía subir más alto. ¡Cuántas veces había alzado la vista hasta aquel lugar! La cima estaba al cabo de la travesía, era una pirámide de cuatrocientos metros, de roca y hielo. Antes había que recorrer tres kilómetros de arista en la que apenas se ganaba altitud.

Al poco rato nos encontramos con Kolia, Shirota e Igor, que ahora se había quedado solo porque su compañero había decidido abandonar el día anterior. Llevábamos tres días sin vernos cara a cara, sólo de lejos. Todos me miraron y, aunque no preguntaron ni comentamos nada de lo ocurrido, sus miradas se sostuvieron más tiempo sobre mí. Kolia me abrazó.

—¿Estás bien, María?

—Sí, sí, estoy bien. Gracias —mentí.

Kolia se puso en cabeza para abrir huella y los demás lo seguimos. Al cabo de dos horas de subir y bajar pequeñas lomas atravesamos en diagonal una larga pendiente que conducía hasta el famoso Obelisco: una piedra enorme, de fisonomía extraña, llena de agujeros redondeados y que se parecía a las rocas que hay al lado del mar. Allí nos separamos de ellos.

Mientras Merab derretía nieve, los observamos alejarse. Antes de que el agua diera los primeros síntomas de ebullición se convirtieron en insignificantes puntos. Pronto nos costó distinguirlos entre las rocas y la nieve de la pirámide somital.

Me sentía completamente agotada, pero fue la memoria de mi propia experiencia la que me decía que me arrepentiría si ahora me daba la vuelta, siempre quedan fuerzas para un poco más. Pensé. Fue la memoria también la que se puso en pie y tiró de mí hacia el Obelisco Reanudamos la escalada, primero un corredor de hielo y nieve, después una arista y otra arista, algunas afiladas como navajas. El tiempo descontaba peligrosamente. Hacia las cinco de la tarde nos cruzamos con Kolia, Igor y Shirota cuando ya bajaban de la cima. Parecían zombis, estaban completamente agotados y pasaron por nuestro lado casi sin mirarnos y sin hablar, excepto Kolia. Me dijo que no recordaba si había dejado su mochila en la cima y le contesté que no, que yo la había visto más abajo, al abrigo de una gran roca. Me sonrió con esa sonrisa de los que mantienen su cuerpo en pie con la fuerza de la tenacidad. Continué preocupada por lo que Kolia me acababa de decir. Aquel despiste era un síntoma claro de que la glucosa empezaba a faltar en su cerebro. Esto quería decir que el tramo final hasta la cima iba a ser más largo de lo que yo pensaba. Merab pasó delante y me incitó que apurase: «Kolia me ha dicho que nos faltan dos horas para llegar. Creo que podremos llegar antes de una hora».

¿Qué era una hora más, incluso dos, en comparación con las once que ya llevábamos escalando, de aquellos siete días de esfuerzo, después de tres expediciones, de los duros entrenamientos, después de lo que me había tocado presenciar? Lo lejos o lo cerca que estuviera la cima era una cuestión de perspectivas. Me costaba tanto cada paso que daba que la única manera de poder soportarlo era no pensar. Odié a Merab en aquel momento, como si él tuviera la culpa de la distancia que faltaba. A veces levantaba la cabeza con la esperanza de ver que se paraba y levantaba la mano para anunciarme que por fin la había alcanzado. Me sentía incapaz de seguir caminando. Pero había que llegar a ella, ni un metro antes. La cima es la cima. La ventisca era inminente, las nubes cubrían los metros finales y empezaba a nevar.

No fue como otras veces en las que uno se recrea en el paisaje, abraza a su compañero y deja escapar una lágrima. Todos los sentimientos quedaron pospuestos. Cada uno se guardó el germen de la «cumbre» para otro momento. Necesitábamos bajarnos sabiendo que lo habíamos logrado, pero ya habría tiempo de una mirada de complicidad.

No se llora cuando se empieza a temer por la vida y se es consciente del peligro, allí no. Era hora de remangar los sentidos y ponerse en guardia. ¡Pero ya estaba! El tiempo que se permanece en ella, en realidad, carece de importancia. Me bastó con ver a Merab y oír su breve orden de «¡vamos!» para saber que él también estaba preocupado. Jamás nos hubiéramos confesado nuestros temores y además ya sabíamos cómo estaban las cosas. ¿Qué ganaba yo diciéndole que estaba a punto del desmayo? Había que bajar de allí. Hasta el Obelisco... al menos. Y aunque me parecía un objetivo inalcanzable luché en secreto.

En ocasiones la arista era tan delgada que había que poner un pie a cada flanco de la montaña. Como íbamos encordados, si Merab resbalaba hacia la izquierda, sin pensarlo más, tendría que lanzarme al vacío por la derecha. Él tendría que actuar igual en el caso de que a mí me ocurriera lo mismo. Tardamos cinco horas más en descender la pirámide. La oscuridad nos sorprendió cuando ya estábamos a cuatro largos del suelo, poco antes de alcanzar el Obelisco, y aún nos quedaba llegar hasta el campamento V. Pero por lo menos había llegado al Obelisco. Tan pronto puse los pies en tierra, a las once y media de la noche, se agotó mi última gota de glucógeno. Todavía no entiendo cómo pude seguir a Merab hasta el lugar en el que habíamos dejado la cocinilla y algo de comida. Me movía la obsesión por beber. Necesitaba agua, agua, agua... Habían transcurrido dieciocho horas desde que abandonamos la tienda aquella misma mañana y ni siquiera habíamos bebido un litro de líquido cada uno.

Llegué hasta Merab. Le mostré los dedos de mi mano derecha, estaban completamente blancos. Tenía principio de congelación. Lanzó una exclamación de terror. Y eso no era todo: era completamente incapaz de dar un solo paso más.

—Escúchame, Merab: no puedo llegar a la tienda esta noche. No sé qué me ocurre, no puedo caminar. Voy a hacer vivac aquí.

Llevaba horas meditando muy bien aquella difícil decisión, mientras sentía cómo se me vaciaban las últimas energías. Era un cansancio extraño, diferente al que produce un agotamiento por esfuerzo. Temí que fuera el resultado de una deshidratación. Notaba que mis dedos se estaban congelando. Si seguía, ponía en peligro mi vida y la de Merab, ya que me podía caer o, si él se caía, podía no tener fuerza para anclar el piolet en la nieve.

—¡No puedes quedarte! Iremos muy despacio. Ahora el camino es fácil… —Trató desesperadamente de animarme.

—Merab… no puedo caminar, no sé qué me pasa —volví a repetir alzando la voz.

Merab entendió que no tenía que convencerme, me había visto ciega, incapaz de comer del dolor que me producía hacer una simple mueca, me había visto aterida de frío, cansada, agotada, enfadada, pero nunca rendida. Había traspasado el límite por aquella vez. Animarme a seguir caminando no tenía ningún sentido. NO, era NO. Me propuso quedarse conmigo, pero logré convencerlo para que se fuera, necesitábamos una solución. A más de 7.000 metros de altitud y con aquella temperatura, por la mañana mi estado no habría hecho más que empeorar, lo necesitaba a él. «Tienes que irte.» Entonces dijo que me prestaría su chaqueta de plumas, que iría hasta la tienda que estaba a unos tres kilómetros, la desmontaría y regresaría antes de tres horas. Yo sabía que era imposible, imposible, pero la desesperación y las ganas de sacarme de allí le hacían ser excesivamente optimista. No conseguiría hacer el camino en menos de siete horas, con un poco de suerte.

Me senté sobre mi mochila y cubrí mis piernas con su chaqueta. Antes de partir prometió poner toda su atención al atravesar la arista, y me hizo repetirle muchas veces que bajo ningún concepto me quedaría dormida. Bebió el último trago de agua y dejó la cocina funcionando para que siguiera fundiendo nieve.

La luz de su frontal desapareció de mi vista y la gigante sombra del Obelisco pareció siniestra de repente.

Sentí una punzada en el pecho cuando la luz de su frontal desapareció de mi vista. «¿Y si Merab no regresaba?, ¿y si resbalaba en la travesía?, ¿y si ésta era la última vez que volvía a verlo?»

Una luna brillante empezaba a salir y la gigante sombra del Obelisco se reflejaba en la nieve. Miré inquieta a un lado y a otro. «¿De qué tienes miedo, del coco, de los vampiros, del muerto que está enterrado al pie del Obelisco?» ¡Ah, por eso Merab no me había aconsejado que me refugiara en él!, pensaba que no lo recordaría, pero sí. «No hay más lobo feroz que tú imaginación, Chus», me dije.

El viento había cesado, en eso tenía que pensar, las cosas aún podrían haber sido peores y, por muy larga que me pareciera la noche, había un amanecer.

Miré la hora en el teléfono, calculé que ya habría pasado una hora desde que Merab se había ido. ¡Diez minutos!, sólo habían transcurrido diez minutos. El indicador de la batería estaba al mínimo, con las bajas temperaturas ésta no tardaría en descargarse del todo. Tanto Óscar como Toni esperaban ese día mi llamada, estaban al tanto de nuestra salida hacia la cima, así que me decidí a llamar antes de que el frío fuera a más y me impidiera teclear los números.

La conversación con Óscar fue breve, precisa, estuvimos de acuerdo en que hasta nuevo aviso nadie debería saber nada, no quería ni imaginarme a mi madre si llegara a enterarse.

La siguiente llamada era más difícil, podía sonar a despedida.

Aun en la distancia, Toni había vivido demasiadas expediciones; sufrido, era la palabra que él hubiera elegido para definirlo. Demasiadas como para no comprender la gravedad de pasar al raso una noche a siete mil metros de altitud, la gravedad de aquel estado de deshidratación extrema. Pero tenía que saberlo, pronto se descargaría el teléfono y quién sabía cuando... Le dejaría muy clara una cosa: que haría todo lo posible por salir de allí; no, saldría de allí.

Su voz sonó punzante en mi oído, como si al responder hubiera aparecido a mi lado y no nos separaran miles de kilómetros y una montaña. Su voz se fue adelgazando con la tristeza, como si además de oírme, también pudiera verme. «¡Lucha! ¡Sal de ahí! ¡Que te saquen de ahí! ¡Que te saque el helicóptero!» Aunque el mejor de los pilotos del mundo consiguiera aterrizar sobre aquella arista, nunca lograría volver a elevar el aparato en el aire, faltaba presión y oxígeno. De allí sólo podría salir por mi propio pie. Me recordó mis propios proyectos que yo le había contado antes de partir, de pasar un año sabático y escribir. «Tanto como has luchado por conseguirlo... Prométeme que vas a salir de ahí. ¡Como sea! Pero que vas a bajar.» Dije sí y otra vez sí, pero aunque en mi mente estaba determinada a luchar, por fuera, mi voz me traicionaba y por eso Toni no me dejó colgar hasta que no oyó SÍ con la suficiente fuerza.

¿Qué más podía decirle? Que no volveríamos a hablar hasta que por fin llegara al campamento base, lo que no sería antes de tres o cuatro días. «Ya sabes eso de que en montaña, la ausencia de noticias son buenas noticias.» Tenía que dejarle, apenas podía articular palabra, el frío no me dejaba vocalizar, se me estaba quedando la mano congelada, tenía que colgar y moverme, porque el simple hecho de tener el antebrazo en alto para sujetar el teléfono era suficiente para dejar de sentir los dedos.

Me puse a recordar cuando, una vez durante la expedición al Everest de 1998, le había llamado, me encontraba también a 7.000 metros de altitud, pero entonces las cosas eran diferentes, y él me había preguntado: «Dime, ¿qué ves desde ahí?, ¿puedes describírmelo?». Y yo le había contestado que imaginara el cielo más grande que pudiera, tan lleno de estrellas que no cupiera una más, donde la luna era una cuchara de cobre, delgada como un filamento. «No sé cómo puedes decir esas cosas, Chus», me comentó Toni. «Es que eso es lo que estoy viendo.»

Mientras pensaba en esto, el hornillo derretía la nieve colocada en una cazuela. Mi propia torpeza hizo que el agua se derramara sobre el fuego y yo la dejé tal como había quedado. Antes de apagarse la llamita hizo plof, plof y el silencio abrió la boca. Fue la última voz que escuché y casi el último sonido que oí.

La noche tardó en pasar lo que tarda el Sol en darle la vuelta a la Tierra, en recorrer las antípodas del planeta, lo que tarda el tiempo en transcurrir en un reloj sin agujas, lo que tarda en pasar sobre una arista a 7.000 metros de altitud, a quince grados bajo cero para alguien que espera sentado al raso sobre una mochila... Una vida entera y algo más. Durante horas luché contra la pereza, me balanceaba de delante atrás haciendo ejercicios de abdominales, movía las piernas, le hablaba a mis dedos, a cada uno de ellos, hasta que un crujido en la nieve me despertó. ¡Había estado a punto de quedarme dormida! Se me escaparon algún que otro «mierda», «joder», «Merab, ¿dónde estás?».

Mientras tanto Merab había llegado hasta la tienda de Kolia. Fue incapaz de beber el té que éste le ofreció y prosiguió hasta nuestro campamento que estaba situado debajo de la arista. Cuando llegó tardó más de veinte minutos en meter nuestros sacos en su mochila, pero no lo consiguió y además, se sintió incapaz de cargar con ellos a la espalda. Ante el miedo a que yo me quedara dormida, se puso nuevamente en marcha y no pensó en lo inútil que era regresar con las manos casi vacías, con tan sólo dos cartuchos de gas y un trocito de queso. Kolia no podía ayudarnos esa noche. Estaba agotado. «María es muy fuerte, Merab, podrá soportarlo», le dijo.

Fue como tener pesadillas con los ojos abiertos. No tenía ni idea de la hora que era, parecía que debían de haber pasado las suficientes para que Merab estuviera de vuelta. ¿Y si le había ocurrido algo?, ¿qué estaría haciendo en aquel momento? Tal vez se habría echado un rato a descansar en la tienda.

Amaneció a mi espalda con una lentitud anémica. El viento empezó a soplar y la temperatura descendió más. Quería dormir, ¡tenía tanto sueño! Conté hasta uno desde veinticinco, siempre hacia atrás, con concentración, sabía que perdería los números sin darme cuenta...

Cuando Merab me encontró, yo estaba exactamente en la misma posición en la que me había dejado siete horas antes. Creía que estaba sufriendo una alucinación cuando lo vi que avanzaba hacia mí tambaleándose, con el rostro deformado por el frío y la deshidratación. Su barba estaba llena de carámbanos de hielo. ¿Quién era aquel alpinista que caminaba con una bolsa colgada del brazo y sin mochila? «¿Está perdido?», pensé. No lo reconocí hasta que estuvo a unos pasos de mí. Se dejó caer pesadamente en el suelo, a mi lado. Se le habían hundido los ojos, entre la repentina delgadez y la hinchazón de los párpados. Me impresionó el sufrimiento que se reflejaba en su rostro, en la forma de respirar y de permanecer ladeado, apoyado en la nieve. Entendí cuánto había padecido. Había estado caminando veinticuatro horas seguidas. Se me encogió el corazón y me pregunté si yo sería capaz de hacer por él lo que él había hecho por mí. Yo pensaba muchas cosas en ese momento, en cómo habían sido mis expediciones antes de conocerlo, la de gente que había conocido, las situaciones límite que había tenido que superar. Merab decía a menudo que nosotros éramos compañeros. Y ahora podía comprobar que siempre lo decía en serio, hasta las últimas consecuencias. Estaba arriesgando sus posibilidades de descender, de salvarse, por mantenerme viva. «Yo no me voy a morir porque no me da la gana y porque a él tampoco le da la gana», pensé antes de decir una palabra. Conocía tantas historias de montaña, de amigos que habían tenido que separarse en el último momento... «Hasta aquí hemos llegado, ahora sálvese quien pueda». Hasta Moncho decía eso, aunque una vez, en los Andes, él se había quedado una noche haciendo vivac a 6.000 metros de altitud por no dejar solo a Chito Veiga, no lo había abandonado. ¡Pero esto! Hasta en mis circunstancias habría entendido que se hubiera quedado unas horas durmiendo en la tienda.

Mientras él descansaba un rato, conseguí que la cocina volviera a funcionar y derretimos nieve, pero no teníamos vitaminas, ni sales para echarle al agua, de modo que era totalmente ineficaz. Evaluamos nuevamente la situación. Era preciso que yo me pusiera en marcha. Intenté seguirle pero fue inútil, estaba aún peor que cuando descendí de la cima. Por segunda vez lo vi alejarse con la promesa de que en esta nueva ocasión traería la tienda hasta aquí costase lo que costase. El viento empezaba a ser insoportable, la idea de tener que aguardar otras siete horas me parecía insufrible.

Pero una hora más tarde Merab estaba de vuelta a mi lado. Daniil le previno por radio de que estaban fletando un helicóptero, con víveres y una tienda para nosotros y que un equipo de cuatro personas llegaría a la arista dos días después para ayudarme a bajar. Por un momento todo parecía que estaba resuelto y esperamos ilusionados la llegada de ayuda.

—Daniil dice que va enviar oxígeno —me dijo.

—Dile que no, que envíe comida, que meta bollos de chocolate y que se deje de tonterías.

Nos sentimos salvados y seguros. ¡Ya estaba! ¿Qué podía salir mal? Aguardamos impacientes aunque algo preocupados por el viento.

A los treinta minutos, tal como Daniil nos había dicho, oímos el motor del helicóptero. Llegó por abajo, remontando con esfuerzo la pared norte. Nosotros, el aparato, todos parecíamos extremadamente frágiles y minúsculos en medio de las gigantes montañas.

Dieron una primera pasada de reconocimiento, tan cerca de nosotros, que se levantó una enorme polvareda que casi nos ahoga.

Realizaron tres pasadas más sobre la arista para lanzar los paquetes que Daniil, Tania, Ania y Yaric habían estado embalando. Una a una contemplamos impotentes y desesperados como las cajas caían a ambos lados de la montaña. Cuando soltaron la primera caja, antes de tiempo, ésta desapareció sin tocar la pared bajo el flanco norte, que era totalmente vertical, y comprendimos que no iba a ser tan fácil. La segunda de las cajas que lanzaron se perdió en la cara sur, en la vertiente china. Después de lanzar la tercera caja, la única que pudimos salvar, el «bicho» desapareció y volvimos a sentirnos solos, aplastados por un silencio atroz. Aquélla era la esperanza. Cuando Merab la abrió, rezando porque contuviera la tienda y los sacos, se encontró con que sólo había media docena de botellas de té caliente. «¡Una gran operación para seis botellas de té!», dijo Merab enfadado.

Todo lo demás se había perdido. Intentó recuperar la que había caído en la ladera china, pero fue imposible. El sol empezaba a declinar. «Estoy muerta», pensé, y por primera vez en todas aquellas horas dudé de que de verdad fuera a salir con vida de aquella arista, no podría soportar otra noche más a la intemperie. «¡Aguanta, Chus! Volveré con la tienda. ¡Te lo juro!» La operación del helicóptero había resultado no sólo inútil sino que además había retrasado a Merab que ahora volvía a ponerse en marcha. Me pregunté cómo era capaz de mantenerse en pie.

Mientras tanto, Kolia, que se había pasado la mañana buscando nuestra tienda y que no había conseguido dar con ella, se encontraba en aquel momento descendiendo con su cliente hacia el collado Diki; Shirota sufría de congelaciones en los dedos de los pies. Kolia había recibido la orden tajante desde el campamento base de bajar con él lo antes posible. A pesar de ello él nunca nos hubiera dejado allá arriba a merced de nuestra propia suerte de no haber sabido lo del helicóptero y que otros de sus colegas de profesión —Dima Komanov y Xabi Ormazábal, un alpinista vasco— se encontraban casualmente en dirección al Obelisco para intentar la cumbre al día siguiente. Ni Merab ni yo teníamos conocimiento de que Dima y Xabi venían hasta donde nosotros estábamos para ubicar su campamento V en el que podríamos refugiarnos todos juntos.

El primero en llegar hasta mí fue Komanov, hacia las siete de la tarde, al filo del anochecer. Sabía que no podría tratarse de Merab, me bastaba ver cómo caminaba. Llegó justo en el momento en el que el viento arreciaba y la temperatura, inducida por la sombra, me empezaba a calar la ropa.

No perdió el tiempo en preguntar cómo estaba.

—De acuerdo, María, voy a montar la tienda y te meterás dentro —dijo soltando su mochila al suelo.

La instaló muy deprisa, extendió una esterilla, un saco y me ayudó a entrar. En menos de un cuarto de hora, la situación cambió completamente.

Al poco tiempo llegó Xabi. Traía noticias de que se había encontrado a Merab al cabo de la arista y de que, sin detenerse a hablar con él, había seguido andando para recoger los sacos de nuestro campamento, y lo consiguió; pero cuando regresaba de vuelta hacia donde nosotros estábamos, la noche le había cogido atravesando la pala final. Las nubes taparon la luna. Mientras yo empezaba a entrar en calor y a hidratarme dentro de la tienda de Komanov y Xabi, Merab tomaba conciencia de su soledad: había anochecido completamente y caminaba sin luz. El viento había borrado las huellas, le congelaba el rostro, las manos y por primera vez también él sintió miedo por su vida. Continuó la travesía guiado por la intuición hasta que vio la luz que provenía de nuestra tienda de campaña. ¡Estaba a salvo!, por fin, e imaginó que yo también. Habían pasado cuarenta horas desde que salimos de nuestra propia tienda instalada en el campamento V en dirección a la cumbre, hasta que le oímos gritar desde fuera. Con esa torpeza propia del agotamiento extremo y exhausto, entró con nosotros en la tienda.

Xabi comprobó el estado de mis pies y los abrigó con sus calcetines de plumas. Tenía congelaciones en siete dedos de las manos y dos del pie, y aunque algunos de ellos habían comenzado a ponerse de color azul y tenían ampollas, era pronto para saber si realmente era grave. Pero Merab estaba conmigo y los dedos no me preocupaban en aquel momento.

Nos dejamos vencer por el sueño, ahora podíamos. Todavía nos quedaba por afrontar un durísimo descenso hasta encontrarnos totalmente seguros, pero en eso ya tendríamos tiempo de pensar.

El día 14 por la mañana, transcurridas dieciséis horas desde lo del vivac, las sensaciones eran otras, me encontraba ligeramente recuperada.

Me encordé entre Merab y Komanov para atravesar la arista. Xabi no era imprescindible y se quedó a esperar el regreso de su compañero. Estaba muy ilusionado y yo le animé a esperar, el tiempo atmosférico que estábamos viviendo aquellos días era una excepción en Tian-Shan. De la misma manera que yo había seguido hacia delante después del accidente, también lo animaba a él para que lo hiciera. El Pobeda me seguía pareciendo una montaña de la que valía la pena enamorarse.

Fuimos despacio, siguiendo mi ritmo todo el tiempo. Aquel camino que no debía de llevarnos más de tres horas nos llevó seis. Creí que nunca lo lograría, los últimos metros habían sido bajo los gritos de Merab que me obligaba a dar un paso y otro porque no había más remedio que llegar hasta la tienda que Kolia dejó instalada para nosotros en su propio campamento V.

Komanov regresó al Obelisco para intentar al día siguiente la cima con Xabi. Merab y yo volvimos a quedarnos solos. Él seguía sin bajar la guardia. Una vez instalados, me inyectó una dosis de heparina en el muslo que me ayudaría a rebajar los efectos de las congelaciones. Después me dijo que era la primera vez que le ponía una inyección a alguien. En plena noche, cuando estábamos casi dormidos el equipo de cuatro personas que el helicóptero había dejado en el campamento II, antes de soltar las cajas en la arista, llegó hasta nosotros. Eran Bidzina, el amigo de Merab, dos rusos llamados Vadim y Sania, y el doctor Dimitri Maskalev. Ninguno de ellos había dudado en abandonar su planes de escalada y ponerse en marcha cuando Daniil soltó la voz de alarma. Llevaban dos días enteros escalando como locos desde que saltaron a tierra en el collado Diki. El doctor Dimitri Maskalev había perdido a su hijo de diecisiete años mientras escalaban juntos el Khan Tengri en 2001, un día antes de que Merab y yo también alcanzásemos la cima. De rodillas en el avance de la tienda comprobó el estado de mis dedos. Meneó la cabeza y bromeó diciéndome que me los tendrían que cortar a la altura del brazo. Me administró vitaminas y aminoácidos y me recomendó que me hidratara todo lo posible. Poco más se podía hacer. Había que bajar, ésa era la mejor, única y eficaz medicina.

Mientras tanto, Vadim y Sania montaron otra tienda cerca de la nuestra y se repartieron para pasar el resto de la noche.

Merab, Bidzina y yo dormíamos hacinados en la nuestra. En un momento dado de aquella larga noche, Merab se despertó con el ruido que yo hacía al dar manotazos rebuscando entre nuestros bultos. Me preguntó qué hacía y yo le susurré que necesitaba el bote de pipí. En aquellas circunstancias era impensable salir fuera. No sé si por el temor de que aquella arriesgada maniobra acabara en catástrofe debido a la poca destreza que tenía por mis dedos congelados, o porque el espacio era tan reducido que él sabía que no me podía ni mover, el caso es que me hizo una pregunta que me tocó el amor propio: «¿Quieres que te sujete el bote mientras meas?». Yo me sentí ofendida y al mismo tiempo preocupada por la imagen de cansancio que debía de transmitir para que Merab me quisiera ayudar en un momento tan delicado.

Al día siguiente sucedió otra de estas anécdotas típicas de la montaña que tiempo después parecen tan ridículas, pero que en el momento en el que la vives, te saca de tus casillas. Yo iba vestida con lo que en aquel momento me pareció un «mono de castidad», lleno de correas, cremalleras y velcros. Desde luego, no era la vestimenta más femenina del mundo, pero mis hormonas no se olvidaron de mí. La regla se me adelantó veinte días y aquello me pudo. Llevaba cuatro días sin poder pasarme ni siquiera una toallita de aseo. Empecé a exclamar todo tipo de improperios. Bidzina no entendía nada, pero Merab le dijo que tendrían que aguardar fuera unos segundos. Cuando acabé la operación de abrir y cerrar cremalleras y ponerme un trozo de papel higiénico a modo de compresa, salí de la tienda y me encontré a mis compañeros sentados, sujetando las capuchas que se volaban con el viento. A pesar de lo incómodo de la situación, ellos aguantaron con verdadera resignación. Les debía de parecer que aquello de la regla era, de todo lo que me había pasado, lo peor.

Durante los dos días siguientes perdimos metros más rápido de lo que todos habíamos imaginado que sería posible. Dimitri me recordaba a menudo que por nada del mundo me sacara las manoplas, pero él no se encontraba en cada momento al cabo de la cuerda que me unía a Bidzina, y yo tenía que sacar mi descensor una y otra vez, destrepar y echar mano del piolet. Tenía claro que era preferible perder un dedo que comprometer la vida de ninguno de nosotros o prolongar por más tiempo aquel descenso interminable.

Bajé por mi propio pie cada metro de aquella montaña, pero el hecho de tener una cuerda de seguridad cambiaba por completo las cosas. Si resbalaba, me quedaría colgando de ella. Había que seguir extremando las precauciones. Las reuniones y las cuerdas fijas por las que rapelábamos seguían tan viejas como cuando habíamos subido por ellas una semana antes, ni más ni menos. Además, las rocas estaban descompuestas y las travesías comprometidas. Todos sabíamos que no se podía bajar la guardia, porque era justamente durante el descenso cuando aumentaban la posibilidades de sufrir un accidente. Al volver con el objetivo logrado que tanto ha costado conseguir, se corre el riesgo de perder el interés por lo que se tiene entre manos. Las prisas descontroladas no eran buenas consejeras.

Me libraron de la ardua tarea de montar y desmontar los campamentos, de cargar con mi mochila, y de las demás tareas. Mi única preocupación era la de no dar ni un solo paso en falso.

El 16 de agosto, el viento frío quedó atrás. Vadim, al que para entonces ya me había acostumbrado a verlo siempre de espaldas, caminaba todo el tiempo unos pasos delante de mí y cargaba con parte de mis cosas. Dentro de aquel equipo, su labor era la de abrir huella por la nieve. Bidzina vigilaba atentamente desde más arriba el último tramo del descenso previsto para ese día. Alcancé, detrás de Vadim, el collado Diki, al rato llegaron Bidzina, Sania, Merab y Dimitri. Lo habíamos conseguido. Estábamos a un día del campamento base, faltaba rapelar los seracs y «patear» y «patear» durante horas.

Comentamos entre todos que posiblemente perdería el dedo gordo del pie si seguía caminando. Había que pedir el helicóptero; ellos no podían hacerlo, sólo sería posible si mi seguro cubría los gastos.

Pensé en Merab, su cara se había hinchado más, parecía que se le iba a romper la piel de los labios de la inflamación, también en los que nos habían ayudado durante las últimas cuarenta y ocho horas haciendo posible aquel «fugaz» descenso. Merab y yo hubiéramos tardado el doble de tiempo, sino más. Se merecían terminar, todos nos merecíamos estar de vuelta aquel mismo día en el campamento base y cenar como Dios manda.

Le dije a Merab que llamara al campamento base para que mandaran un helicóptero, que esa noche estaríamos cenando pollo en Karkara. Allí acogieron con júbilo la noticia de que estábamos ya a 5.200 metros, pero quedaba poca luz y dependía de los pilotos la última decisión de volar a por nosotros. Aguardamos impacientes unos minutos hasta que Daniil nos confirmó que sí, que vendrían. El punto de recogida estaba a la altura de los 4.800 metros, sobre la barrera de seracs del campamento I, al inicio del valle. No había tiempo que perder. Nos pusimos en marcha tan pronto como recibimos la noticia. El camino era fácil pero el helicóptero no aguardaría por nosotros, había que llegar a tiempo como fuera. Descendimos sin encordarnos, ya no era necesario. Por primera vez oí sus risas y se gastaron bromas. Cada uno de nosotros tenía un motivo para sentirse satisfecho.

Mientras alcanzábamos sin pérdida de tiempo el lugar indicado, Daniil se preparó para embarcar. El helicóptero pasaría a recogerlo de camino a Karkara. Tania, Ania y Yaric corrieron a nuestras tiendas para guardar nuestras cosas. Oímos el inequívoco chiu-chiu-chiu del «bicho» primero lejos, después más cerca. Corrimos a refugiarnos todos juntos, en cuclillas, sujetando las mochilas para evitar que éstas salieran volando en el momento del aterrizaje y aguardamos a verlo aparecer. Tal vez porque aquél era un gran final imaginé que el helicóptero iba a llenar el cielo como hacen en las pantallas de cine. Apareció como un pequeño juguete que convirtió la pared norte del Pobeda en algo descomunal y de proporciones infinitas, que me recordó que así era en realidad. Montamos en marcha, uno tras otro. En la puerta nos esperaba el abrazo emocionado de Kazbek que nos recibió con los ojos empañados por las lágrimas y la sonrisa de complicidad de los pilotos: «Arriba, ya está chicos todo se ha acabado». La última vez que vi el Pobeda fue a través de los ojos de buey del aparato, mientras giraba para darle la espalda y retomar el camino al campamento base. Repelía los brillos de la tarde, era soberbio. Mientras los momentos más emocionantes y duros de aquella expedición pasaban fugaces por el recuerdo, presentí que ahora por fin la cima estaba cerca.

Tras un brevísimo paso por el base, recogimos a Daniil que montó seguido de un enorme maletín con medicinas. Nos despedimos de Bidzina y del doctor Dimitri. Sania y Vadim siguieron a bordo hasta Karkara y en unas horas vimos cumplido nuestro sueño de cenar como personas. Yaric, Ania, Tania, Lena y Dima subieron un momento al helicóptero para despedirse de nosotros; ni el idioma, ni el ruido del motor me impidieron percibir que ellos habían estado ahí todo el tiempo, pendientes, sufriendo, preocupados. «¡Vuelve el próximo año, sin Pobeda, sólo de vacaciones!», gritaban Ania y Tania.

Ganamos altitud. Cruzamos el glaciar Inylchek, debimos reflejarnos en el lago Merzbacher (aunque yo no lo vi), desaparecieron las últimas manchas de nieve ribeteando las cimas y divisamos el campamento de Karkara. Merab pasó su brazo sobre mi hombro. «Te dije que lo haríamos», me gritó al oído.

Desmontar en Karkara, pisar la hierba, respirar el aire caliente y oxigenado de los 2.000 metros de altitud casi me tumba. Aquella misma mañana habíamos estado durmiendo a 6.400 metros, sobre la nieve y ni por asomo se nos ocurrió pensar en la posibilidad de que llegaríamos hasta allí ese mismo día. Sin nuestros gordos plumíferos y sin nuestros pantalones de ventisca, Merab y yo parecíamos dos pollos desplumados, flacos y quemados por el sol y el viento. Había un hilo invisible uniendo nuestras almas. Demasiado compartido, demasiadas cosas a medias. Lo sabía ya todo de él y al revés. Sabía justo lo que uno ni sospecha de sí mismo.

Dos días después, embarqué en el avión de vuelta a España donde me esperaban Toni, delgado como si el también hubiera escalado el Pobeda, y una ambulancia para llevarme al Hospital de Zaragoza. Lo había hecho, Toni también.

Sinceramente, aunque todavía no sabía el precio que debía pagar por aquella aventura, pensé que perdiera lo que perdiera carecía de importancia. Había ganado algo más importante incluso que la cima del Pobeda. En un momento de aquel largo descenso, el doctor Dimitri me confesó que desde la muerte de su hijo en el Khan Tengri su concepto de las cosas había cambiado: «Dame vida —me dijo— que no días»...

LOS PRIMEROS LOGROS,
LAS PRIMERAS PÉRDIDAS.
PERÚ, 1987

A veces, me gusta mirar atrás y verme caminando por la sierra de los Ancares, cuando subir a sus picos, viejos y desgastados, todavía suponía un reto para mí. Aquellos tiempos en los que dormíamos en las tiendas de lona, pasadas de moda, que alquilábamos en el club, y en los que metíamos bolas de papel de periódico en las botas para que se absorbiera la humedad.

Todo tuvo un principio. Pobeda había sido el último, pero mi primer gran viaje fue a la Cordillera Blanca del Perú, en 1987. Los preparativos no fueron fáciles. Todavía hoy me pregunto cómo logramos partir de Vigo, con los pocos medios con los que, entonces, contábamos. El deporte del alpinismo era el gran desconocido; encontrar patrocinadores era casi imposible y a los montañeros se nos tildaba de locos de atar. Creo que ni inventamos nada ni éramos diferentes, simplemente teníamos la osadía y el atrevimiento de los que van a corren su primera aventura.

Vuelvo a aquellos viajes a Perú y a Kenia, con la indolencia y la serenidad que proporciona la distancia. Esas primeras aventuras son también parte de mí misma, sin ellas… no sería yo.

Era mayo de 1987. Se acercaban las vacaciones de verano y la biblioteca estaba a rebosar de estudiantes que preparaban los últimos exámenes de fin de curso. De vez en cuando la encargada llamaba al orden sin obtener demasiado éxito.

Yo me encontraba al fondo del aula, detrás de una montaña de atlas que se acababan de recibir y que estaban pendientes de registro. Estudiaba atentamente un mapa de la Cordillera Blanca, sobre el que Luis, José Carlos, Moncho y yo habíamos estado detallando, días atrás, los pormenores de nuestra inminente expedición.

Necesitaba ubicarme mejor en cuanto al lugar al que pensábamos dirigirnos, así que, eché mano a uno de aquellos atlas a fin de situarme. «América del Norte y América del Sur. Tomo III» leí en voz baja y abrí el libro de par en par sobre mi mesa de trabajo.

La Cordillera Blanca resultó ser una de las tres cadenas montañosas de Perú, que a su vez formaban parte de la gran Cordillera de los Andes.

Habíamos elegimos una serie de montañas para escalar, casi todas superaban los seis mil metros de altitud. Excepto para Moncho, nuestro récord estaba en la cima del Mont Blanc, de 4.819 metros, por eso resultaba tan emocionante aquel gran viaje.

Teníamos toda la información que necesitábamos, incluidos los croquis de las rutas. En el dorso del mapa habíamos ido apuntando el material de escalada que íbamos a necesitar: dos cuerdas de sesenta metros, de siete milímetros de diámetro cada una (por ser más ligeras), varias docenas de estacas, clavos de roca y de hielo, otro tanto de cordinos y de mosquetones, cuatro tiendas de campaña, tres infiernillos y algunos cacharros de aluminio para cocinar.

José Carlos se había quedado con la lista de la comida y la del botiquín y cada uno había hecho la suya propia detallando el equipo personal; desde el bañador hasta el arnés, todo estaba previsto.

Mi madre no acababa de creerse lo de aquel viaje a Perú hasta el día que me encontró, lista en mano, apilando y separando las cosas en mi habitación.

—No sé cómo puedes irte después de lo de Javi —se lamentaba nerviosa retorciendo un paño de cocina.

—Venga, no pienses en eso. Sólo vamos a «patear» —le había dicho yo tapando con unas camisetas el material de escalada.

—Me dices eso para que me tranquilice. Allá vosotros.

En casa de José Carlos guardaban absoluto mutismo. «Lo de Javi» estaba todavía demasiado presente. Los padres de Luis estaban muy preocupados por su carrera de ingeniería, que dejaba plantada a la mínima oportunidad de escalar una montaña que se le presentaba. Por otro lado, la mujer de Moncho estaba más que hecha a las ausencias alpinísticas de su marido, uno de los escaladores con más renombre de Galicia.

La cuestión del dinero había sido el mayor problema a la hora de organizar la expedición. La única subvención con la que habíamos podido contar era con las doscientas mil pesetas que nos había concedido la Concejalía de Deportes del Ayuntamiento de Vigo cuando le presentamos el proyecto.

El presupuesto de Luis lo habíamos asumido un poco entre todos y Moncho había abaratado costes fabricando él mismo las estacas para la nieve que nada tenían que envidiar a las que se podían comprar en las tiendas de deportes. También recortó el mango de uno de mis piolets para que se adaptara mejor al estilo de escalada que íbamos a realizar. Nos enseñó a confeccionar «antizuecos» con goma de neumáticos, una especie de suelas para los crampones que evitan que se acumule la nieve y las puntas pierdan su eficacia con el consiguiente peligro de resbalar. Después, en el aeropuerto, la azafata había cedido ante nuestras súplicas y no nos había cobrado el exceso de equipaje.

Llegó el momento de sobrevolar la página 46 del tomo III del Gran Atlas Universal. Allá íbamos, hacia aquel lugar que Moncho había descrito casi como mágico; un país tropical donde las montañas tienen nieve y donde crecen plantas que sólo florecen una vez en la vida, al cumplir los cien años.

Sin la belleza del cóndor, menos grácil y silencioso, nuestro avión atravesó Sudamérica completamente, de este a oeste. Divisamos la gran Cordillera Negra desde el aire, montañas que no tenían ni una mancha de nieve, por decisión de los vientos marinos, y la Cordillera Blanca, ¡nuestra cordillera!

El océano Pacífico apareció tras el ancho y desértico pasillo de la costa, verde azulado como las turquesas de China. El boeing describió un círculo completo y cambió de rumbo para aterrizar en el aeropuerto de Lima.

De primera impresión, Lima resultó confusa, con esa belleza triste que se les queda a las ciudades que han perdido su esplendor. Al color del asfalto y del cielo los separaba apenas una mano de pintura, excepto por la mañana, cuando la garúa, la niebla del mar, todavía era blanca.

No había un edificio de viviendas que conservara intactas todas sus ventanas, sin contar los barrios residenciales como el de Miraflores, ni coche que tuviera las cuatro ruedas del mismo calibre y no bizqueara de un faro. A las afueras de la ciudad, sobreviviendo a la sed del desierto, se extendían las chabolas.

El segundo día, visitamos la plaza de San Marcos y nos sumamos al gentío que se había arremolinado para ver un espectáculo. Como ya nos habían advertido de los robos, nos mantuvimos un poco al margen, separados de los grupitos de espectadores.

En el centro, un hombre se pavoneaba mostrando las serpientes que se había colocado alrededor del cuello. Aquellos animales, de picadura mortal, como él mismo aseguraba, tenían la piel tan reseca y la mirada tan opaca como la de los peces muertos de días; les habían cosido la boca.

Estábamos comentando aquel detalle tan desagradable cuando,

de pronto, un joven se detuvo sospechosamente detrás de Moncho que tenía siempre la costumbre de llevarse los brazos a la espalda. Todo sucedió en cuestión de unos segundos. El desconocido, con una habilidad que rayaba lo profesional, trató de robarle el reloj a Moncho, y éste, que algo había presentido, se dio la vuelta a tiempo de recuperarlo de las manos del propio ladrón que, muy sorprendido ante los reflejos de su víctima, emprendió enseguida la huida perdiéndose entre la gente.

Por eso Moncho, esa misma noche, durante el viaje a Huaraz, se pasó todo el tiempo yendo y viniendo de su asiento a la puerta cada vez que el autobús dejaba pasajeros, para cerciorarse de que nuestras cosas seguían a buen recaudo. No había sido un viaje relajado, corrían rumores de que Sendero Luminoso saqueaba a menudo las «guaguas» que hacían la ruta nocturna.

A pesar del tiempo transcurrido, diecisiete años, conservo la imagen de nuestra llegada a Huaraz. El Nevado Huascarán, el más alto de la cordillera, parecía arrancar del tejado de las casas. Resultó una visión tan impresionante y poderosa que la ciudad me pareció insignificante a sus pies.

Contratamos a un hombre que llegó tirando a mano de un pequeño remolque. Se ofreció a llevar nuestro equipaje y nos aconsejó un hotel barato a la salida del pueblo. Lo seguimos caminando por la ancha y desierta avenida de Luzuriaga, algo atontados por las catorce horas de viaje y sin dormir. Tomamos el camino del río y entramos en el patio de una casa recién encalada. Media docena de gallinas desplumadas y flacas picoteaban el suelo con desesperación. La habitación estaba limpia y el lugar parecía lo suficiente tranquilo. No podíamos pedir nada mejor por el precio de dos dólares y la alquilamos por tres días. Antes de emprender camino hacia la montaña necesitábamos adaptarnos a los 3.000 metros de altitud de Huaraz.

Huaraz era el centro neurálgico del valle y la meca del andinismo. Cada temporada, entre junio y agosto, se llenaba de mochileros y alpinistas de todo el mundo que coincidían en las calles, en los puestos ambulantes, en los restaurantes y más tarde en las quebradas.

Una de aquellas mañanas de descanso visitamos el mercado. Paseamos entre los comerciantes que destripaban el pescado, desplumaban gallinas y desollaban conejillos de Indias que allí llamaban *cuys*. También preparaban comidas, como albóndiga de pescado, *anticuchos*, porciones de *chancho* y pasteles caseros, tentaciones que vencimos por miedo a coger una infección intestinal.

Algunos alpinistas nos comentaron que venían a comer al mercado a diario, que era muchísimo más barato, «dónde iba a parar». Aquello no nos parecía una buena idea, incluso consumíamos agua embotellada para lavarnos los dientes. Después supimos que habían sido víctimas de amebas y de fuertes diarreas que les habían impedido coronar cualquier otra cima que no fuera la taza de un retrete.

Los vendedores de helados parecían poseer algún secreto de alquimia: en toda la sierra no había más fábricas de hielo que las de los propios glaciales, sólo habíamos visto una pequeña nevera de la Coca-Cola en un restaurante moderno. Le estuvimos dando vueltas al asunto hasta el día en el que partimos en dirección a la quebrada (el cañón) de Llanganuco.

Nos presentamos en la estación de autobuses cargados con nuestras mochilas para veinte días, compramos cuatro billetes para la ciudad de Yungay y embarcamos. Yungay estaba más al norte que Huaraz, en el llamado callejón de Huaylas.

Aprovechando el sopor, los vendedores de refrescos y de helados acosaban a los viajeros que aguardaban el momento de partir. El chico de los helados exhibía su caldero con cucuruchos y vasos de granizados bajo la ventanilla, luchando a contrarreloj con el calor.

Allí estaba el misterio, bien resguardado a la sombra en la cuneta; pedazos de hielo tan duro como el mármol que, sin duda, habían sido arrancados de la montaña a golpe de piqueta, a horas muy tempranas.

Ese segundo viaje en autobús tampoco fue muy tranquilo. Moncho estaba quietecito en su asiento, pero la policía detuvo el autobús en dos ocasiones porque buscaba algún posible terrorista de Sendero Luminoso camuflado entre los pasajeros, campesinos y turistas. Nos acabaríamos acostumbrando a aquellos controles de rutina.

Nos apeamos en el nuevo Yungay, del viejo sólo quedaban tres palmeras en lo alto de una colina. Había sido arrasado en 1970 por una avalancha que cayó del Huascarán a consecuencia de un terremoto. Toneladas de nieve, rocas y lodo avanzaron a lo largo de toda la quebrada Santa a una velocidad de 160 kilómetros por hora sepultando las poblaciones de Yungay y Ramrahirca.

Alquilamos una camioneta en la calle para subir a la quebrada de Llanganuco, un callejón paralelo al de la quebrada Santa. Instalamos, tal como habíamos previsto, el primero de los campamentos base sobre una pradera de hierba. No estábamos solos, había por lo menos otros cinco grupos más de alpinistas de distintas nacionalidades.

Nos encontrábamos a 4.200 metros sobre el nivel del mar, rodeados de picachos helados que todavía estaban lejos.

Por primera vez contemplamos el vuelo del cóndor, un punto muy alto en el cielo, atado al suelo por un hilo imaginario.

Paseamos quebrada arriba hasta las lagunas que habíamos visto en el mapa, y atravesamos bosques de quenuales, árboles cuya corteza se parecía a la hoja anaranjada que recubre las cebollas.

Cuando nos sentimos lo suficientemente aclimatados partimos hacia el Nevado Pisco. Se trataba de ascender una ruta clásica y sencilla como parte de la aclimatación.

Para el campamento I no llevamos tienda, dormimos al abrigo de una gran roca que tuvimos que compartir con un par de mulas. Todavía nos quedaba una gran distancia por recorrer hasta la cima, pero Moncho se había propuesto ir directamente desde allí para no tener que portear las tiendas y más comida.

La caminata resultó una fenomenal paliza. Cuando nuevamente regresamos al campamento I estábamos totalmente agotados, y era sólo el preludio de lo que nos esperaba.

Con la cima en el bolsillo, abandonamos por segunda vez el campamento base. Remontamos el valle hacia el norte para acercarnos lo más posible a nuestro segundo objetivo, el Nevado Chopicalqui, que en quechua significa «El Centro de las Montañas». Nos habíamos saltado nuevamente un campamento, que normalmente se sitúa al principio de la morrena del glaciar del Chopicalqui.

La noche que partimos hacia la cima del Chopicalqui fue una de las más emocionantes que recuerdo, sólo porque por fin iba a comprobar por mí misma lo que se siente al superar la altitud de los 6.000 metros. Estaba deseando salir.

La montaña y la luna resplandecían como si estuvieran hechas del interior de una concha marina. Nunca volvería a ver otra luna más grande que aquélla.

Al poco de empezar a subir, José Carlos dijo que no se sentía bien y que estaba pensando seriamente en darse la vuelta, sufría la puna andina. Mientras no acababa de decidirse, su paso se hizo más lento y nos fuimos distanciando.

Yo no podía renunciar a subir por lo que parecían ser unas náuseas sin importancia. Por otro lado el camino de vuelta al campo II no entrañaba peligro, algo caótico sí, discurría por en medio del glaciar entre enormes bloques de hielo. Conocía bien las posibilidades de José, no necesitaba que lo acompañara de vuelta, así que continué subiendo.

Cuando Moncho y Luis me dieron alcance me alegré de no

estar sola. Se habían entretenido ajustando el crampón de Luis que tenía un problema.

El hecho de compartir la misma huella en la nieve es como formar parte del esfuerzo común, como mover una locomotora imaginaria hacia alguna parte, donde cada uno es uno y un todo al mismo tiempo.

Habrían de ser muchas las ocasiones en las que montaríamos a ese tren para acabar compartiendo el esfuerzo, la gloria y más de un apuro, del que no siempre salimos tan airosos.

De vez en cuando Moncho sacaba el altímetro del bolsillo de su cazadora y nos informaba de la altitud, así podríamos calcular cuántas horas de ascensión nos quedaban por delante. Los tres caminábamos al mismo ritmo y parábamos al mismo tiempo para descansar. Cada uno marchaba con su piolet en la mano para ayudarse en los pasos complicados o para poder detenerse en caso de una caída, la cuerda sobrante que iba de uno a otro la llevábamos recogida en gazas en la mano libre. Cuanto más alto estábamos más costaba caminar, un esfuerzo repentino, como atravesar un muro vertical o saltar una grieta, producía ahogo.

Amaneció cuando ya nos encontrábamos a una hora de la cima, ésta era exactamente igual que una ola congelada en el momento de alcanzar el cenit. El viento empezó a soplar con mucha fuerza y los últimos pasos resultaron tremendamente desagradables.

Moncho disfrutó viendo mis lágrimas en la cima, porque se las esperaba. En esto de las emociones decía estar de vuelta. Disparó su cámara para perpetuar el momento en el que Luis y yo nos abrazábamos a 6.364 metros de altitud. Eran las ocho y media de la mañana y estábamos muertos de frío, nuestra ropa era bastante corriente, pero el equipo no hace al alpinista, sino las propias montañas.

Aquel mundo abstracto, de pirámides afiladas, de catanas de cristal y paredes imposibles, empezaba a tener rostro; el Nevado

Huascarán al norte y las dos cimas del Huandoy más hacia el este. Era así como empezaba a amar cada lugar, a base de entenderlo y aquel día entendí muchas cosas.

José Carlos se había tomado con humor aquella sensata renuncia, como era propio de él, y se había limitado a aguardar pacientemente por nosotros.

De nuevo en la quebrada de Llanganuco se recuperó del mal de altura y pudimos dirigirnos al glaciar del Huandoy norte, la segunda cima más elevada de la cordillera después del Huascarán. Este último lo habíamos descartado porque su ruta normal era demasiado sencilla y muy transitada y la que de verdad le gustaba a José Carlos era una de las rutas más difíciles de cuantas había en la cordillera.

En el campamento base los robos se estaban repitiendo con demasiada frecuencia. Más de uno se encontró con que su tienda y todos sus enseres personales habían desaparecido al bajar de la montaña.

Decidimos contratar de una vez por todas a un arriero para que vigilara el campamento en nuestra ausencia y, de paso, una mula para que porteara algunas de nuestras cosas hasta el inicio del glaciar.

Encendido por la indignación, Moncho se había plantado en medio de la plaza de Huiscash, el pueblo más cercano y había acusado públicamente a los arrieros de los robos a alpinistas que se estaban sucediendo arriba en la quebrada y advirtió que estaba dispuesto a plantar fuego al pueblo si desaparecía nuestro campamento. «¡Lo quemo como hay Dios!» Durante aquel improvisado mitin José Carlos se había mantenido unos pasos por detrás, con los brazos cruzados y la mirada alta pero escudada en las gafas, aguantando la risa y la vergüenza como mejor pudo.

—¿Y la gente qué dijo? —preguntó Luis cuando ya de regreso José Carlos nos relataba lo ocurrido.

—Nada, la gente no dijo nada, pero escuchar sí que escucharon.

Ni Luis ni yo dudamos de que Moncho fuera capaz de ofrecer semejante espectáculo, otra cosa era que fuera a llevarlo a cabo, pero lo que resultaba del todo ridículo había sido que se hubieran dado semejante paseo para acabar trayendo una mula vieja a la que terminamos empujando por las cuestas arriba. Apenas le habíamos cargado peso de la pena que daba. El propio arriero confesó que aquél iba a ser su último porteo, que el pobre animalito ya no estaba para aquellos menesteres. Temí que acabaríamos llevando la mula en brazos.

De nuevo acampamos sobre una morrena, una tienda para los cuatro. Al fondo y lejos, estaba la montaña que queríamos escalar. Todo quedaba terriblemente lejos y alto. Parecía imposible que fuéramos capaces de recorrer semejantes distancias. Era cuestión de paciencia, de no dejar que a uno le entrara el agobio por el cansancio, o por el frío, o el hambre. Yo sufría lo indecible durante las bajadas, a veces tenía que aguantarme las lágrimas, prefería mil veces subir porque era cuando menos me dolían los pies. Más tarde, de vuelta a casa, el podólogo me descubrió que tenía los pies completamente cabos y que necesitaba urgentemente unas plantillas.

Los odiosos *ti-ti* de nuestros relojes empezaron a sonar casi todos a la vez hacia la una de la madrugada. Teníamos previsto salir a eso de las dos o dos y media, y se necesitaba el tiempo para preparar el desayuno, vestirnos los petos y las chaquetillas, calzarnos las botas, los *gueters* (polainas para evitar que la nieve entre en las botas), los guantes, el gorro, guardar el saco, la esterilla, buscar no sé qué que no aparece y que estaba allí; es sorprendente cómo en un espacio tan pequeño se pueden perder cosas y que no haya forma alguna de encontrarlas. Yo además tenía cada mañana una lucha personal con mis leotardos, no acababa de entender por qué no los hacían con la cinturilla más alta. Podía acostumbrarme a todo menos a vestir ropa de tío.

Era el momento de la jornada que menos me gustaba, el de abandonar el calorcito del saco y salir en plena noche, a diez grados bajo cero de temperatura. De todos, yo era la que más dormía y Moncho el que menos.

Hasta que los músculos se adaptaban al esfuerzo y la mente se ponía con toda su ilusión y cariño a tirar de la mochila todavía tenía que pasar un rato largo.

Nos colocamos los cascos de escalada y cruzamos una peligrosa pendiente de rocas lo más rápido que nos dejaron los pulmones. Había que darse prisa, antes de que el sol las despegara del hielo y comenzaran a caer como lanzadas por una catapulta. En medio del glaciar, a media mañana, la temperatura era más agradable. Marchábamos a buen ritmo porque la distancia hasta el corredor era mucha y teníamos que ir improvisando la manera de esquivar las grietas y de rodear los bloques de hielo que íbamos encontrando en el camino.

Moncho se atrevió a apostar que antes de las cinco de la tarde estaríamos montando la tienda sobre el plató, a quinientos metros de desnivel de donde nos encontrábamos en aquel momento.

En la base del corredor nos vestimos el arnés y nos encordamos de dos en dos. La pendiente se fue poniendo más y más vertical, hasta que la ayuda del piolet se hizo imprescindible para progresar. Al principio el hielo estaba en buen estado, bastaba con dar un golpe seco que la punta del piolet se quedaba clavada perfectamente en el hielo.

Era como escalar por la pared de un embudo, quedamos a merced de los «peligros objetivos». Sobre nosotros se cernían amenazantes los seracs y una barrera de rocas que debíamos superar llegado el momento. Estaban bastante descompuestas por el continuo contraste frío-calor que las iba resquebrajando.

Cuando alguno de nosotros gritaba «Piedra» todos nos pegábamos con fuerza a la pared, protegiendo la cabeza, hasta que el silbido a nuestra espalda nos sobrepasaba y con él el peligro, entonces podíamos seguir progresando.

El corredor era mucho más complicado de lo que habíamos imaginado. Fueron horas muy tensas y agotadoras. Cualquier ruido, el más leve crujido que llegaba desde la profundidad del hielo, una piedra que caía al vacío rebotando contra la pared, nos hacía temer lo peor. Al emprender aquella escalada era como si hubiésemos lanzado la pelota al tejado ajeno, y lo sabíamos.

Al cabo de dos horas alcanzamos la franja de rocas que estaba mojada, complicando más las cosas.

Llevábamos muchas horas de esfuerzo a nuestras espaldas, el reto ya no estaba en escalar en corredor sino en superar el agotamiento y no darse por vencido.

De niña, de cuando mi primera mochila, descubrí que el cansancio es inversamente proporcional a la motivación; es subjetivo, es siempre relativo, y no es real, que la distancia a cualquier punto está en nuestra propia cabeza más que en el camino. Se puede estar agotado y no sufrir, todo depende, depende de uno mismo.

A la una de la madrugada del día siguiente, y después de haber escalado ininterrumpidamente durante algo más de diecisiete horas, alcanzamos el final del corredor. Empezaba a anochecer cuando Luis y Moncho llegaron a la arista y ya era noche cerrada cuando José y yo recorrimos el último largo de cuerda. Instalamos la tienda justo al borde del precipicio. El resto de la noche la pasamos incómodos, ya que compartíamos el reducido espacio del habitáculo de una tienda con capacidad para tres personas con nuestras mochilas, botas y ropa sobrante, pero al menos estábamos calientes. No habíamos probado bocado desde el desayuno. Moncho nos había metido prisa al comprobar que su vaticinio acerca del horario se le iba de todo pronóstico. Masticamos un puñado de anacardos y pasas y tratamos de conciliar el sueño como mejor pudimos. Descansar era de todas las necesidades la más urgente.

A la mañana siguiente nos dispusimos a continuar. Recogimos la tienda y la anclamos enfundada para recogerla al bajar. Nos encontrábamos a menos de cuatrocientos metros por debajo de la cima, lo que podría traducirse en unas cuatro horas de marcha. El plató tenía algo más de un metro de nieve en polvo, era como avanzar hundiéndonos en arena hasta la cintura. Resultó un pozo infranqueable. Las condiciones de la nieve no eran las adecuadas, estábamos convencidos de que jamás conseguiríamos llegar. Decidimos no luchar ni un metro más y darnos la vuelta, si no nos demorábamos podríamos llegar al campo base esa misma tarde. De nuevo la noche se nos juntó con la noche.

No habíamos contratado ningún vehículo para el regreso a Huaraz y decidimos caminar hasta la carretera y probar suerte.

Nos paró un camión militar que nos dejó nuevamente en Yungay. Cuando bajamos del autobús en Huaraz estábamos completamente cubiertos de polvo de la carretera y desesperadamente hambrientos. En estas condiciones la ducha resultaba un placer inigualable.

El tiempo había pasado muy rápido, era 26 de julio. Moncho y José Carlos tenían que regresar a España para cumplir con sus obligaciones laborales. Luis y yo nos quedábamos, todavía me podía permitir otro mes de vacaciones sin sueldo.

—Vente con José Carlos, no te quedes, ya has hecho bastante —me decía mi madre por teléfono, ya en Huaraz.

Los tres aguardaban pacientemente su turno para hablar con casa, sentados en la sala de espera del locutorio.

—No, mamá, ya lo hemos hablado, me quedo un mes más... Que no, mamá. No.. escucha. Escúchame. No.

Fuera se estaban mondando de risa.

—Déjalo ya —insistía— y vente.

A mi madre la palabra «montaña» le resultaba impronunciable desde la muerte de Javi, el hermano menor de José Carlos. Después de aquel triste suceso acudía al «lo» o a «eso» cada vez que se refería a ella. Nunca se le pudo olvidar el momento en que José Carlos le comunicaba a su padre, desde el teléfono de nuestra propia casa, que Javi había muerto.

—Papá, soy José... Javi ha muerto.

—Ay, no se lo digas así.

—No hombre, así no —le había susurrado también mi padre.

José se enteró de la noticia en su casa y ya no volvió a ser el mismo nunca jamás.

Cuando sonó el teléfono en su casa, pasaba de la medianoche, pensó que quien fuese no iba a darle una buena noticia; sus padres estaban de vacaciones en Marbella, Nocho, el mediano, cumpliendo el servicio militar, y Javi se había ido a los Picos de Europa a escalar con su amigo Senén.

Descolgó el auricular y preguntó quién era, le contestaron que el comisario de policía. Entonces lo supo, supo quien... «Tenemos algo que comunicarle. ¿Es usted mayor de edad?» «Su hermano Javier y su compañero han sufrido un accidente.» «Sí, de escalada, en el Naranjo de Bulnes.» «¿Puede venir a la comisaría? Es urgente.» El comisario titubeó un momento al ver entrar a aquel muchacho en su despacho, por la noticia, por la intimidad de aquella hora, y porque tendría que decirle que ambos (Javi tenía veinte años y Senén diecisiete) habían sufrido un accidente mortal al caerse desde cuatrocientos metros al vacío, desde la pared de la cara oeste del Naranjo.

El día del entierro José Carlos dejó unas zapatillas de escalada sobre el féretro de Javi, dentro del nicho: «¿Adónde va a ir él —me había dicho— sin sus pies de gato?».

José no encontró otra manera mejor de sentirse cerca de su hermano el pequeño que volviendo a aquella pared y escalarla, por todas sus caras posibles, hasta quedar harto. También, en aquella ocasión, Moncho, Luis y yo habíamos estado a su lado.

Antes de que José y Moncho partieran de Perú escogimos el material de escalada que podíamos necesitar y los acompañamos a la estación. Nos abrimos paso entre las campesinas que habían tomado las aceras en aquella mañana de feria. Teníamos que ir esquivando las cestas de verduras y de pan recién hecho, las cajas de quesos y las jaulas de los pollitos y los *cuys*.

Con esa mirada de los que regresan de vivir una aventura, José y Moncho, extremadamente delgados y curtidos por el sol y la nieve, se montaron en el viejo vehículo que los llevaría a Lima.

Ya con el motor en marcha, asomados a la ventanilla apuraban los últimos minutos gritando que si «suerte», «acordaos de que la llave Allen está guardada en...», «hasta pronto» y «llamad cuando bajéis».

Luis y yo les decíamos que «sí», que «vale» ahogados por el humo, producto de una mala carburación, y que dejó una nube negra en la calle después de desaparecer.

Los dos días siguientes, Luis y yo apenas nos vimos. Luis era hombre de largos silencios y a mí me apetecía explorar a solas la ciudad o sentarme, sencillamente, a escribir.

Me encontraba las notas de Luis encima de la almohada: «Déjame las llaves de los petates, no encuentro la toalla» o «Mañana nos vamos, deberíamos vernos para concretar. Dime lugar y hora. ¿Qué te parece si comemos juntos en la pizzería?». Contesté a esta última con otra nota en la que quedaba en reunirme con él en dicho restaurante ese mismo día, a las dos de tarde.

Me encontré a Luis conversando con una vendedora de huacas (vasijas funerarias) sentado en la acera, a la puerta del restaurante.

—¿Vas a comprar alguna?

Se rió.

—No, no tengo «plata».

La mujer las tenía escondidas debajo de la manta que le cubría las piernas, por miedo a que la policía se las confiscara. La mayoría eran simples cacharros de barro, envejecidos con humo de las cocinas y luego enterradas bajo tierra durante semanas hasta obtener esa apariencia de antigüedad de siglos. Ni un experto podría distinguir, a simple vista, las falsas de las auténticas.

Desplegamos el mapa de la zona sobre la mesa del restaurante y mientras esperábamos la comida retomamos el planteamiento de escalada. De camino hacia el Ranrapalca pensamos que sería buena idea escalar el Tocllaraju, tal vez por la ruta normal, la más sencilla, pero era mejor verlo una vez allí. Tendríamos que comprar algunas cosas que se nos habían terminado como la leche en polvo, los cereales, la pasta e hicimos una lista para que no se nos olvidara nada. El resto de la tarde estuvimos entretenidos con las compras y rehaciendo nuestras mochilas en el hostal. Salimos un momento a cenar y regresamos enseguida. Al día siguiente nos esperaba una larga caminata.

Para llegar hasta la base del Tocllaraju, de 6.034 metros, en la quebrada Ishinca, tuvimos que caminar durante todo un día porteando nosotros mismos comida, ropa y material de escalada.

Nada más llegar al campo base conocimos a Kiko Dalmases, un escalador catalán afincado en Andorra que, como Moncho, nos doblaba la edad. No había vuelto a España, nos dijo, desde que en la época franquista huyó para no tener que hacer el servicio militar. Nos pareció un personaje interesante. A las dos horas de habernos conocido ya hacíamos planes para abrir, los tres juntos, una vía por la pared suroeste del Tocllaraju.

Contemplamos la enorme muralla, ochocientos metros de hielo con inclinación media de unos setenta grados. La ruta elegida recorría en línea recta toda la cara suroeste, hasta una estrecha arista que habría de llevarnos finalmente a la cima.

Todavía era noche cerrada cuando abandonamos nuestras tiendas para dirigirnos a la base del Tocllaraju. En la rimaya, el hielo estaba bastante hueco y descompuesto, pero no nos resultó muy difícil superarla.

La niebla de la ventisca borraba, a veces, el precipicio que comenzaba a hacerse infinito bajo nuestros pies; la pared nos absorbió, como tres insectos minúsculos en una ventana. Creímos que éramos los primeros que ascendíamos por aquella parte de la pared hasta que encontramos los restos de una cuerda incrustados en el hielo. Fueron horas de intensa tensión, el hielo estaba en muy malas condiciones, hueco, resquebrajado y requería la máxima concentración por nuestra parte. Luis iba a la cabeza casi todo el tiempo y Kiko y yo nos turnábamos para asegurarlo. Alcanzamos la arista, fina como el filo de un cuchillo y tras ésta la propia cima. Realizamos el descenso por una ruta diferente a la planeada, la ruta normal, casi anocheciendo, al límite del agotamiento y de la oscuridad.

El Nevado Ranrapalca se encontraba al fondo de la quebrada, una impresionante montaña de 6.034 metros, sin rutas fáciles, y por la que ascendimos a la cumbre desde la arista noreste. Pasamos otra noche, en el collado, entre el Ranrapalca y el Ishinca sur, de 5.500 metros. Por la mañana desmontamos el campamento y antes de bajar subimos al Ishinca sur; no estaba en nuestros planes, pero se nos había cruzado en el camino.

En Huaraz nos despedimos de Kiko. No volvimos a ver a nuestro amigo hasta que un día, dos o tres años más tarde, en la televisión pusieron su foto al lado del Daulaghiri, la montaña en la que se le daba por desaparecido. El día de la cumbre caminaba solo. Imaginé sus huellas en la nieve perdiéndose en el humo de una nube, lo que ocurre después y el porqué es siempre un misterio. «Cuando era más joven me entraba prisa por llegar; ahora no, ahora he aprendido a esperar», me había dicho cuando, colgados los dos en medio de la pared del Tocllaraju, aguardábamos a que Luis montara una reunión cuarenta metros más arriba. Kiko se pasaba de la ironía a la filosofía con la misma facilidad que sonreía.

Todavía tuvimos tiempo de acercarnos al Quitaraju por la quebrada de Santa Cruz. A mí, una indigestión de aguacates en Huaraz me había dejado fuera de circulación. Después de toda una noche vomitando una especie de papilla de color verde, decidí que ya tenía bastante nieve entre pecho y espalda y dejé a Lucho en compañía de otros escaladores vascos y regresé a Huaraz donde lo esperé hasta el momento de regresar a casa.

Aprendí que no se vuelve indiferente de un viaje a las emociones y a la intensidad. Septiembre me cogió desprevenida y, cuando retomé de nuevo mis trabajos, me di cuenta de que necesitaba un tiempo entre ambas situaciones, para asimilar lo que había vivido. Aprendí también que el mundo de la «montaña» pertenece a un tiempo ajeno a nuestras vidas cotidianas. Lo que ocurre en ellas forma parte de un pacto sagrado que sólo entienden aquellos que la comparten. Los seres de un mundo y del otro rara vez pueden tocarse. Los separa una distancia real e indisoluble.

Me pareció inapropiado comentarle a nadie que «las lunas más grandes que he visto nunca estaban en Perú».

Quién me iba a decir que acabaría echando de menos hasta el olor a carburación y a fritanga de las calles de Lima. Me lo había traído todo conmigo, desde el sonido de las quenas y los huainos hasta la sensación de estar colgada de una pared de hielo a 2.000 metros del suelo.

LA MONTAÑA BRILLANTE.
KENIA 1989

A los pies de una pared de granito, un domingo cualquiera, un grupo de escaladores se paran a comer al atardecer, con la empanada sobre la hierba y las manos todavía manchadas de magnesio, alguien comenta en voz alta un contagioso sueño africano. Así surgen siempre las cosas, no sería propio de alpinistas bajar por una montaña sin empezar a pensar en la siguiente.

Aquel grupo de escaladores lo componía José Carlos, Félix, Álex, Gorito y yo.

Llegamos en agosto, un mes después de que finalizara el período de las lluvias largas, noventa años más tarde de que el geógrafo británico Halford Mackinder realizara el primer ascenso al monte Kenia.

En ese preciso momento de la historia, 13 de septiembre de 1899, las fronteras del país se perdían imprecisas en los territorios vecinos y Nairobi no era más que un pantano al que los masais llevaban el ganado a pastar y al que denominaban «lugar de agua fría».

Cuatro años antes, el protectorado británico había iniciado en Mombasa la construcción de un ferrocarril con la intención de unir la costa oriental con el interior del continente para que llegara hasta las mismas orillas del lago Victoria, en la frontera con Uganda.

El *Lunatic Express*, nombre del ferrocarril, llegó a Nairobi dilatando su cadena de raíles de acero a través de los, hasta entonces, inexpugnables territorios masais. Los obreros cansados de sufrir el asedio constante de las hienas y los leones devoradores de hombres, de ser perseguidos por las tribus locales y de padecer febriles enfermedades tropicales decidieron levantar en el pantano un campamento estable de tiendas y barracones. Antes de que finalizara el año de 1899, Nairobi se había convertido en la ciudad más importante del centro de África.

La llegada del ferrocarril animó a los colonos y a los cazadores a establecerse en las inmediaciones y en consecuencia las tribus masais se vieron relegadas, en sólo una década, a vivir en las reservas de Ngong y el altiplano de Laikipia.

Cuarenta años antes, dos misioneros anglicanos, Johannes Rebmann y Ludwig Krapf, se habían adentrado en el corazón africano sin la protección del ejército. Las expediciones victorianas que buscaban incansablemente las fuentes del Nilo habían evitado siempre cruzar las tierras de los masais, en pleno centro de Kenia, efectuando grandes rodeos por el norte. Los dos misioneros realizaron repetidas incursiones con la intención de convertir a las tribus «paganas». Había sido durante una de aquellas evangelizaciones sin éxito que Rebmann avistó casualmente el monte Kilimanjaro en Tanzania y un año más tarde Ludwig se pasmaría ante la aparición del Keed-nyad, la «Montaña Brillante», lugar sagrado para kikuyus y masais, hoy conocido como monte Kenia.

Un siglo más tarde, Nairobi se había convertido en una ciudad cosmopolita, de rascacielos forrados con ventanas en las que se reflejaba el espejismo de la selva. Las barriadas pobres circunvalaban la metrópoli y los mercados parapetados bajo los toldos policromos vendían a los turistas toda una variedad de souvenirs que en otra hora fueron distintivos de las tribus más emblemáticas de África.

Nos habíamos perdido el exotismo, la incertidumbre y la ingenuidad con la que se encontraron los primeros exploradores. Excepto en las «invallables» llanuras del Masai Mara, del Serengueti, al norte de Tanzania, o de Samburu, donde hombres, animales y selva parecían vivir en la aparente libertad de las reservas y parques nacionales, a salvo de un progreso más voraz que el de las propias fieras.

Lo que más me alucinó de Kenia el día que llegamos, 21 de agosto, fue ver la tierra de color naranja en contraste con las esbeltas acacias mientras sobrevolábamos la sabana y encontrarnos en medio de tantos hombres y mujeres de color. Los diferentes ahora éramos nosotros y la experiencia resultaba interesante.

Otro de los recuerdos más impactantes que conservo fue el de nuestra visita al Club de Montaña, cuya sede se encuentra en el mismo aeropuerto de Wilson.

En las paredes del salón había colgadas fotografías en blanco y negro del monte Kenia, sacadas con una diferencia de varias décadas. Se podía apreciar la irreparable regresión que sufría el glaciar de Darwin, en la cara sur de la montaña. El macizo había perdido la mitad de su masa blanca en lo que iba de siglo. Las nieves perpetuas de Rebmann y Ludwig Krapk estaban irremisiblemente condenadas a desaparecer a causa del descenso de la pluviosidad en el macizo y el aumento de la temperatura global del planeta.

Cuando Halford Mackinder alcanzó la cumbre del Kenia, ésta se hallaba oculta por un auténtico glaciar. De los dieciocho que había entonces solamente quedan once en la actualidad. Nosotros seríamos, con un poco de suerte, de las últimas cordadas de escaladores en subir por aquellos míticos y fascinantes corredores de hielo.

Reconocimos a Ian Howel, el escalador que cuenta con más ascensiones al monte Kenia. Charlaba animadamente con otros colegas al otro lado del salón. En punta Nelion, la chimenea este, hay una cabaña de madera construida por los propios alpinistas del club, con el nombre de Ian Howel Tard, y en la que nosotros pasaríamos la noche el día que por fin pisáramos la cima.

El 22 de agosto nos hallábamos de camino al parque nacional del Kenia en una furgoneta de alquiler. Por un lado estábamos José Carlos y yo, y por otro tres escaladores de Coruña, Félix, Gorito y Álex, a los que conocíamos de coincidir a menudo en las zonas escuela de Galicia.

Halford Mackinder había partido de Londres el 8 de junio. Para cuando conseguía alcanzar la base de la montaña eran ya mediados de agosto, y no fue hasta un mes después de haber instalado su campamento base en el valle de Teleki y tras realizar numerosas tentativas a la montaña cuando conseguía finalmente alzarse sobre la cumbre, abriéndose paso por una ruta situada al suroeste.

A nosotros nos bastó un solo día de vuelo desde Madrid y tres horas de viaje por carretera para recorrer los ciento ochenta kilómetros que separan Nairobi del parque nacional. En lugar de los machetes que sir Halford tuvo que emplear para abrirse paso a través de la jungla, llevábamos el teleobjetivo de nuestras cámaras fotográficas con el que poder atrapar jirafas, águilas, lobelias y todo lo que se pusiera a tiro.

A lo largo del trayecto por carretera contemplamos el paso de los poblados de chamizos de madera y lata. Pensé que debían de ser muy calurosas, que cuando se desatara el monzón de mayo a julio el aguacero debía de sonar como un taladro ajusticiando las gotas de lluvia contra la chapa del tejado. Todo parecía improvisado, hecho de un día para otro y abandonado a su suerte.

Los colegiales, vestidos con un uniforme azul marino cubierto por el sempiterno polvo azafranado, con los libros en la cabeza y los zapatos en la mano, recorrían larguísimas distancias para acudir a sus respectivas escuelas como una larguísima fila de hormigas.

Nos aprovisionamos de frutas en uno de los innumerables

mercados que se adueñaban de la cuneta; plátanos de todos los tamaños, maracuyás, piñas y aguacates. Una vez que nos encontrásemos en el campamento tendríamos que tirar de las reservas de latas y liofilizados.

Recuerdo el cielo blanquecino de nuestro primer día de aventura. Las nubes plegaban el párpado oxidado de la tierra. Parecía que nos devoraba un páramo infinito. El macizo del Kenia era como un borrón en un cuadro, oculto por el enjambre de la tormenta.

En la ciudad de Naru Muru contratamos el servicio de tres porteadores que debían presentarse en nuestro campamento al amanecer y acompañarnos hasta el refugio Mackinder situado a 4.200 metros de altitud. Después de un pequeño trámite continuamos hacia el parque, donde pagamos una entrada por los doce días de estancia.

Al otro lado de la alambrada se alzaban majestuosos los rascacielos de los cedros y las secuoyas. Nunca en mi vida había visto árboles tan grandes.

Al llegar a las cabañas de madera de la estación meteorológica bajamos nuestro equipaje. Una vez que el vehículo se hubo perdido nuevamente en la lejanía del camino, la vegetación que nos rodeaba se agitó en su interior. Los gruñidos y los chillidos de los primates y el silbido penetrante de los pájaros llegaron de entre las varas de bambú, restaurando el estado de las cosas que se interrumpiera con nuestra llegada.

Los monos nos perdieron muy pronto el respeto. Se atrevieron a recoger los trozos de fruta que les dejamos en el suelo y, mientras montábamos las tiendas, estuvieron yendo y viniendo hasta que, cansados de vernos bien, desaparecieron.

Cuando ya descansábamos tranquilamente en nuestros sacos presentimos que se acercaban pisadas inquietantes. Nos olfatearon y gruñeron. El intruso llegó a meter las pezuñas bajo el avance de la tienda para intentar robarnos la bolsa de comida.

—Qué olfato tienen estos bichos —exclamó José trayendo la bolsa más al interior de la tienda y agitando el doble techo para disuadir al presunto ladronzuelo.

Por la mañana, muy temprano, llegaron los porteadores kikuyus que contratamos en Naru Muru. Habíamos acordado en la oficina de trekking que cada uno cargaría con dieciocho kilos, pero sólo aceptaron llevar trece kilos. Cometimos el error de pagar por adelantado el trabajo; era ridículo comparar sus mochilas con los tremendos armarios que nosotros tendríamos que portear.

El camino estaba embarrado y la jornada se nos hizo más lenta y pesada de lo que en realidad debería haber sido.

En el bosque de bambú un búfalo nos dio un buen susto al aparecer de repente con cara de pocos amigos. Creímos que vendría dispuesto a embestirnos, pero en lugar de atacarnos se limitó a mirarnos con cara de pánfilo, rumiando a dos carrillos.

Empleamos siete largas horas en salvar los 1.000 metros de desnivel hasta el refugio. De no ser por el enorme peso de nuestras mochilas hubiéramos despachado el camino en sólo tres horas.

Enseguida no encontramos completamente empapados por la lluvia y el sudor, sumergidos en la salmuera de una niebla que nos vetaba el paisaje. La tierra emblandecida se nos enredaba a los pies como si fuera plastilina.

El monte Kenia iba y venía entre las ráfagas de las nubes, suspendido en un trono de bruma que no tocaba el suelo. Comprendí la fascinación que había suscitado a través de los tiempos.

Todas las cordilleras y sierras del mundo albergan la morada de un dios. Para los kikuyus y los masais ésta era la residencia de su dios Ngai.

Cuentan que, tras haber separado el cielo de la tierra, Ngai envió el ganado y después a los masais para que cuidaran de él. Este «decreto divino» los ha tenido históricamente enfrentados con las demás tribus al considerarse los dueños y señores de todas las vacas y cabras que pastan en las llanuras de la sabana.

Para Gorito, la tan ansiada visión del monte Kenia podía esperar. Un biólogo como él tenía más que suficiente con las recién aparecidas lobelias. Se había traído, a escondidas, una prensa casera para secar plantas y confeccionar un herbolario.

Mi mochila pesaba veintiocho kilos. Cuando al final de la jornada me desembaracé de ella me sentí como un globo de helio a punto de despegar del suelo.

Un hombre de color se asomó a la puerta del refugio al oír nuestras voces.

—*Jambo* —dijo.

Y nosotros contestamos también *Jambo*, que en suahili significa «Hola».

—Me llamo Basilio. Soy el guarda —dijo bajando las escaleras para estrecharnos la mano. Su piel parecía azabache, sobre todo cuando se aproximó a Félix, que era de todos nosotros el que tenía la tez más clara. A lo más que llegaba el sol era a dorarle un poco el rostro y a teñirle las cejas y las pestañas de un rubio casi blanco.

Instalamos un campamento de paso y allí nos despedimos de los porteadores. Decidimos prescindir de ellos. Basilio nos preparó la cena; un plato de guisantes y tortas fritas de puré de patatas. Decidimos hacer un poco de gasto en el refugio para establecer una relación que podría sernos útil en el futuro.

Mientras cenábamos, Álex comenzó a sentir un leve dolor de cabeza, primer síntoma del mal de montaña y seguidamente José, Gorito y Félix tuvieron que echar mano del botiquín, lo que no enturbió los ánimos. Todo se debía al gran esfuerzo realizado.

Los síntomas de mal de altura suelen aparecer varias horas después de haber alcanzado por primera vez una nueva cota de altitud, y sobre todo durante el sueño. En caso de que el dolor no cediera con un par de pastillas lo más recomendable sería descender, perder altitud, ya que de lo contrario acabaría por agravarse.

Me despertó el hambre matutina y la excitación de hallarnos tan próximos a la montaña. Saqué el hornillo fuera de la tienda y preparé el desayuno. «¿Quieres leche?», le pregunté a José Carlos que abría los ojos en ese preciso momento. Me contestó que no. Se dio media vuelta y se tapó completamente con el saco de dormir quejándose de que le dolía mucho la cabeza y de que no había podido pegar ojo en toda la noche.

Álex, Gorito y Félix seguían en su tienda. Decidí salir a trotar un poco a ver si mientras tanto se espabilaban. Me lancé suavemente a una carrera para explorar los alrededores. Hacía una hora que el sol había ganado la cumbre de punta Lenana, una montaña que en tiempos formó parte del cráter del Kenia. Se trataba de su tercera chimenea y el nombre se lo debía al rey masai que firmó con los británicos en 1896 la venta de sus tierras de pastoreo y accedió a marcharse con su pueblo a la reserva.

La pirámide del Kenia se incrustaba en el cielo azul de la mañana. Me quedé sin aliento cuando por fin la vi aparecer completamente entera, sin las brumas que medio la tapaban el día anterior.

Me sentí dentro del mismo círculo en el que antes había situado a Mackinder, a Rebmann y Ludwig Krapf, y pude ver a través de los ojos de Felice Benutti, el prisionero italiano que huyera del campo de concentración de Naru Muru durante la Segunda Guerra Mundial con el único propósito de escalarla.

El glaciar del Diamante descendía por debajo de sus dos cumbres formando un pasillo a lo largo de la negra pared de sienita. Era mucho más esbelta que en las fotografías, parecía dotada de un vigor que la enderezaba hacia el cielo. Pensé que sólo con verla el viaje había valido la pena.

Todo el valle de Teleki estaba sembrado de pequeñas lobelias, como repollos de verdura, y yo tenía que saltarlas por encima constantemente para no tropezar con ellas. Era agotador, así que regresé.

Desmontamos el campamento. Mis compañeros parecían por fin con ánimos de seguir. Los dolores de cabeza habían remitido sin más por la mañana. Dedicamos el resto del día a portear el equipo, dos viajes cada uno, hasta Two Tarn Hut, una explanada situada a trescientos metros de desnivel por encima del refugio que, como el propio nombre indica, tenía dos lagunas que habrían de servirnos para aprovisionarnos de agua para cocinar y asearnos cómodamente.

Antes de anochecer habíamos levantado el campamento base a la orilla de la Laguna Grande, con las tiendas orientadas al este y habíamos adecentado una pequeña cabaña de madera para que nos sirviera de cocina y de refugio.

Parecía que estuviéramos solos en todo el macizo. A excepción de la visita de dos alpinistas ingleses, nadie más pasó por Two Tarn Hut aquellos días.

El tiempo lo empleábamos en aclimatarnos, y las horas muertas, mientras Gorito recogía y fotografiaba plantas, los demás leíamos o escribíamos en el diario.

Durante los días posteriores nos dedicamos a hacer caminatas, como la ascensión a punta Lenana, de 4.985 metros, y a esperar, lo más dignamente posible, a que se consolidara una cierta estabilidad atmosférica.

El 30 de agosto, a las once de la mañana, como cada día, el anciano y extinguido volcán Kenia desapareció de la faz de la sabana, dejando un horizonte insulso y monótono replicando en los cuatro puntos cardinales. Reapareció al final de la tarde, con una corona de nubes de la que le sobresalían los cuernos de sus dos cumbres gemelas, la Batian de 5.199 metros y la Nelion de 5.188, antiguas chimeneas que afloraron al desgastarse el cono del cráter.

Hacía días que observábamos con rigor científico los fenómenos atmosféricos que giraban en torno a nuestra montaña. Era casi siempre igual: a primeras horas, como un caracol, el Kenia sacaba los cuernos al sol; enseguida las nubes llegaban de no se sabe dónde y lo envolvían entre vapores fantasmales hasta que casi al atardecer reaparecía recortado en un cielo picado ya de estrellas, como si el dios Ngai nos lo hubiera devuelto. Era el momento en el que el frío te soplaba en las orejas, te chupaba la punta de la nariz y los dedos y las hierbitas de la pradera se perlaban de sudor acristalado y decidíamos, tras el último avistamiento, entrar en la cabaña y preparar la cena.

Nueve días después de nuestra llegada al valle de Teleki creímos tener, finalmente, la aguja de marear de las tormentas. Si empezaba a nevar fuerte a partir del mediodía, tendríamos que comenzar la escalada hacia las cinco de la madrugada para contar con tiempo de llegar a la cumbre Nelion. El plan requería pasar una noche en la cabaña Ian Howel y descender al día siguiente lo más pronto posible rapelando por una ruta sencilla.

El 31 de agosto preparamos concienzudamente el equipo de escalada. Pasamos la tarde entretenidos, afilando la punta de los crampones y reajustándolos una y otra vez a las botas. Era muy importante que no se soltaran progresando por el hielo.

José, que siempre ha sido muy meticuloso, repasó de nuevo la hoja de los piolets que ya habían sido afilados antes de salir de casa. Seleccionamos docenas de clavos y tornillos. Plegamos cuidadosamente los cordinos como si se tratara de madejas de lana para que ningún cabo se nos enredara en los pies al escalar. El único avituallamiento que propusimos llevar fue frutos secos, chocolate y agua. De esta forma, las mochilas pesarían muy poco una vez nos vistiéramos los arneses a pie de pared con los mosquetones y clavos colgando de la cintura.

Lo último que hice antes de acostarme fue cambiarle la pila a la lámpara frontal para apurar la usada hasta el final y comprobar que tenía una bombilla de repuesto.

Antes de marcharse al saco, Gorito se asomó por la cabaña para informarnos de que la ventisca de aguanieve estaba pasando y se veían estrellas. Esa noche José y yo nos quedamos a dormir en la cabaña.

La idea de emprender una carrera contrarreloj para llegar a la cumbre antes que la tormenta me parecía tan perturbadora como emocionante. Recuerdo ver el reloj a eso de las diez de la noche y oír la cercana respiración de José; parecía que él tampoco dormía.

Un pequeño ratón de campo se delató en la bolsa de la basura que estaba colgada de la estantería. Aquellos insignificantes ruiditos hurgando en el plástico y el correteo sobre la madera sonaban estrepitosos en el silencio.

La tarde anterior, Félix se había hartado de verlos correr por encima de las cajas de cartón de las galletas. «Ah, ¿sí?», había dicho cerrando de golpe el libro que estaba leyendo e iniciando una captura, sin sangre, para matar el tiempo. La inactividad no es fácil de sobrellevar en estas circunstancias. Félix consiguió atrapar uno después de tenderle una trampa con una caja de cartón vacía y un cebo de panceta. En plena noche salió de la cabaña en dirección a la laguna, seguido por todos nosotros que nos preguntábamos qué iba a hacer a continuación. «No irás a matarlo, ¿verdad?» Pero Félix ya no contestaba, se reía poseído por la embriaguez que le causaba aquella travesura. Embarcó al animalillo en una lata de espárragos, sin espárragos, y lo puso a navegar sobre las aguas heladas de la laguna. A pocos metros de iniciarse la travesía y cuando ya la perdíamos del radio de las frontales, el ratón se lanzó al agua y regresó a nado hasta la orilla buscando desesperadamente la seguridad de tierra firme.

Con las risas de aquella extravagancia liberamos la tensión que siempre se produce con la espera.

Dormíamos profundamente cuando sonó la alarma del despertador. Sentí como una inyección de adrenalina en el corazón que me aceleró el pulso de manera exagerada. ¡Había llegado el momento! Había que ponerse en pie. Me preguntaba cómo resultaría el día. ¿Qué nos esperaba? Es una inquietud que te impide respirar con profundidad, como si la ansiedad no te dejara llenar los pulmones en toda su plenitud.

Álex abrió la puerta de la cabaña y entró muy animado frotándose las manos. Enseguida llegaron Gorito y Félix para desayunar. Preparamos panceta frita, cacao con leche y pan.

Hacia las tres de la madrugada salimos de la cabaña. Nos calamos los pasamontañas hasta el cuello; al aire de la noche le faltaba un grado para caerse solidificado al suelo. Cada uno se puso dos pares de guantes y se cargó la mochila a la espalda. En el momento de ponernos en marcha nuestras miradas se dirigieron instintivamente al cielo. Las manchas ciegas indicaban la situación de algunas nubes. Preferimos creer que terminarían siendo devoradas por las estrellas.

Bordeamos la Laguna Grande. Simulábamos el trote de un caballo sobre rocas. Continuamos durante tres horas bajando y subiendo por la base de la montaña.

El amanecer nos había sacado veinte minutos de ventaja y no perdimos tiempo en titubeos. El corredor del Diamante parecía una lengua gris que se hubiera desenroscado de una boca lejana y que se detenía justo a los pies de la montaña, para chupar el suelo con la punta.

Enseguida comprendimos que no podríamos ascender las dos cordadas a la vez por el mismo sitio. No había espacio suficiente, acabaríamos por estorbarnos mutuamente. Así que tras ver cómo Álex escalaba los primeros metros, José Carlos y yo nos fuimos en busca del otro corredor, el Ice Window.

«Suerte chicos, nos veremos en la rimaya, en la Ventana de Hielo. La primera cordada en llegar esperará a la otra.» José Carlos estaba ansioso por empezar la escalada.

Saqué el croquis que llevaba en el bolsillo de la cazadora para localizar más fácilmente el inicio de la vía. Después de una travesía por estrechas repisas y una trepada por rocas y hielo nos encontramos en la misma base del corredor.

El hielo parecía estar en buenas condiciones. Me situé sobre una roca para poder asegurar a José Carlos que comenzaba la escalada. Hacía un frío intenso, el que transpiraba aquella pared. El sol no llegó a calentar como Dios manda en ningún momento; sin embargo, el hielo brillaba irisado como la piel de un calamar recién sacado del mar.

José lideró casi toda la escalada. El primero siempre asume el riesgo de avanzar con la cuerda por debajo, en caso de caída se lleva la peor parte, y además tiene la responsabilidad de equipar las reuniones, el punto del que depende la vida de los escaladores, el que debe prevalecer en caso de que todos los seguros intermedios lleguen a fallar.

Desde la muerte de Senén y Javi en el Naranjo de Bulnes, a mí siempre me había parecido que el alma, o lo que fuera de Javi, se había metido en el corazón de José. Aquel triste suceso le despertó más aún las ganas de escalar y exacerbó sus escrúpulos sobre la seguridad. A otros nos dejó un miedo en el cuerpo que difícilmente superamos con el tiempo.

No supimos nada de nuestros amigos en muchas horas. A nuestra espalda el cielo no llegó a abrirse del todo; al contrario, fue engordando de nubes que nos aprisionaban amenazando con echarse a nevar en cualquier momento.

Justo antes de que desapareciéramos de la sabana como un borrón en un cuadro, recuerdo ver muy lejos las dos lagunas de Two Tarn y nuestras tiendas de campaña.

A las doce de la mañana habíamos escalado las tres cuartas partes de la montaña y nos encontrábamos a dos largos de la Ice Window, una cueva de hielo natural que se había formado en la rimaya por capricho de la naturaleza y que realmente parecía una ventana que se abría hacia el valle Teleki.

Cruzamos en travesía a unos cien metros por encima de nuestros amigos. Resultaba una visión sobrecogedora, no sé cómo nos verían ellos, pero a mí me parecían tres insectos pegados a la pared de un embudo.

Gorito lideraba el penúltimo largo cuando, a siete metros por encima de Álex y de Félix, el cansancio le jugó una mala pasada. Los brazos no resistieron la tensión y la punta de un piolet mal clavada saltó haciéndole perder el equilibrio. Se precipitó arrancando de cuajo los dos seguros que mediaban entre él y sus compañeros. Álex y Félix vieron con impotencia la caída de Gorito y el salto de los dos seguros intermedios. Se pegaron instintivamente a la pared, escondieron sus rostros para evitar ser golpeados por aquel cuerpo sin control que se precipitaba sobre ellos, armado de pies y manos con veintidós hojas cortantes. Al oído de Félix y de Álex sonó un crak-crak sospechoso. El impacto final había hecho que saltasen dos seguros más de la propia reunión. Pendían de un solo tornillo. A Félix el instinto le hizo mirar hacia el fondo del corredor. Gorito se tambaleaba en la boca del embudo de hielo a punto de caer al vacío. El tercer seguro seguía alojado en el hielo; un cilindro del tamaño de un boli era lo único que los mantenía sujetos a la pared. Debían reaccionar con cautela y rapidez.

La orden imperiosa que Gorito recibió de liberar su peso de la cuerda no era propia de Álex, e inmediatamente comprendió lo que había ocurrido. Al clavar los crampones de nuevo, sintió que su tobillo se le desencajaba por dentro. Miró a sus compañeros. Le pareció que estaban a una distancia infinita. Maniobraban con movimientos precisos, concentrados en un problema que no era él. Lo habían dejado de lado hasta que por fin la reunión volvió a tener tres puntos de anclaje.

—Gori, ¿cómo estás? —gritó Félix. Se dejó caer hacia atrás para descansar sujeto por una driza. Buscó a Gorito con la mirada—. ¡Puedes subir! —insistió.

—Creo que tengo el pie roto —contestó.

En ese momento aparecimos nosotros. Comprendimos que tardarían mucho en recorrer los metros que les quedaban con Gorito en esas condiciones. Nos pusimos en marcha nuevamente al comprobar que la situación estaba controlada y que Félix también iniciaba la escalada con Gorito ya en la reunión.

Cuando por fin me asomé al interior de la Ventana de Hielo, el punto en el que habíamos quedado en esperarnos, comprobé que era como un auténtico refugio de cristal. Podía caminar de pie y soltar los piolets por primera vez en siete horas.

Félix tardó cuarenta minutos en taponar con su cuerpo la entrada y saltar al interior. Le tomamos el relevo para asegurar a Álex y fijamos la cuerda para que Gorito pudiera subir por ella sin tener que escalar.

Nos quedaban dos horas escasas de luz para llegar a la cumbre. La cabaña de Ian Howel era el único refugio con el que podíamos contar para pasar la noche. No teníamos tiendas de campaña ni estábamos lo suficientemente equipados para dormir a la intemperie.

Félix y José Carlos se habían crecido durante aquella jornada, y encabezaron la salida al glaciar para ganar tiempo, pero fue inútil. Alcanzamos el collado anocheciendo, en plena ventisca, las rocas de la punta Nelion estaban mojadas y no estaba nada claro el camino que debíamos seguir.

—Cavemos aquí una bañera —gritó Félix.

Aunque nos costara creerlo, nos encontrábamos en una situación más que comprometida. Estábamos vestidos para hacer una ascensión en los Pirineos pero no para soportar una noche de tormenta a 5.000 metros de altitud, sin chaquetillas de pluma ni sacos de dormir. Después de quince horas de esfuerzo ininterrumpido, contando la aproximación al corredor desde Two Tarn, lo más duro todavía estaba por llegar. Tendríamos que vivaquear allí mismo, en la brecha que separa la punta Nelion de la Batian, a caballo entre los valles de Chogoria y Teleki. El nombre de aquel lugar lo decía todo: «La Puerta de las Nieblas».

Félix no dio chance a la intimidación ni a la autocompasión. Se lió a pioletazos contra el suelo y los demás lo imitamos. Tras un palmo de nieve reciente reapareció el hielo. Durante una hora y media, tal vez dos, abatidos por el viento que llegaba por la cara norte del valle de Chogoria, ateridos de frío y muertos de cansancio, terminamos por cavar una bañera de treinta centímetros de profundidad por un metro y medio de ancho. Echamos las cuerdas por el suelo y nos sentamos en el interior de la bañera. Félix era el único que había traído una funda de vivac, y buscó un lugar fuera de la bañera para acomodarse. Gorito se situó en un extremo, seguido de José Carlos; a continuación, Álex y yo, que recibía en primera línea las inclemencias del valle Chogoria.

Todavía eran las ocho de la tarde, nos quedaba toda una larga noche a la que sobrevivir.

Reconozco que aquélla fue una de las noches peores que he pasado en la montaña, aunque habría otras...

El viento y el frío impedían que nos comunicásemos entre nosotros. Nos habíamos vestido las mochilas por los pies hasta las rodillas. Todas eran de un tamaño muy reducido, las mochilas grandes habían quedado en el campamento. Apenas estábamos abrigados con un peto de fibra y un impermeable. A mi lado, Álex temblaba de una forma tan exagerada que José temió especialmente por él.

El hielo parecía haberse colado en la sangre. Sentía una dentellada que me atenazaba las rodillas y las caderas. Estaba agotada de tanto temblar. A Álex, los músculos de las piernas le producían tales contracturas que le obligaban a incorporarse y frotarlas enérgicamente hasta que el dolor remitía, así una y otra vez. Los gemidos le daban a la noche un cariz aterrador. José me gritó en más de una ocasión que me acercara todo lo posible a Álex. Pero Álex temblaba de forma espasmódica, se retorcía en aquel espacio imposi-

Así empezó la historia, desde cero, escalando en casa, el Monte Galiñeiro en Vigo, sin material, sin experiencia, con ilusión.

Retratados por Antonio Veiga, después de una aventura de espeleología. También eran los primeros tiempos y andábamos con toda la familia: hermanos, primos...

Por supuesto, los Pirineos son un lugar de referencia para los escaladores españoles. Aquí estaba escalando en el Tozal de Mallo con José Carlos Iglesias y Moncho Melón.

Contemplando con José Carlos el altiplano boliviano desde la cima del Gran Condoriri (expedición de 1990).

En un momento de la escalada al Diedro de Ana María en la Sierra de Ancares.

A mi izquierda José Carlos Iglesias, a la derecha Luis Solla y Moncho Melón, antes de partir hacia la escalada de la Cordillera Blanca en Perú.

Estas son algunas de las vías de escalada que suben a las dos cumbres del Monte Kenia. Nosotros subimos la número 5 y la número 6.

Preparados para ascender los corredores del monte Kenia. Nos despertamos de madrugada y no sabíamos con lo que nos íbamos a encontrar.

Vista del Monte Kenia desde nuestro campamento base.

Rapelando después de hacer cima en el Monte Kenia tras una ventisca.

La primera persona que ascendió el Monte Kenia fue Halford Mackinder en 1899. Noventa años después, nuestra cordada hacía cumbre.

Hasta llegar a la base del Annapurna tuvimos que vadear todo tipo de ríos de todas las formas posibles.

El Annapurna, el primer 8.000 que fue ascendido. Lo consiguió la expedición de Maurice Herzog en 1950. Nosotros lo intentamos en 1991.

Aquí celebrábamos un rito previo a la ascensión con nuestros sherpas. La ceremonia se llama Puja y en ella se pide a los dioses que bendigan nuestra escalada.

Antes de hacer cumbre en el Everest tuve que prepararme concienzudamente escalando otras montañas. Aquí estaba en la cima del Pico Lenin, en Pamir.

Dos momentos de relax
durante el *trekking* previo a la
ascensión del Cho-Oyu en 1997.

Haciendo estiramientos en un
día de descanso en el
campamento base del Everest.
Expedición de 1998.

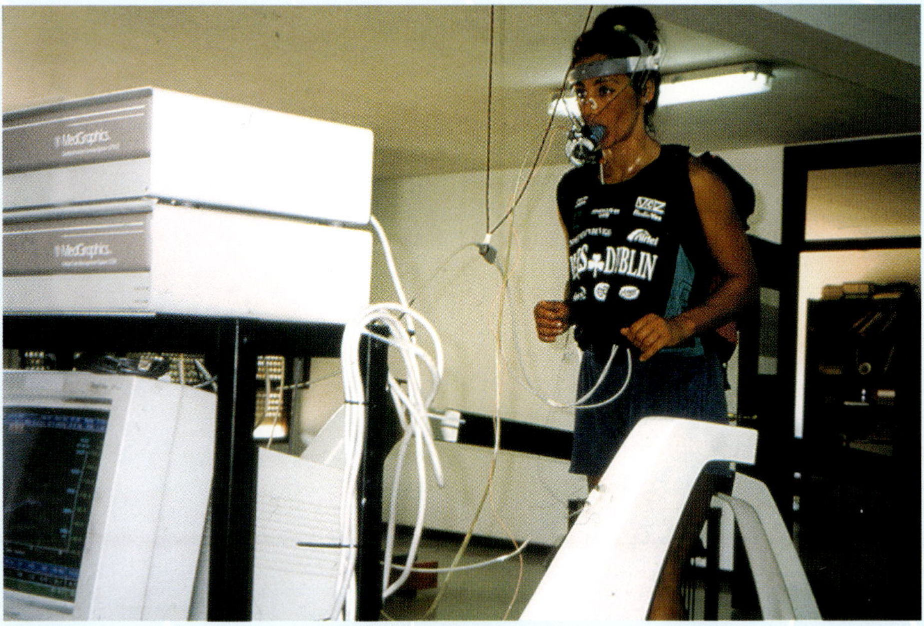

Escalar no es solamente acercarte a la montaña e intentar subir. Requiere una preparación física y mental que lleva mucho tiempo y esfuerzo.

Antes de llegar a Katmandú hicimos una escalada técnica en Karachi (Pakistán). En la foto estoy con Toni, mi marido, y unos amigos montados en camellos.

Mi marido me acompañó durante la fase de aclimatación antes de escalar el Everest.

El puente de la amistad, frontera entre Nepal y China.

Aquí estaba aclimatándome en el Tíbet, antes de llegar al campamento base del Everest.

«La cima es el poder de tu deseo.» Everest, 1999.

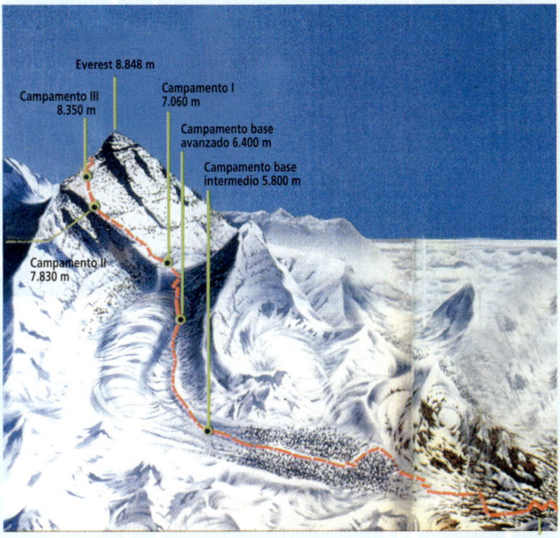

Marcha esquemática de aproximación y escalada de la arista nordeste del Everest. Ruta del Collado Norte.

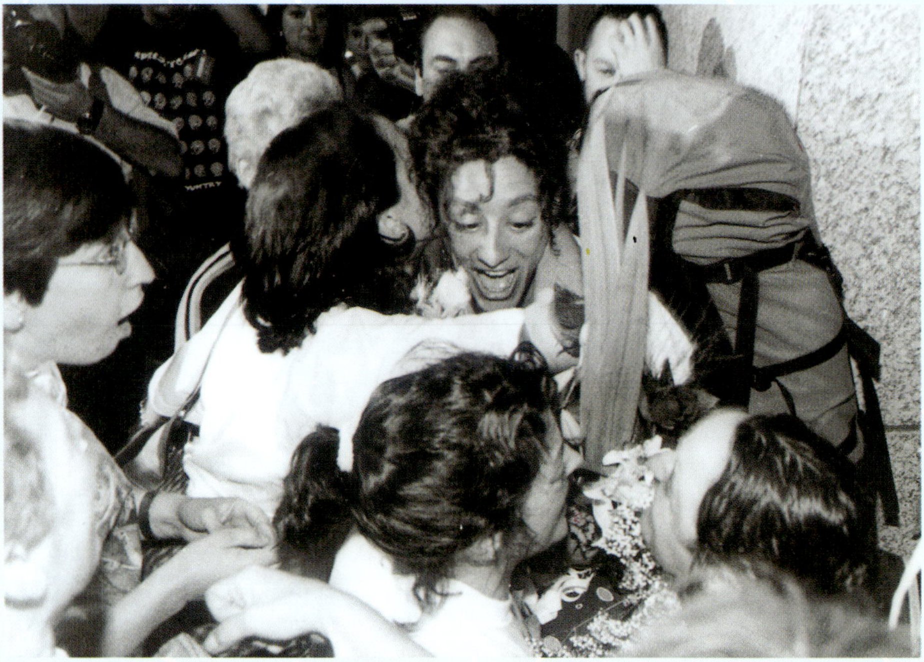

Tan dulce como la cima es la vuelta a casa.

Posando con el equipo Schiller de Zaragoza en el campamento base del Khan-Tengri.

El idioma nunca es un obstáculo. En la montaña te encuentras con todo tipo de gente y a pesar de no entenderte puedes trabar una buena amistad.

El camino que lleva hasta el C. I. del Pobeda.

Caixanova esponsoriza mi ascensión a las montañas que forman el Leopardo de las Nieves. Han hecho posible uno de mis grandes sueños.

En ocasiones es más seguro cavar una cueva de hielo que montar una tienda. Este trabajo nos llevó cuatro horas, pero en ella pasamos «calentitos» muchas más.

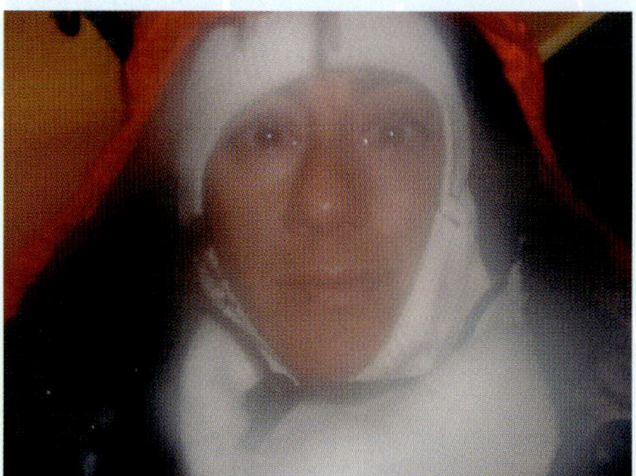
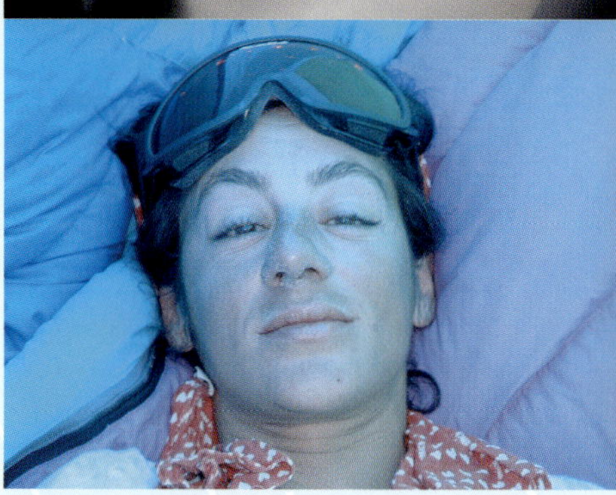

En la montaña te puede pasar de todo: «Ceguera de las nieves», estuve 3 días sin poder ver por una conjuntivitis extrema; piel quemada por el viento y la radiación solar; hambre canina... te comes lo que sea.

No siempre es viento, frío y esfuerzo.

ble y yo me sentía rígida, incapaz de moverme. No me quedaba un solo punto de calor en el cuerpo.

De repente no nevó más. El viento siguió columpiándose de un lado a otro de la brecha. Las estrellas se hicieron paso en un cielo cada vez más inmenso. Si no fue una alucinación, recuerdo haber visto aparecer las luces del refugio Mackinder. El fantasma de la aguja Nelion se dibujó en la oscuridad como la torre de un faro sin ojos.

Busqué en mi cabeza el modo de resistir hasta el amanecer, algo que me alejara de aquel dolor insoportable que me diseccionaba las piernas, para huir de aquel dolor que se había adueñado de todos mis músculos. Recé el rosario: «Que amanezca, que amanezca».

Las horas pasaron más lentas de lo que pasarían nunca durante el resto de nuestra vida, hasta que por fin salió el sol. La luz avanzaba metro a metro hacia nosotros por las rocas grisáceas, después lamió las mochilas y la costra de hielo que cubría nuestra ropa. Cada cual se guardó para sí los lamentos, había que ponerse en marcha.

En cuando pisamos la cima, el sol desapareció de nuevo. Nos fuimos dejando caer al suelo según llegamos.

Recuerdo perfectamente el momento de hacernos la foto de cumbre. Ni siquiera nos habíamos puesto en pie, simplemente nos incorporamos para darle un carácter más digno a aquel testimonio de nuestro paso por el techo de Kenia.

Observamos el paisaje mientras echábamos mano a la bolsita de los frutos secos. No podíamos ver el Kenia porque nos hallábamos sobre él. Veíamos las cumbres cercanas y donde se fundía el límite del macizo con la extensa sabana; más cerca, las lagunas del Two Tarn y los dos puntitos rojos en la orilla, nuestras tiendas.

La pequeña cabaña de Ian Howel no tendría más de un metro de altura y el espacio suficiente para que dos o tres personas se tumbaran a pasar la noche. De haber alcanzado nuestro objetivo de pasar allí la noche, aunque un poco incómodos, todo habría sido diferente.

También nos equivocamos al pensar que en pocas horas estaríamos de vuelta en nuestro querido campamento.

Buscamos concienzudamente la ruta de descenso. Uno tras otro abandonamos la cumbre. Mientras recogíamos la cuerda del primer rapel, empezó a nevar. Cuando me lancé al vacío, los primeros metros creí que el peso de la mochila me haría campanear y acabaría cabeza abajo. Pasé un momento de apuro tratando de equilibrarme. Luego averigüé que también a ellos les había ocurrido lo mismo, todo era fruto del agotamiento.

Nevó durante las ocho horas siguientes, las mismas que nos llevó a nosotros rapelar hasta el suelo. El primero en descender fue José Carlos. Algunas veces me parecía un gusanito pinchado en el extremo de un anzuelo buceando en la niebla, aunque otras me parecía más bien una sonda que lanzábamos al vacío para ver si por fin tocábamos el fondo. Dependía del momento.

Llevábamos centenares de metros recorridos en lo que parecía un laberinto de roca y de carámbanos de hielo que colgaban como colmillos de elefante sobre nuestras cabezas. Por fin, nuestro gusanito tocó tierra firme. Eran las cinco de la tarde. Nos habíamos desviado hacia el noreste en el momento de iniciar el descenso, en lugar de ir hacia el sureste, donde en realidad queríamos estar, por lo que tuvimos que rodear la base de la montaña hasta encontrar el camino de vuelta a Two Tarn. En aquel punto nos separamos. Félix y Álex caminaban al ritmo de Gorito que bajaba cojeando. Se habían repartido el peso de la mochila de su compañero para que a éste le resultase menos duro el camino.

De nuevo, el anochecer nos cogió cuando ascendíamos por la ladera próxima al campamento. Mientras remontábamos hacia Two Tarn, me senté en cuanta piedra había. Cuando José me alcanzaba, le cedía el sitio y continuaba caminando un poco más. Me movía la obsesión del final.

Empujé la puerta de la cabaña, soltamos las mochila y nos sentamos en uno de los bancos. Habían transcurrido cuarenta y seis horas desde que salimos, sin apenas comer ni dormir. Localicé una lata de piña que había dejado a la vista sobre el estante con el abrelatas encima para no tener que buscarlo. Deseaba beber más que nada en el mundo. Nos servimos una de aquellas rodajas de piña cada uno y nos metimos en los sacos de dormir deseándonos buenas noches y un «Ya está, lo conseguimos». «Sí, ya está, enhorabuena.» Medio dormida, oí la llegada de nuestros amigos, unas dos horas más tarde, el crujido de los bancos al sentarse, los sorbos que le dieron al bote de piña y el crujido de la tarima de madera cuando finalmente se echaron a descansar.

Por la mañana, no muy temprano, me senté a la puerta de la cabaña con un bocadillo enorme de panceta, el cabello enmarañado, la cara sin lavar, y los ojos recién hechos a la luz. El Kenia ya no era una montaña llena de incógnitas, aunque todas las montañas guardan algún que otro secreto entre la niebla. Desde donde estaba podía distinguir el lugar en el que habíamos pasado la noche, una brecha de unos cincuenta metros que separa la cumbre Nelion de la Batian. No tenía que imaginar el paisaje que se veía desde la cumbre, lo llevaba dentro. José Carlos se sentó a mi lado, metía la panceta que se le caía por los lados entre las rebanadas del pan. A él también le parecía sentirse diferente; la gloria tenía algo que ver con aquel momento.

EL PRECIO DE UN SUEÑO. ANNAPURNA 1991

En el año 1991 Albino Quintero Mora, montañero vigués, reunió un equipo de trece personas para escalar dos de los picos más emblemáticos del Himalaya, el Annapurna y el Everest.

El equipo estaba formado por nueve alpinistas: Moncho Melón, José Carlos Iglesias, Joaquín de Azcárate (Gorito), Luis Solla, Antonio Solla, Félix Criado, Manolo González, el propio Albino y yo. Nos acompañaban además tres técnicos de la televisión gallega, el doctor Alberto Oro, al que cariñosamente apodamos el «Doc», y el también montañero vigués Constancio Veiga (Chito), que se ocupaba de diversos temas como era el económico. Tanto aquella expedición como la que realizaríamos seis meses más tarde al monte Everest estaban enteramente subvencionadas por la Xunta de Galicia.

El 15 de agosto partimos hacia Nepal, país en el que se encuentran ocho de los catorce picos que superan la altitud de los 8.000, en la cordillera del Himalaya. Nuestro primer objetivo era ascender al Annapurna I, la décima altura de la Tierra y el primero de los ocho mil que han sido escalados. Su fama de montaña peligrosa ha mantenido alejados a la mayoría de los himalayistas que han preferido montañas menos imprevisibles. El porcentaje de accidentes mortales supera en número al de los éxitos de cumbre.

El macizo de los Annapurna está formado por varias cumbres

subsidiarias. El Annapurna I es la principal de todas y tiene una altura de 8.091 metros. Se encuentra situado al oeste de Katmandú, la capital de Nepal, a una distancia aproximada de 250 kilómetros.

Una vez situado el campamento base avanzado a 5.100 metros, nos encontramos con que estábamos ante el escenario natural más sobrecogedor de cuantos habíamos visto. Casi a diario podíamos contemplar la caída de las avalanchas desde la meseta cimera con un escalofriante frente de tres kilómetros que se precipitaba llegando, en ocasiones, a alcanzar el propio campamento base avanzado.

Antes de que el definitivo alud nos diera el toque de gracia, Alberto, el Doc, y yo solíamos sentarnos al sol a contemplar la montaña entre los párrafos del libro que cada uno tenía entre manos y hacer apuestas acerca del número y la frecuencia de «trenes» de la jornada. Esta costumbre de no realizar ascensiones los dos o tres días posteriores a las nevadas era, sin proponérnoslo, uno de los mejores ejercicios para el «resistir y vencer», ya que si bien ninguno era nuevo en este arte, parecía que en la cordillera más alta de la tierra hubiera más que «resistir» que en ninguna otra.

Durante aquella dura experiencia había llegado a la conclusión de que ninguna montaña vale tanto la pena como para perder la vida en ella, y que si el Himalaya era eso, correr todos los días delante de las avalanchas como si fueran los sanfermines pues que no, que eso no tenía gracia.

La mayor parte de nosotros nunca había estado en Nepal. Moncho sostenía que la primera vez es siempre deslumbrante. Sin embargo, yo creo que la capacidad de fascinación no se pierde, se tiene o no se tiene, es la óptica a través de la cual uno mira todo lo que ve. Pero Moncho y yo rara vez estábamos de acuerdo.

Antes de poner un solo pie en Katmandú tuvimos que aguardar cerca de tres horas en la aduana. La sala del aeropuerto estaba colapsada por las expediciones del período posmonzónico que, como la nuestra, empezaban a llegar. Aunque eran menos numerosas que las de primavera, nuestros equipajes habían bastado para traer de cabeza al personal. Uno a uno acabamos por sentarnos, de puro aburrimiento, sobre la tapa de los bidones, éstos sumaban ochenta sin contar las catorce mochilas.

Un policía me ordenó que le abriera el bidón número 34. El contenido debía ajustarse escrupulosamente a una lista adjunta. Cuando la inspección terminó, José Carlos y Luis me echaron una mano para guardar las veinticuatro latas de ternera guisada con pimientos morrones, y las latas de bonito de cinco kilos, que no contenían bonito sino cartuchos de gas (fue una suerte que entonces el aeropuerto no estuviera dotado con pantallas de rayos X).

Para burlar las normas internacionales de seguridad aérea, Albino había ideado camuflarlo en el interior de las latas de pescado. Había mandado envasar los cartuchos en una fábrica de conservas, de las tantas que hay por nuestras costas gallegas y de cuyo nombre no viene al caso acordarse.

Eran cerca de las seis de la tarde cuando abandonamos el aeropuerto. La agencia de trekking Pabil Trek, encargada de tramitar nuestros permisos de escalada con el ministerio, había enviado a su enlace con dos furgonetas y un camión a recogernos. Éste, después de presentarse ante nosotros, nos colgó a cada uno un collar de caléndulas alrededor del cuello en señal de bienvenida que nos quedó de lo más gracioso.

Desde lo alto del aeropuerto, la ciudad de Katmandú parecía un río de casitas fluyendo por el valle. Las colinas jalonadas de bancales de arroz extendían sus dedos vegetales hasta la orilla misma de la carretera.

Cuajados entre árboles altísimos y sombreros de pagodas, las antenas, las cometas y los hierros se alzaban sobre la placa de edificios sin acabar.

Diluido en el aire, se percibía un trasfondo de fritura, queroseno y de basura que se amontonaba en cualquier esquina.

De camino al hotel nos detuvimos en plena calle, con el motor apagado, mientras aguardábamos a que el camión terminara la maniobra para entrar en un estrecho callejón. Desde la ventanilla tuve tiempo de contemplar el devenir de la gente que parecía tener prisa porque se acercaba la noche y, entre el tumulto, a una mujer que cruzó la calle por delante de nuestro vehículo. Caminaba casi de puntillas para no pisar los charcos. Dejó una lamparita de aceite a los pies de una figura humana de bronce que tenía cabeza de elefante; próxima a aquella escena, una vaca solitaria rebuscaba con el hocico en un vertedero.

Estaba algo cansada y tenía la impresión de que me había caído de un ovni.

Permanecimos una semana en la ciudad de Katmandú, alojados en el hotel Margsyandi, en el Thamel, el barrio en el que estaban la mayor parte de las tiendas de material de montaña de segunda mano, de artesanías y de los restaurantes para extranjeros.

El único camino que prácticamente realizábamos al cabo de la jornada era el que nos conducía del hotel a la agencia, un chalecito situado a las afueras, en la carretera de circunvalación.

Nuestro rutinario paseo hasta la agencia discurría por el Naya Bazaar, donde todo tipo de negocios de barrio se alineaban al pie de la carretera sin que los separara ninguna acera.

Todos los días asistíamos al mismo ritual de apertura mientras aguardábamos a que pasara algún motocarro libre. Las largas persianas de hierro de las fachadas eran izadas a mano. Solamente en la moderna zona de Durbar Marg había encontrado locales con escaparates y maniquíes.

Una mañana vimos a un hombre que salía de la mueblería y echaba a andar por la cuneta con una cama a la espalda. Pareció un pequeño escarabajo patatero que acabó siendo devorado por el paisaje.

La mayor parte del tiempo lo empleábamos en reorganizar la media tonelada de material y alimentos que nos habíamos traído con nosotros desde España. Rehicimos el contenido de los bidones para que todos acabaran pesando treinta y cinco kilos (la carga estipulada para los porteadores).

Dos días antes de que partiéramos hacia la montaña llegó nuestro sirdar, el jefe de los porteadores. Llevaba puesto el *topi*, el gorro de la casta de los brahmanes, y estaba vestido con una larga camisa blanca y un pantalón también blanco que se le ceñía en los tobillos.

Se convirtió en un hombre imprescindible al que se le consultaban todo tipo de dudas, como cuál debería ser el salario de los porteadores, el número de días y las horas en las que se debían repartir las jornadas relativas a la marcha de aproximación.

El cocinero y su ayudante trajeron piezas enteras de carne, repollos de verdura, sacos de arroz y lentejas, productos del país que formaban parte también de la dieta de los tres nepalíes que se quedarían con nosotros una vez hubiéramos llegado al campamento base.

Esa misma tarde se presentaron en grupo nuestros porteadores. Eran unos cincuenta muchachos, en su mayoría de etnia sherpa del valle del Khumbu y de Darjeeling, y también gurungs y tamangs del Lantang.

Permanecieron acuclillados en un rincón del patio, charlando animadamente. Había oído como Moncho le decía a Albino que necesitaríamos otros sesenta porteadores más y que en las inmediaciones de la ciudad de Pokhara contrataríamos al resto.

Rotulábamos el número 115 (en alfabeto latino y devagnagari), sobre el último de los bultos, cuando una lluvia torrencial descargó sin previo aviso. Utpal Sengupta, el sirdar, dio orden a los porteadores de que corrieran a por el toldo de la tienda-comedor que había sido desplegado sobre la hierba y de que nos ayudaran a retirar los bidones hacia el almacén.

En mitad de la lluvia nos dividimos para realizar las últimas compras de material, los tornillos de hielo, estacas de nieve para fijar las cuerdas (contábamos con una docena de fabricación casera), rollos de cuerda estática, capas para la lluvia y los que no teníamos fotografías para pegar en el permiso de trekking corrimos a retratarnos en un puesto de la calle, bajo un paraguas. Albino las necesitaba urgentemente para llevarlas al ministerio.

El 20 de agosto desayunamos temprano. Teníamos previsto visitar Pashupatinath, el centro hinduista más importante de Asia.

Pashupatinath, se encuentra a orillas del río Baghmati. Los hindúes y los budistas incineran allí a los muertos y después arrojan sus cenizas a las aguas para que simbólicamente puedan proseguir su camino por el samsara, el ciclo de la vida, muerte y reencarnación.

La verdadera ciudad, por así decirlo, se extendía al otro lado del Thamel, cruzando la frontera de detritus que rebosaban las aceras, que parecía indicar que el barrio se purgaba de dentro hacia fuera a fin de que los turistas nos encontráramos cómodos visitando las tiendas de souvenirs.

El límite del Thamel se hallaba a pocos metros del hotel Margsyandi, en dirección oeste. La última farola señalaba el punto donde cada dos noches veía detenerse al camión de la basura. Al este, justo al pasar la Oficina de Inmigración, se levantaba una enorme montaña de mondas, bolsas y papeles que fermentaba bajo la lluvia y que obligaba a los transeúntes a meterse en medio de la calle para vadearla.

Aquella mañana nos repartimos en taxis y antes de llegar a Pashupatinath hicimos un veloz recorrido por el casco antiguo de la ciudad.

A continuación del Thamel, en dirección este, estaba la avenida de Trivedi Marg, ancha y limpia, sobre la que asomaban los jardines del palacio de Narayan Hitty. De lo más alto de los árboles del jardín colgaba una colonia de murciélagos zorro que pasaban por parecer berenjenas gigantes.

Nos desviamos hacia la plaza Durbar por entre los bazares medievales, por estrechas callejas en las que apenas cabían los vehículos y el espacio se compartía con las mercancías que colgaban a la entrada de los negocios de telas, los cacharros de cobre de las orfebrerías, los sacos de las especias y los tenderetes de frutas y verduras del mercado.

El corazón de Katmandú estaba construido a base de ladrillos rojos de terracota, de pórticos de madera repujada y suelos adoquinados. Dioses, leones, elefantes y garudas (aves míticas), de bronce y de piedra, franqueaban la entrada a los palacios y a los templos.

Atravesamos la plaza sin detenernos, por delante de sus cincuenta templos, debajo de los tejados de las pagodas, y de la estatua del rey Pratap Malla que se alzaba en una columna a varios metros del suelo.

La fila de nuestros taxis se detuvo a las puertas de Pashupatinath, justo delante de un sobrio pero bello edificio que resultó ser la leprosería.

Seguimos a los devotos que llegaban con hornacinas repletas de ofrendas y que se dirigían al templo de Shiva, un edificio rojo pimienta, con tejado de tres aguas y franqueado por una gran puerta de plata. La entrada al interior del recinto nos estaba totalmente prohibida.

Aquella mañana, un cadáver aguardaba al pie de una de las piras funerarias, envuelto en una estera de hojas trenzadas. Cruzamos el puente para ir a sentarnos en frente, sobre los *ghats*, las gradas que franquean la colina.

No éramos los únicos espectadores: a mi lado tres pequeños monjes parecían aguardar a que empezara la cremación.

Fortuni y Moro, nuestros cámaras, se apresuraron con su equipo a instalarse en otra de las piras que se alzaban como terrazas sobre el río, en la parte alta de las gradas. Situados a una distancia que ellos consideraron respetuosa y que desde mi punto de vista resultaba excesivamente íntima, se dispusieron a filmar amparados en el teleobjetivo.

Sentados en el soportal de uno de los *dharamsalas* (las casas para peregrinos) aguardaban los familiares del difunto y el bramán que debía oficiar la ceremonia, todos vestidos con camisa y *dhoti* blanco.

Me sentí incómoda, tenía la impresión de haber tomado asiento ante el escenario donde iba a ofrecerse una obra de teatro. Nos hallábamos unos frente a los otros, pero separados por el río. Sin embargo, me di cuenta enseguida de que nadie, excepto los vendedores ambulantes, había reparado en nuestra presencia.

Los hombres se pusieron en pie y fueron a arrodillarse al lado del cadáver. Lo despojaron delicadamente de la estera y lo alzaron sobre la leña que había amontonada en la pira funeraria. Lo envolvía una sábana manchada de *rato tika*, un polvo de color rojo con el que los hindúes advierten la presencia de Shiva. Descendieron a la orilla para purificarse en un breve baño y trajeron agua en las manos. Uno de ellos le descubrió el rostro. «Una mujer», dijimos. «Sí, eso parece.» Le vertieron agua en la boca y dejaron una pequeña lámpara de aceite sobre la frente. Después caminaron tres vueltas alrededor mientras recitaban mantras.

Fortuni se trasladó un poco más cerca, entrando de pleno en la escena, y Moro le ayudó a reajustar nuevamente la cámara al trípode.

Siguiendo el ritual del «Karma de la Palabra» prendieron fuego a su boca, el lugar donde se originan las palabras, donde nacen las buenas y las malas acciones verbales, los halagos o las ofensas, lo que uno ha sido y ha generado en los demás con la acción de la palabra.

Permanecimos allí, inmóviles, contemplando las llamas que crecían y que devoraban al cadáver como animales hambrientos.

Cuando un brazo sobresalió de la pira y quedó a la vista, fuera de las llamas, se nos escaparon unos lacónicos «uaa», «uf». Los monjes ni siquiera se inmutaron.

La gente iba y venía del templo mezclándose entre el humo, como si éste no existiera, como si aquel olor a carne quemada que a mí se me pegaba a las fosas nasales y a la piel y al cerebro mismo, tampoco existiera. Otros, entregados a su ablución matutina, se zambullían en el afluente santo del sagrado Ganges, para verse libres de los lastres impuros de las emociones.

Moncho bromeó diciendo que si uno de nosotros tenía la mala suerte de caer en aquellas aguas «ponzoñosas» cogería unas amebas del tamaño de un besugo, que nosotros no estábamos inmunizados como los nepalíes y que cualquier descuido con la higiene podría costarnos la expedición.

Acuclillado en un escalón cerca de la orilla, había un hombre que después de retorcer sus ropas y extenderlas en el suelo para que se secaran con el aire se había puesto a lavar con fango la escudilla de las ofrendas. Con cierta discreción, seguí sus quehaceres hasta que finalmente se sentó y permaneció largo rato entregado a la meditación.

Arriba dieron comienzo nuevas incineraciones. La ceniza de los cadáveres y de las brasas envolvió completamente el santuario.

Los restos de la primera pira fueron barridos al agua y una de las sábanas que había envuelto al cadáver pasó rozando a unos niños que se dejaban llevar por la corriente. Sus risas estallaron en el aire, ajenas, sin el reproche de nadie.

Avisaron de que nos íbamos, el hombre de la escudilla renovaba en aquel momento su *tika* en la frente con polvo rojo y pétalos de caléndula machacados.

Al otro lado del puente los cámaras, que habían terminado de grabar los últimos recursos, recogían el equipo. Nos los encontramos enfrascados en una discusión con un grupo de *sadhus*, seguidores de Shiva, que les reclamaban unas rupias por haberse dejado filmar. Había oído que se acicalaban las rastas con ceniza de los muertos.

El sol del mediodía frotaba sin ganas los dorados tejados del templo de Shiva. Por encima del valle de Katmandú, la cordillera lucía su sonrisa de dientes nevados. Esa fue la única vez que contemplé la cadena del Himalaya asomándose sobre la ciudad, todas las demás el cielo habría de estar siempre envuelto en la bruma.

Nada más llegar al hotel, subí a la habitación para darme una ducha. Necesitaba sacarme de encima aquella ropa que olía a churrasco.

El techo estaba lleno de esos mosquitos de patas largas que pican. Cogí el insecticida que Alberto nos había dado a cada uno en previsión de lo que pudiéramos encontrar y decidí que era el momento de estrenarlo.

Manolo, Manolón, como le apodábamos cariñosamente, nos había atemorizado a todos con relatos sobre su última expedición al Himalaya, sobre las camas repletas de pulgas en las que había tenido que dormir. El Doc, tomando buena cuenta de ello, había dotado los botiquines personales con repelentes ecológicos.

Por la tarde le pedí al camarero que me subiera un café a la terraza y lo esperé contemplando el paisaje.

Al cielo le salieron varices. El resuello de la tormenta llegó por el suelo de la terraza y la barandilla en la que estaba apoyada. La lluvia inició un concierto de percusión en los tiestos de lata, las hojas de los geranios y los cubos de plástico que estaban a escurrir boca abajo.

Una nube alargada, más oscura que las otras, atravesaba el cielo sospechosamente. Entonces, comprendí que la colonia de murciélagos gigantes se había descolgado de los árboles del palacio real y sobrevolaba la ciudad en busca de pitanza.

Todo parecía atemporal en Katmandú, corriendo fuera de nuestras vidas, como si los relojes se hubieran detenido en el momento de abandonar el aeropuerto. No sólo tenía la impresión de haber retrocedido siglos en la historia, sino más lejos aún, la de haber despertado en una de las ochenta y cuatro millones de reencarnaciones que tanto los hindúes como los budistas creen posibles. Sentía unas ganas terribles de perderme por aquella ciudad, de contemplar el pasar de sus gentes desde lo alto de uno de los templos de la plaza Durbar y de interpretar las tallas de las toranas en las que se representaban sus incontables deidades.

El 21 de agosto, a las seis de la mañana, nos encontrábamos todos en la calle dispuestos para partir. Levantamos una gran expectación entre el vecindario. Habíamos formado una cadena de sesenta y seis personas que iba desde el hotel hasta los autocares que estaban aparcados frente a las mueblerías de Naya Bazaar. Terminamos de subir a bordo el mobiliario para el campamento base y los fardos de rafia y los bidones.

Se unió un nuevo pasajero, el oficial de enlace; el gobierno asignaba una de estas personas a cada expedición. Su misión, entre otras, era controlar que nos dirigíamos a la montaña y a la ruta por la que efectivamente habíamos obtenido el permiso.

Emprendimos viaje en dirección oeste, hacia el valle de Pokhara, donde comienza una de las sendas transhimalayas más importantes de Asia.

El trayecto se hizo pesado, no sobrepasábamos ni en llano la velocidad de los treinta kilómetros por hora. Al remontar las primeras colinas, uno de los autobuses partió una ballesta. Perdimos dos horas mientras la reponían por otra que, en previsión, traían a bordo.

Por la tarde nos detuvimos en Pokhara, para reparar una rueda que se había pinchado. La ciudad estaba sumida en la ceguera de las nubes, bajo un diluvio de gotones fuertes y ruidosos, que caían desde el borde de los tejados, desbordaba los caños y anegaba las calles con fango naranja. En unas semanas, tan pronto pasara el monzón, aquella ciudad solitaria se llenaría de turistas, mochileros y fumadores de marihuana; mientras tanto, la lluvia, como si fuera un incendio, los mantenía lejos a todos.

Al anochecer llegamos a Pedi, una pradera con cuatro chabolas, desde donde, a la mañana siguiente, emprenderíamos la marcha a pie.

Tras diez horas de largo y tortuoso viaje, tocar tierra firme fue una liberación. El espacio entre asientos era más reducido de lo normal, lo que a los más altos como Félix y José Carlos les había obligado a ir todo el tiempo de lado o a llevar las rodillas en alto, apoyadas contra el asiento de delante. «Nadie dijo que esto fuera un viaje a Torremolinos» dijo Manolón cuando, una vez fuera del autobús, tratábamos de recuperar nuestro habitual estado bípedo y echábamos a andar para soltar los músculos.

La jornada no terminó hasta que todos los bultos estuvieron amontonados sobre la hierba y protegidos de la humedad bajo los plásticos.

El Doc tuvo que inaugurar su primer día de consulta para atender a un porteador que se había accidentado, sin gravedad, durante la descarga. Fue necesario rescatar su fonendoscopio y el botiquín que se encontraban en uno de los bidones, y alumbrarle con los frontales para que pudiera examinar al paciente. «Éstas son unas condiciones ciertamente precarias», había dicho para sí poniéndose manos a la obra.

A la mañana siguiente hubo mucho que organizar. Nima, el cocinero sherpa, preparó un desayuno frugal a base de *porridge* y cacao, que fue sirviendo según íbamos apareciendo por la cocina.

Llegaron los nuevos porteadores locales. Uptal registraba los nombres de cada uno y el número de la carga que iban a transportar; entre ellos estaban dos jóvenes mujeres, aproximadamente de mi edad.

El oficial de enlace, un hombre más bien rellenito, seguía de cerca los preparativos previos a la salida. Tenía toda la pinta de haber dejado una confortable silla en un aburrido despacho del ministerio y de haberse disfrazado de pies a cabeza para ir a pasar unas vacaciones en su pueblo.

Las hueveras que estaban apiladas en una jaula de hierro debían ser llevadas con especial cuidado para lo que Uptal había ya elegido al hombre adecuado. Se acordó pagar un extra al porteador que llevaba el generador para compensarle los kilos de más.

La naturaleza me llamaba con urgencia. El bosque estaba aún lejos, la campiña era de hierba baja y me pregunté cómo me las iba a ingeniar para orinar entre ciento treinta hombres y ni un mal arbusto donde esconderme.

—¿Ves aquella estera? —me dijo José Carlos señalando una especie de biombo desvencijado que había en medio del campo—. Es allí.

«Allí» era un hoyo en la tierra repleto de gusanos gordos y blancos que cuando empecé a orinar se revolvieron y creí que iban a rebosarlo. Terminé la faena como pude, con un mal cuerpo, superando el asco terrible que me había dado aquel lugar.

Comenzó la marcha, algo que todos estábamos deseando. Cargamos las mochilas al hombro, sincronizamos el dial de las radios, pactamos el lugar donde almorzaríamos, y memorizamos el nombre de Naudanda, la aldea en la que habíamos previsto pasar la noche siguiente. La hilera de ciento quince personas se puso muy lentamente en marcha.

La cola de pescado del sagrado monte Machhapuchare se zambulló en la bruma de la mañana, desapareció de las serenas aguas del lago Pewa, y no volvimos a verlo hasta siete semanas más tarde, a nuestro regreso.

Caminamos durante trece días bajo la metáfora de un grifo, inmersos en la sombra. Se podría beber de las piedras que sudaban como esponjas, de las hojas de los árboles, caminar con la boca abierta y beber. Podías deshacerte de pura disolución.

Llovió, como en los peores días de un diluvio, obstinadamente, con desesperación, como si nunca hubiera llovido, y me encantaba.

Era a cielo abierto, desde lo alto de los collados, desde donde mejor se apreciaba la fuerza titánica de las aguas: los ríos grandes se unían con otros más grandes en un espectáculo sobrecogedor y el estruendo de las corrientes nos acompañaba bosque adentro como un tren que no acababa de pasar.

Me gustaba volver la vista atrás y contemplar la serpiente humana de nuestros porteadores, ciento quince anillos azules reptando por la ladera.

A la hora del almuerzo, la serpiente se deshacía, los porteadores se detenían a descansar bajo los pipales sagrados, se desembarazaban de la carga en los *chautaras*, muros de piedra que para tal fin hay por todas las rutas de Nepal, un país donde casi no hay carreteras y la gente camina semanas enteras transportando de una aldea a otra todo tipo de mercancías; tablones de madera, cañerías de cobre... hasta las cajas de Coca-Cola para vender en los albergues. Me impresionó descubrir la red que los nepalíes y los tibetanos habían desarrollado para comunicarse a través una de las cordilleras más inaccesibles de la tierra que ni siquiera el monzón consigue rebasar.

Alrededor de pequeñas hogueras, al abrigo de los árboles, sentados en cuclillas, los porteadores preparaban arroz hervido en cazuelas renegridas y lo mezclaban con hierbas que recogían allí mismo y liaban hojas de betel para fumar o para ir mascando mientras caminaban. Me sentí aliviada cuando descubrí que el rastro de escupitajos rojos que dejaban en el camino provenían del betel y no eran esputos de sangre.

Los caminos estaban cosidos por viejos puentes colgantes de madera que oscilaban vertiginosamente al paso de los porteadores y las reatas de mulas. Era mejor aguardar bien agarrado a que cesara el movimiento de comba, reiniciar la marcha con extremo cuidado para evitar salir disparado sobre las cuerdas de cáñamo que hacían de pasamanos.

Cruzamos decenas de torrentes fríos y espumosos, el mismo número de veces que fue necesario sacarse las botas. Los porteadores no necesitaban detenerse porque caminaban descalzos o con unas simples chancletas de baño. Había que tener cuidado con las sanguijuelas que en el momento de picarte inyectaban una anestesia, podía pasar mucho tiempo hasta que uno se daba cuenta y las descubría enganchadas a la piel e hinchadas de la sangre que te habían succionado.

Naudanda estaba en la falda de una montaña. El esfuerzo de la subida de aquel primer día de marcha acabó por romper la cadena en pequeños grupos que fueron llegando muy escalonadamente, con una diferencia de unas dos horas entre los primeros y los últimos.

Nuestra expedición invadió por completo la aldea, como hacían las antiguas caravanas que descendían del Tíbet, y las expediciones que en la época victoriana llegaban al Himalaya para cartografiar los picos vírgenes y los afortunados espacios de *Terra Incógnita*.

Las casas de los gurung eran mitad blancas y mitad ocre, con balcones de madera de los que colgaban mazorcas de maíz.

Sorprendimos a la gente de la aldea trabajando; algunas mujeres, sentadas en cuclillas sobre esteras tamizaban el arroz; otras molían la mostaza y el chili en grandes morteros.

El ronroneo de los pedales de las máquinas de coser de los sastres llegaba hasta la calle. Nos asomamos a la puerta de las casas que estaban abiertas de par en par y descubrimos silenciosos telares y ancianas que hilaban lana de oveja con el huso y con la rueca. En las colinas cercanas las campesinas atendían sus cosechas mientras sus bebés dormitaban en las cunas de bambú que estaban suspendidas de los porches o se los llevaban todo el día colgados a la espalda, sujetos por una mantita que anudaban sobre el pecho.

Aquella tarde, Uptal organizó un campamento a la intemperie, en los patios que servían de secaderos. Bajo unos simples toldos de plástico cubriendo los bidones, un centenar de hombres se acomodó cerca de su carga, sobre el suelo de piedra, bien arrimados unos contra otros buscando calor al amparo de la lluvia que cursó con renovada intensidad.

En la pequeña cocina del albergue donde estábamos hospedados se instaló el botiquín de campaña. El paso de una gran expedición había despertado el interés de todas las aldeas cercanas, desprovistas de atención sanitaria, y una larga fila de personas empezó a aguardar cada noche para ser atendidos por el Doc.

Luis, Manolo y Moncho se convirtieron en enfermeros voluntarios. Los cámaras, aprovecharon para rodar y tirar metros de película en el improvisado dispensario y la presencia del sirdar fue requerida para hacer de intérprete en aquella encrucijada de etnias en la que solamente unos pocos sherpas, los que estaban afincados en Katmandú, dominaban el inglés. Alberto necesitaba que se entendieran correctamente sus indicaciones sobre cómo tomar la medicación que recetaba.

Nuestro porteador más fuerte era un muchacho gurung, de pómulos prominentes y aspecto casi primigenio, que caminaba con la carga de dos personas para ganar más dinero (cuatrocientas rupias por día, el equivalente a seis euros). Cuando pensábamos que ya había sido atendido el último de los pacientes, se asomó a la puerta y aguardó hasta que alguien le indicó que podía pasar.

Moncho tomó el relevo al Doc, que parecía agotado por tantas horas de caminata y de tantos pacientes como había atendido, y le realizó al porteador las curas oportunas. Éste, recostado en la silla, lió un cigarro y lo saboreó largamente mientras tanto, satisfecho de las atenciones y consciente de la simpatía que despertaba entre todos nosotros.

Por la mañana fue necesario reponer las bajas que se habían producido. Alberto propuso que tres de los enfermos regresaran a sus aldeas. Llegamos a temer que pudiera ser un brote de cólera, enfermedad endémica de la zona que provoca una fuerte deshidratación y diarreas y contra la que no teníamos suficiente suero para atender a los enfermos de llegar a confirmarse las sospechas. En nuestra diáspora hacia el campamento base tendríamos la oportunidad de constatar que los síntomas que se repetían una y otra vez se debían a una epidemia de gripe que viajaba en el seno de la propia expedición. Días más tarde una de las víctimas sería Luis.

Aunque las sanguijuelas no nos gustaran ni lo más mínimo tuvimos que acostumbrarnos a ellas. Aprendimos a sacárnoslas acercando la llama de un mechero o la punta de un cigarro, si lo teníamos a mano. El sistema de tirar de ellas, no sólo era repugnante sino que además resultaba doloroso. Era muy curioso ver cómo se desplazaban por el suelo hacia uno, guiadas por el calor del cuerpo. Avanzaban por la tierra haciendo algo parecido a lentas acrobacias. Evitábamos pararnos lo más posible para no darles tiempo a subirse a nuestras botas, pero caían de los árboles, yo creo que adrede, o se nos pegaban cuando rozábamos la vegetación.

Las flores de los rododendros cambiaban de color según íbamos ganando o perdiendo altitud, del púrpura al marfil y después, como si obedecieran a una tácita resolución, al llegar a los 3.000 metros, desaparecieron, ni un solo *Laligurans* más.

Nuestra tercera jornada se inició en Ghorepani, «Agua de Caballo», pero antes tuvimos que evacuar al realizador de televisión. Lo sacaron en una camilla para llevarlo hasta el helipuerto de Jhomonson donde tuvo que ser trasladado con urgencia a un hospital de Katmandú. Alberto nos había reunido a todos en su habitación antes del desayuno. El estado del realizador era muy crítico, nos había dicho. Aunque no estábamos a una altitud comprometida, posiblemente el catarro que venía arrastrando junto con el esfuerzo y la humedad había acabado derivando en un edema.

Continuamos la marcha hacia un nuevo punto en el mapa llamado Tatopani. La niebla se abrió un momento y las pirámides blancas del Dhaulagiri, el Annapurna sur y el Hiunchuli se hicieron paso entre las nubes. Horas más tarde volverían a sumergirse como la cola de gigantes cetáceos en los cortejos de apareamiento.

El desfiladero retumbó con la tormenta y los precipicios cercanos chascaban los dientes como si tuvieran dentera.

Hicimos tiempo echados en los cuartos, escuchando música, leyendo o dormitando. Teníamos que hablar a gritos para poder entendernos de un habitación a otra.

El agua empezó a colarse por los errores de construcción, por las artesanas juntas de las ventanas donde los plásticos suplían los cristales, por entre los paños de las paredes mal encastrados y los agujeritos de las paredes.

Hacia el atardecer la nube gris que se había posado sobre el valle pareció desgastarse, y una luz gris plomiza ennegreció las rocas, amargó los verdes, resaltó la espuma del río y la noche entró en barrena, a destiempo, empujada por las nubes.

Durante la cena el pueblo se transformó completamente, los pequeños restaurantes de Tatopani destilaron el rico aroma de las comidas caseras y los pocos mochileros que recorrían, como nosotros, el trekking de los Annapurna salieron de sus habitaciones a la calle.

Por primera vez Alberto no tuvo a nadie a quien atender y se arrimó a la mesa de unos extranjeros para charlar, de lo que se charla en estas ocasiones: que si de dónde sois, si vais o venís...

El octavo día de la marcha de aproximación, el Annapurna apareció en el horizonte. Flotando sobre la línea del bosque como una gardenia blanca.

Para los cámaras nuestra montaña resultó ser un bellísimo fotograma. Para el Doc una maravilla: «¡Un espectáculo digno de ver, sí señor!».

José Carlos había soltado unas risitas que querían decir algo así como «la que nos espera». Sus ojos encontraron la complicidad de Moncho, que miró desafiante con una sonrisa burlona, con la que generalmente acostumbraba a enmascarar su inquietud.

Atravesamos el valle más profundo de la tierra (siete kilómetros lo separan de las cumbre del Dhaulagiri y el Annapurna I) donde poderosas cascadas se abrían paso desde el cielo para acabar reencarnándose en el poderoso río Kaligandaki.

Desde aquel momento en el que el Annapurna apareció como materializado en un sueño, tuve la impresión de que todo lo vivido anteriormente no era más que puro recuerdo, puro y confuso recuerdo al que se le sumaba también Katmandú. Lo que le imprimía un estado de maravilla casi irreal era que aquella pirámide de nieves perpetuas se elevaba por encima de un espacio vegetal, y que parecía que para llegar hasta ella hubiera que salir fuera de este mundo. De alguna manera así era.

Durante los días siguientes, nuestra montaña no dio señales de vida, como si hubiera sido un espejismo.

Llegamos a la aldea de Lete el decimoprimer día de marcha, donde conocimos al líder de la expedición coreana y a su oficial de enlace. Su equipo se encontraba trabajando en el Annapurna desde hacía cuatro semanas. Supimos que sus campos de altura habían sido barridos en más de una ocasión por las avalanchas. Esperaban con paciencia a que el monzón tocara a su fin, era sólo cuestión de días. Cuando esto sucediera, intentarían de inmediato la escalada a la cima.

Lete fue el último reducto civilizado en el que hicimos noche. Nuestro oficial de enlace se quedó a esperar nuestro regreso, a partir de ahí empezaban realmente las incomodidades. Hasta alcanzar el campamento base hubo que montar y desmontar las tiendas y cenar a la intemperie, tres días especialmente duros para los porteadores, que al finalizar cada jornada tenían todavía que ponerse a construir abrigos con ramas y plásticos. El clima y el paisaje cambiaron radicalmente. El último de los árboles decidió que no plantaría sus semillas en los pastos de hierba rala, donde el viento azotaba con deliberado ímpetu las altas llanuras que preceden al hielo.

Los porteadores continuaron ascendiendo, tal como lo habían hecho hasta aquel momento, en pantalones cortos, chancletas y camiseta. Al atardecer se montaba el campamento. Enseguida se agrupaban entre ellos a distancias casi íntimas que al principio nos chocaron, pero que después nos dimos cuenta de que eran parte de su cultura. Entonces encendían estériles fogatas con raíces y boñigas que habían recogido por el camino.

Tras trece días de marcha desde Pedi alcanzamos el campamento base. Estaba situado a 4.000 metros de altitud, a los pies de pico Tilicho, sobre un prado de hierba verde, lleno de enormes flores de edelweis, con fácil acceso a los manantiales de agua, y cómodo para dar paseos si se quería.

Llegamos tarde, completamente dispersos, bajo una ventisca desagradable y empapados. El que más y el que menos se había mojado en el momento de atravesar el desaguadero del glaciar Annapurna.

Nada más llegar tuvimos que ponernos a levantar a toda prisa el campamento. José y yo montamos nuestra tienda, Luis y Antonio la suya, Moncho y Albino otra, y así todos los demás. Pusimos en pie la que sería el comedor, mientras los cocineros y algunos sherpas construyeron parte de la cocina a base de edificar paredes con piedras que luego cubrieron con un gran plástico.

Esa noche se quedaron la mitad de los porteadores. Después de dejar la carga, su trabajo había concluido y podían regresar de nuevo a sus aldeas, los más fuertes ya habían empezado a bajar para hacer noche en algún lugar menos alto y por lo tanto menos frío.

Cuando nos levantamos a la mañana siguiente, de aquella larga serpiente de porteadores que nos había acompañado hasta el campamento base sólo quedaban nuestros dos cocineros y un ayudante. Fueron los encargados de organizar la *puja* (la ceremonia de purificación que resalta lo mejor que cada uno tiene en su corazón), que servía también para pedir permiso a la montaña antes de emprender una escalada.

Construyeron un altar de donde partía un mástil que a su vez radiaba banderas de plegarias por encima de cada una de las tiendas. Parecía que habíamos puesto la colada a secar.

Bajo la prohibición expresa de los sherpas al cocinero de no quemar basura mientras los escaladores nos hallásemos fuera del campamento base, el primer grupo (Luis, Moncho, José Carlos y yo) emprendimos el ascenso al campamento I. El teleobjetivo de Fortuni nos perdió de vista entre la bruma. El segundo grupo, formado por Miguel, Félix, Gorito, Albino y Manolo, aguardó su turno un par de días antes de salir.

La niebla babeaba por el laberíntico del glaciar, y a duras penas distinguimos las banderas rojas que la expedición coreana había dejado pinchadas en el hielo y que señalizaban el camino más lógico, evitando las grietas.

Elevarse por encima de la última altitud alcanzada siempre es costoso. Más tarde, cuando tuviéramos que repetir el camino, supondría mucho menos esfuerzo y emplearíamos también menos tiempo, indicativo de que nuestro organismo se había adaptado a la deuda de oxígeno al aumentar la producción de glóbulos rojos.

En silencio y un poco distanciados unos de otros, fuimos ganando metros, siguiendo el carrete de cuerdas fijas que se deshilaba por toda la pared. La masa blanca de las nubes quedó muy abajo, taponando el valle. El pico Tilicho se hizo paso y nos siguió en nuestro largo ascenso. En el lugar que debía estar nuestro campamento base sobrevolaban en círculo los buitres.

El emplazamiento del campamento I se hallaba justo enfrente de la cara oeste. Las primeras tiendas eran de la expedición coreana, un poco después el pequeño campamento de los americanos y justo a continuación instalamos el nuestro, tres tiendas que en los días sucesivos doblarían el número.

La expedición coreana, formada por cincuenta personas, se hallaba muy avanzada en su objetivo de alcanzar la cumbre. Habían instalado cuerda fija hasta el campamento III situado a la altura de 7.400 metros.

El jefe de escaladores coreano, así se nos había presentado, parecía haber asumido el papel de anfitrión en aquella montaña. Nos invitó a su tienda nada más vernos llegar. Mientras nos ponía al tanto de la meteorología, así como de sus planes de ataque, desplegó sobre sus piernas un papel de periódico que contenía pescado en salazón y en un alarde de hospitalidad nos convidó a que lo probásemos. Si además del cansancio y la sed debíamos aceptar aquel «manjar» ya era el colmo. Evidentemente tuvimos que hacerlo.

La conversación se desenvolvía un tanto espesa, debido al poco inglés que manejábamos todos. Sólo habíamos sacado en claro que cuando decía «brumm» se refería a una avalancha en plena arremetida. A partir de esto podíamos, más o menos, reconstruir los hechos. Si no le entendimos del todo mal, a los pocos días de su llegada a principios de agosto, es decir, en pleno apogeo monzónico, las «brumm» habían destruido sucesivamente todos sus campamentos, incluido el que nos encontrábamos. Nos fuimos más tranquilos.

—¿Cuántos escaladores ha dicho que son?, ¿*fifty* o *fifteen*? —preguntó José Carlos cuando estábamos preparando el suelo donde instalaríamos la tienda.

—Cincuenta, entre porteadores de altura y escaladores coreanos —le contesté.

—Son muchos, ¿no?

—Mejor, imagínate la huella que dejan —respondió Luis, que recomponía las varillas de su tienda.

Nuestro equipo de escaladores estaba formado por nueve personas y no contábamos con porteadores de altura, éstos sólo nos habían acompañado hasta el campamento base.

La puerta de la tienda miraba hacia el glaciar de la Hoz, un embudo gigante (2.300 metros) que inevitablemente tendríamos que atravesar. Nuestro bautizo con las «brumm» tendría lugar pocas horas más tarde.

Al día siguiente instalamos el campamento II al abrigo de unos seracs. Después de barajar varios emplazamientos, nos pareció que lo mejor sería hacer dos agujeros bajo la barrera de hielo y guarecer en ellos nuestras tiendas. A unos cuarenta metros más arriba se encontraba el campamento de los coreanos. Una vez que el nuestro estuvo instalado completamente, decidimos subir a saludarlos. A continuación regresaríamos al campamento base dando así relevo al siguiente equipo que se encargaría de abastecerlo con más raciones de comida y gas.

Acabábamos de llegar a dicho campamento, apenas habíamos cruzado unas palabras con el jefe de los escaladores cuando un estruendo, que parecía que en el piso de arriba los dioses estuvieran de mudanza, tomó el cielo.

Nuestras miradas corrieron pared arriba justo hasta donde la montaña se inflexiona, inclinándose como la tabla de un pupitre hasta la cima. Toneladas incalculables de nieve y de bloques de hielo que se nos venían encima.

Yo no soy de los que piensan que les gustaría morir en la montaña, ni de los que dicen «Oye, pues murió haciendo lo que le gustaba». En realidad, yo nunca había contemplado la posibilidad de morirme, eso era algo que les pasaba a otros.

En el tiempo de contar «uno» mi mente se abstrajo a otra dimensión para procesar una cantidad de cosas que a tiempo real no serían posibles. Una inconsciente asociación de ideas me llevó hasta mi casa y me trajo de vuelta. La respiración aceleró y la mente negó lo obvio; [«que no y no vamos a morir»].

El coreano me empujó al interior de la tienda. José Carlos y Luis entraron a toda prisa. Moncho permaneció con medio cuerpo fuera pendiente de ver acercarse la avalancha. Los demás estábamos con la espalda contra el suelo y las manos y los pies en alto para evitar ser asfixiados por la nieve. Permanecimos a la espera. Ni una sola palabra, sólo escuchábamos la nieve acercándose y nuestras respiraciones que se habían vuelto más breves y frecuentes. Si la montaña quería podía aplastarnos, no teníamos forma de huir.

De pronto, el estruendo cesó. El silencio soltó una carcajada, la avalancha se había detenido un centenar de metros por encima. La nube de polvo se difuminó lentamente.

Pensé que había llevado con bastante dignidad aquella prueba. Mi cabeza sí, mis hormonas no tanto y me disculpé para bajar hasta mi tienda cuando me di cuenta de que la regla me había bajado de repente.

A última hora de la tarde entrábamos en el campamento base, satisfechos del trabajo realizado.

Tras dos días de descanso, en el que el otro equipo (Félix, Manolo, Miguel, Albino y Gorito) acompañado de los cámaras de televisión, había estado porteando cosas al campamento I y al II, nos tocaba nuevamente a nosotros el turno para ascender.

Como cada mañana, Dima fue el primero en levantarse. Puso a funcionar los fogones y calentó agua para el té. Cuando el desayuno estuvo listo salió a la puerta y gritó con toda su alma «*Breakfast ready*». Calculó que tardaríamos media hora en aparecer, el tiempo de hacernos el rutinario aseo matinal. Dejó los termos sobre la mesa del comedor para que al llegar nos fuésemos sirviendo y se dispuso a freír los huevos que imaginaba estarían congelados.

—¡Qué rápido se mueve esa nube! —comentó José Carlos entrando en el comedor.

A Moncho aquello no le sonó del todo bien y se apresuró hacia la puerta, seguido de Luis y de mí. La expresión de su rostro se transformó en el acto:

—¡No es una nube, es una avalancha! —exclamó y rápidamente entró para tomar una de las radios. Con forzada serenidad llamó al campamento I—. Aquí campamento base, ¿me recibís? Cambio. Aquí campamento base, ¿me recibís? Cambio. Campamento I, a ver...

Pasaron unos minutos y la respuesta era siempre la misma: nada. Los cuatro nos mirábamos sin articular palabra. Moncho insistía una y otra vez. ¿Qué estaba ocurriendo allá arriba? ¿Qué les impedía contestar? Por fin se oyó algo, como un carraspeo seguido de interferencias y a continuación la voz de Manolo, débil y lejana:

—Aquí campamento I. ¿Estáis a la escucha? Cambio... No sabéis lo que ha pasado. Todo el campamento está destruido. No queda ni una tienda en pie.

No había heridos, sólo destrozos materiales. La avalancha había sepultado por completo el campamento, destrozado las tiendas y había dispersado en un radio de trescientos metros todo cuanto había en ellas.

Rehechos del susto inicial, liberamos la tensión con risas y bromas. Nuestros amigos estaban bien, todo lo demás dejaba de tener importancia porque para sacar algo positivo de un acontecimiento semejante hay que pensar que las cosas podrían haber sido peores. Inmediatamente dispusimos las mochilas con todo lo necesario para ayudar a recomponer los desperfectos.

Cuatro horas más tarde, cuando llegamos al lugar de los hechos, la nieve ya había empezado a derretirse, y por todas partes emergían los restos del campamento, telas rasgadas, varillas dobladas, enseres personales desperdigados por doquier. Un halo de impotencia parecía envolver a nuestros compañeros mientras iban de un sitio a otro recuperando cosas.

La avalancha había caído casi de la cima, barriendo todo lo ancho de la montaña. Tras cruzar el glaciar de la Hoz a una velocidad sobrecogedora, y taponar el cielo se precipitó sobre ellos. Había sido angustioso sentir el peso de la nieve, el impacto que los había aplastado y la incertidumbre, el insoportable peso de la incertidumbre.

Mi tienda había sido arrancada de cuajo, era un guiñapo maltrecho macerado de nieve. El saco de plástico en el que días antes había dejado ropa había desaparecido.

—Tienes que buscar allí arriba —me dijo Miguel señalando unas grietas situadas a trescientos metros.

Pero ¿cómo es posible que la fuerza de la avalancha las haya arrastrado tan lejos?, pensaba mientras nos dirigíamos hacia aquel lugar. Tenía razón, mi saco estaba en el fondo de una grieta. Tuve que remendar los rotos con cinta para evitar que siguiera perdiendo más pluma de la que ya había perdido.

Nos llevó el resto del día volver a poner en pie el campamento. Hubo que remendar las tiendas con cinta adhesiva y enderezar las varillas de aluminio martillando con piedras. Cuando la nieve se fundió completamente el suelo apareció sembrado de pastillas, restos de las cajas de los botiquines que se habían roto, de piezas de ropa, cubiertos y un sinfín de pequeños objetos.

Las semanas que siguieron a nuestra llegada al campamento base pasaron rápidamente. Ambos grupos establecimos un turno de trabajo sólo interrumpido por las nevadas, tras las cuales dejábamos, al menos, dos días de inactividad mientras la montaña descargaba nuevas avalanchas.

El final de nuestra aventura llegó con la tragedia. La última y definitiva avalancha tenía tanto de bella como de mortal. Hacia media mañana del 10 de octubre Félix, José, Luis, Moncho, un alpinista del equipo de los coreanos y yo nos encontrábamos remontando la arista en dirección al campamento III. A pocos metros de alcanzar la pared el ruido atronador e inconfundible de que el mundo se derrumba llegó por encima de nuestras cabezas. Echados en el suelo, a caballo del filo de la arista, con los piolets clavados y la mirada expectante, la vimos: era arrolladora, imparable. Cientos de metros cúbicos de nieve se asomaron por el borde de pared. La arista en la que nos encontrábamos y la pared formaban una T en tres dimensiones vista desde el aire. Nos encontrábamos al final del palito vertical. La arista había servido para romper la avalancha en dos cascadas que se precipitaban mil metros al vacío.

La nieve arrastraba algún que otro bulto de tamaño sospechoso. Sentí un escalofrío al pensar en los alpinistas que en aquel momento se encontraban intentando la cima. Si en lugar de habernos detenido a descansar hubiéramos continuado, la avalancha nos habría arrastrado al vacío.

Al poco rato oímos a una alpinista americana que gritaba desde el borde de la pared. El equipo de americanos se había salvado al permanecer en sus tiendas, la avalancha apenas los había tocado, eso lo habíamos entendido, como que los coreanos no habían corrido la misma suerte, ésta los había arrastrado a todos al vacío, pero ella parecía necesitar algo de nosotros.

Moncho tomó la decisión de hacernos bajar. Entonces dudé de si estábamos haciendo lo correcto, aquella mujer estaba realmente asustada. Pero hoy si yo tuviera que asumir la responsabilidad moral sobre la vida de mis compañeros, como Moncho, hubiera hecho exactamente lo que él hizo. El riesgo era todavía muy grande. Nos ordenó a Luis y a mí que bajásemos de allí. Después de recorrer la arista y rapelarla hasta la base, cruzamos a la velocidad que pudimos sobre los restos de la avalancha que casi habían llegado al campamento II. Una hora más tarde, Félix y Moncho se reunieron con nosotros, se habían quedado un poco más en la arista para entender mejor lo que la alpinista americana trataba de decir.

El jefe de la expedición coreana estaba en el campamento II y me salió al encuentro nada más verme llegar. Me mostró los objetos que la avalancha había arrastrado desde el campamento III: una esterilla, una manopla, un termo, unas gafas de ventisca. Me parecía increíble que hubieran podido desplazarse desde tan lejos. Todos aquellos objetos tenían el nombre de su dueño. Creo que quería que lo consolara, que le dijera que sus escaladores estaban bien. Me encogí de hombros, no quise contarle lo que la americana nos había dicho a gritos cuando aún estábamos en la arista, todo parecía tan confuso, no podía dejar de pensar que nosotros mismos estábamos vivos de casualidad. ¿Cómo iba a decirle que sus escaladores habían muerto?

Su mirada se perdió en la distancia, allá donde suponía que estaba su equipo, y por donde, con seguridad, quería verlos aparecer.

En unas horas averiguamos el alcance de la tragedia, la noticia llegó por radio: el equipo formado por las siete personas que se dirigía a la cima aquella mañana había provocado la avalancha mientras abría huella. Ninguno se había salvado. Excepto uno de los cuerpos, todos los demás cayeron al vacío por el costado izquierdo de la arista. Entonces, los bultos más grandes que habíamos visto bajar entre la nieve eran eso, personas.

Tres días más tarde los coreanos celebraron una íntima ceremonia para decir adiós a sus compañeros, tras la cual levantaron sus tiendas y se fueron.

Nosotros nos reunimos para decidir si debíamos quedarnos o irnos después de lo ocurrido. Cada cual expuso su opinión. Había tantos que pensábamos que no merecía la pena subir aquella montaña, como los que pensaban lo contrario. Medité bien mi respuesta antes de contestar. En aquel momento pensé que no ha sido dejándose impresionar como los hombres han sabido sobreponerse a la naturaleza a lo largo de la historia, pero la fuerza no lo es todo, la estrategia es la que triunfa. Me pareció que nosotros no teníamos ninguna. Estábamos totalmente a merced de la montaña, al menos en lo que a aquella ruta se refería. Éramos David contra el gigante, pero sin onda.

Poco importó lo que allí se debatía, las avalanchas terminaron por zanjar el asunto. Tuvimos verdaderos problemas hasta para recuperar el campamento II y en nuestro último intento de subir a desmontar se desató una nueva avalancha en el momento en el que remontábamos el glaciar. Los cámaras se habían quedado en el campamento I para filmar desde allí. «¡Los ha cogido, los ha cogido!», los gritos de Moro quedarían grabados en la película. Desde el interior de la tienda, Fortuni mantenía su cámara mirando hacia la nube de polvo que se movía, era una de esas nubes típicas de las avalanchas que se quedan flotando un tiempo, que para todos nosotros había sido infinito. También se había grabado la respiración agitada de Fortuni, hasta su miedo, eran imágenes grabadas por una mano intranquila y un ojo que más que ver se escondía detrás de un objetivo. Durante unos minutos, para ellos estuvimos muertos. «Parecía imposible que pudierais salvaros», diría Fortuni más tarde mostrándonos las escalofriantes imágenes.

Sentados en nuestras sillas de cámping, en el campamento I, el Doc y yo contemplamos al Annapurna por última vez. Ya no echamos mano de los prismáticos para otear la ruta, no teníamos más planes que los de descender al día siguiente y volver a casa. La mirábamos como si contemplásemos el mar... Calma, calma absoluta, aquella montaña que parecía dotada de pensamiento e intención volvió a ser una montaña, ni buena ni mala.

Hacía sol, se estaba bien, charlamos de todo y de nada...

UN VIAJE IMPREVISTO. CASCADAS DE HIELO 2003

Quién me iba a decir cuando acabé la expedición al Annapurna que volvería a esa región años después. Las circunstancias, esta vez, eran completamente diferentes. Entre cuatro escaladores improvisamos un viaje de tres semanas. No se trataba de ascender a ninguna gran montaña, sino las cascadas vírgenes de hielo que se forman en el alto valle de Manang, al norte de la cordillera del Himalaya, muy cerca del Tíbet.

Unos días antes de mi cumpleaños, el 25 de diciembre de 2002, mientras escribía, sonó el teléfono. Comprendí que me había olvidado de conectar el supletorio del estudio, así que me levanté a toda prisa. Tenía tres tonos más antes de que saliera el contestador. Crucé el pasillo, bajé de dos en dos las escaleras, en el descansillo pisé al gato que siempre olvido que ha elegido la alfombra que me traje de Kazajstán el último verano para echar sus siestas, crucé el salón, me tiré en plancha sobre el sofá y llegué a tiempo de descolgar el auricular al límite del cuarto riinng.

«¿María?» Era Miguel Ángel Vidal. Nuestra amistad, que se mantenía inalterable al paso de los años y las ausencias, remontaba sus orígenes a la expedición del Everest por la cara sur en el año 1992. Ambos habíamos recalado en el campamento base con nuestros respectivos equipos y habíamos terminado reafirmando nuestra amistad a pesar o gracias a los problemas que vivimos.

Conocía al detalle todo acerca de su última expedición al K-2, en Pakistán, a través de las cartas que él mismo me enviaba por internet desde el Karakorum y que yo recibía en el portátil que tenía en el campamento base del Pobeda, en la cordillera del Tian-Shan. Su sirdar, el jefe de los porteadores, un hombre por el que él sentía un gran aprecio, había muerto a consecuencia de una avalancha.

—¿Vienes a escalar cascadas de hielo a Nepal?

—¿Qué? ¿Cuándo? ¿En enero?

—Sí, del 19 de enero al 12 de febrero. Sólo serán veintidós días, y contigo seríamos cuatro: Óscar, Curro, tú y yo. ¿Qué dices, te animas?

¿Qué podía hacer ante semejante proposición? Colgué el teléfono y me decidí.

Escalar lo imposible, atar burros sin cuerdas, convencer a incrédulos, mantener una pila de cien platos en equilibrio sobre la punta de un dedo se estaba convirtiendo en mi especialidad. Lo primero que debía hacer era conseguir un sustituto para que me cubriera durante las tres semanas que estaría ausente en el trabajo. Eso si mi jefe me daba el visto bueno a aquella nueva «ausencia laboral». También tenía que encontrar un patrocinador presto a colaborar, y convencer a Toni de que ese viaje relámpago era imprescindible para mi felicidad futura y la de nuestros hijos en proyecto y dilatar la fecha de entrega del próximo libro, éste, ya retrasado por la expedición anterior.

El 19 de enero tomaba el avión en el aeropuerto de Vigo para reunirme con mis compañeros en Barajas. Nos íbamos al invierno en pleno invierno, por fin hacía algo normal. Mis expediciones a la nieve solían coincidir con la llegada del verano.

Aparte de Miguel, conocía vagamente a Óscar, de una de mis visitas al refugio de La Laguna Grande de la sierra de Gredos, en

Ávila, donde ambos trabajan como guardas. Óscar y yo éramos de la misma edad, tenía la mirada franca y respondía siempre con frases o silencios oportunos.

El más joven era Curro, que apareció empujando el carrito de equipajes con un enorme petate que lo identificaba claramente como un alpinista en fuga y una sonrisa que encendía a su paso las luces de la Terminal 2. Era él, sin duda, el nuevo, pensé cuando lo vi aproximarse entre las colas de viajeros.

—¿Sabes que cada vez me da más miedo volar? —me confesó Miguel abrochándose el cinturón de seguridad justo antes del primer despegue del día, y cerrando los ojos, como buscando un punto mental de anclaje al que asirse con urgencia.

Tenía en la memoria una imagen de Miguel que él desconocía. Había sido durante la expedición al Everest. Mientras yo ascendía con mis compañeros por el valle del Silencio, situado a 6.400 metros de altitud de la cara sur, Miguel se acercaba a nuestra espalda encaminándose también hacia la parte superior del valle, cargado con una escalera de aluminio de dos metros atravesada en la mochila, que pensaba colocar en la rimaya del Pilar Sur, una ruta paralela a la vía normal. Su imagen solitaria recortándose contra el abismo de la pared del Lhotse Shar aquella mañana helada se me había quedado pegada al libro de la memoria y ahora decía que tenía miedo a volar; me encantaba la humanidad de mis héroes.

La idea de que ahora nos encontráramos en aquel avión camino de Katmandú había surgido en la oficina de José Ramón Bacelar, guía de trekking y dueño de la agencia de viajes Sanga, en Madrid. «Tienes que ir, Miguel, te aseguro que valen la pena», le insistía José Ramón con el mapa desplegado sobre la mesa de su despacho, mostrándole el punto de partida de la marcha de aproximación. Éste era la aldea de Besisahar, al oeste de Katmandú. Trazó con el lápiz una línea en dirección al norte geográfico, hasta hallarse bajo la sierra de contrafuertes de los Annapurna.

—Aquí, aquí es donde vi las cascadas —dijo marcando sobre el nombre de Pisang una gruesa X.

Miguel abandonó el despacho con el plano enrollado bajo el brazo, cojeando porque todavía no se había recuperado de una caída que había sufrido escalando en las rocas del Arcs, en el Prepirineo catalán, soñando con el tesoro de una isla sin mar y con aquellos con quienes pensaba embarcarse en aquella travesía incierta.

La primera vez que me paré a pensar en quién era José Ramón Bacelar fue a muchísimos kilómetros de distancia, en el Tíbet, en el campamento base del monte Cho Oyu, mientras charlaba con otros alpinistas españoles en nuestra tienda comedor. Aquel mismo día la policía militar china se había tomado la molestia de subir caminando por una pedrera durante varias horas para asegurarse la estupidez de que no ondeaba sobre el campamento más bandera que la de su país. Las banderas en las expediciones no tienen connotaciones políticas, vienen a decir que tales alpinistas son de un sitio del mundo, y nada más. Después de recorrer otras tiendas llegaron a la nuestra con dos jóvenes tibetanos a los que habían propinado una paliza por haber trabajado como porteadores para dos de mis compañeros a cambio de unos pocos yuanes. Los chicos estaban atemorizados, y en sus ojos se adivinaba claramente que habían llorado. Resultaba dantesco aquel militar con su abrigo verde de lana, discutiendo a 5.500 metros en una noche gélida, con el fusil colgado del hombro y sujetando a dos mocosos muertos de frío y de miedo. La escena levantaba sentimientos enfrentados de impotencia y de ansias de revuelta. Después de muchas discusiones se fueron con el dinero de los porteadores y el de una multa que pagamos entre todos.

El nombre de José Ramón apareció a colación de lo sucedido, cuando alguien lo mencionó para contar que, finalizado uno de sus viajes, atravesó la frontera hacia Nepal, con un tibetano escondido en un bidón de los que se utilizan para guardar el equipo de montaña. En ese momento abrí los ojos como para poder imaginarme mejor el rostro de un hombre del que sólo conocía su voz. Habíamos mantenido breves conversaciones telefónicas en las que yo le había pedido billetes y que me organizara expediciones, el trato normal con el director de una agencia de viajes. Pero entonces pensé «¿Qué clase de persona se arriesgaría a hacer semejante cosa?». Los camiones que cruzan la frontera son examinados minuciosamente. De haberlo descubierto quién sabe el destino que le esperaba.

Nada más salir del aeropuerto de Katmandú y, sin haber pasado todavía por el hotel, hicimos que el taxi se detuviera delante de la Oficina de Inmigración para obtener los permisos de trekking que se requieren para entrar en el área de los Annapurna y que tendríamos que presentar en los puestos correspondientes situados a lo largo del valle. Luchamos contra la tentación de dejarnos vencer por el cansancio, y nos repartimos la tarea de realizar las compras de última hora; los cartuchos de gas y un poco más de comida de ataque como chocolatinas y galletas.

A la siete de la mañana nos esperaba una furgoneta a la puerta del hotel para llevarnos a Besisahar. Teníamos la sensación de que nos habíamos levantado a las dos de la madrugada. Aún nos costaría varios días acostumbrarnos a las cinco horas de diferencia horaria.

Besisahar rebosaba dinamismo. Docenas de pequeños comercios orientados a la calle principal mostraban una actividad excitante, la gente entraba y salía de las tiendas de comestibles, las sastrerías y las ferreterías. Hasta nosotros fuimos de compras en busca de unos altavoces que pudieran acoplarse a mi aparato de CD, lo que no resultó tarea fácil. Pero Óscar nos empujó a comprarlos diciendo que sería muy agradable el poder escuchar música en los ratos que tuviéramos libres.

Era la hora en que los colegiales salían de la escuela y regresaban a casa. Alrededor de las mesas de billar Kerina Bota, instaladas al aire libre, se formaban corros de animadores y participantes que reían. El juego consistía en golpear las fichas con el dedo anular, como si fueran canicas, sobre un tablero manchado de harina para facilitar que éstas se deslizaran mejor.

Justo detrás de las primeras filas de casas se extendían los campos de cebada y hortalizas, y la tranquilidad contrastaba con el bullicio de la villa.

El dueño del *lodge* (pabellón de alojamiento inglés) donde nos hospedamos se encargó de conseguirnos a cuatro porteadores que nos acompañarían en nuestra ruta hacia la cabecera del valle. Nos presentó a Pasang, un joven que resultó ser vecino de la aldea de Pisang, y que había bajado hasta Besisahar para descansar de los espesos silencios de la montaña.

—Tengo amigos aquí, y he venido a pasar unos días con ellos —nos dijo con una sonrisa picaresca.

Alrededor del mapa de la región de los Annapurna, establecimos las etapas de cada jornada y Pasang insistió en la dureza de la ruta:

—No podremos llegar en tres días, se necesitan cuatro o cinco para subir hasta Pisang.

Aunque le insistimos en que todos éramos alpinistas no hubo forma alguna de convencerlo.

Acordamos que les pagaríamos quinientas rupias (seis euros) por persona y que además también les pagaríamos las jornadas de descenso a pesar de que, muchas veces, éstas no se pagan.

Al amanecer, los porteadores recogieron nuestros petates del patio trasero y salieron hacia Bahundanda «La Colina de los Brahmines». Un poco más tarde también nosotros nos pusimos en marcha siguiendo la carretera, una pista de tierra que se adentraba diez kilómetros más en el valle, hasta un lugar llamado Khudi, formado por media docena de restaurantes destartalados y puestos de bebida que se levantaron con el fin de atender las demandas de los viajeros. Los únicos vehículos que circulaban eran los camiones cargados de piedra y los autobuses locales que finalizaban en Khudi el recorrido, y que conducían arrimados peligrosamente al barranco.

Las orillas del Margsyandi Khola estaban llenas de jornaleros que extraían arena y piedra artesanalmente. Otros las subían en pesadas cestas y cargaban los camiones que aguardaban en la cuneta. La cadena concluía en las chabolas de las afueras de Besisahar. Una vez allí, mujeres, niños y ancianas precoces pasaban el día sentados sobre los montones de guijarros que a golpe de maza transformaban en pequeñas chinitas.

A la luna le faltaba un diente la noche que dormimos en Bahundanda. Me despertó la claridad que se filtraba por la ventana desde la cabecera de la cama. Aparté los visillos y la encontré encarcelada a las ramas del pipal de la aldea, el árbol sagrado que mantiene viva la memoria de Gautama Buda, el Iluminado.

Cuando las respiraciones sosegadas de Miguel, Óscar y Curro se me perdían ya en la inconsciencia del sueño ladró un perro en las callejas del fondo. Lo siguiente que recuerdo fueron los gallos y las pisadas en el suelo de madera anticipándose a nuestros despertadores.

Bahundanda se asoma al valle del río Margsyandi desde lo alto de un cerro, con sus casas de madera y tejados de chapa ondulada. Los porteadores se encargaban de traer el material a sus espaldas desde Besisahar, que estaba a un día de marcha según se mira al sur.

Pronto abrirían las espitas para inundar los bancales de arroz que rotulan completamente las colinas cercanas convirtiéndolos en trozos de un inmenso espejo quebrado. Con la llegada de una nueva cosecha, la tierra ocre y polvorienta de la estación seca desaparecería bajo la tupida alfombra de los tallos de arroz.

El corazón de la aldea latía en el *chautara*, el muro que rodea las raíces del pipal.

Cada quincena, el vendedor de bisutería llega desde Bhulbule y se sienta a la sombra con su mercancía de pulseras de plástico, rosarios de cuentas de madera, *malas* y diminutos colgantes con la foto del Dalai Lama. Pasa el día charlando con los curiosos y los porteadores que se acercan al *chautara* para liberarse de la carga y tomar aliento. Algunos vecinos colocan sus sillas en el borde del barranco para contemplar el valle que se prolonga a sus pies y la extenuante arribada de las reatas de mulas; uno a uno, los animales se detienen en el último peldaño del rellano de la plaza meditando el siguiente paso, traspuestos por el esfuerzo, con las aletas nasales dilatadas y con el pecho y las patas delanteras haciendo contrapeso para evitar bajar de espaldas el camino que acaban de remontar. Después de atravesar la aldea descienden por el lado norte de la colina, siguiendo la misma senda que antaño frecuentaban las caballerías que llegaban del Tíbet cargadas con sal de los lagos de Mustang, suntuosamente adornadas con vistosos petrales y baticolas, plumeros rojos y campanas que tintineaban alertando de su presencia a centenares de metros de distancia. Hoy en día, aunque la sal llega de la India a precio más barato, las reatas siguen circulando sin descanso arriba y abajo del valle cargadas con maíz, azúcar y bidones de queroseno para las cocinas.

La ruta se puso en marcha con la luz del sol y el repiqueteo de las campanillas. Nos mezclamos con los campesinos que se dirigían a los campos y a los molinos de agua entre continuos *namaste*, y con porteadores profesionales, a los que no saludábamos para no obligarles a responder durante el esfuerzo, ya que iban cargados hasta con ciento diez kilos de jaulas repletas de pollos, cochinillos, hueveras, cables de acero para los puentes, segmentos de columnas para el tendido eléctrico e incluso las piezas de un generador de proporciones gigantes que recompondrían en Tal. Algunos de los fragmentos eran transportados por dos o tres hombres al mismo tiempo que caminaban en rigurosa fila de a uno, como si de un solo cuerpo se tratase, bajo la atenta mirada de un cuarto porteador dispuesto a relevar al primero que desfalleciera bajo la barra del palanquín. Les calculamos dos días más de esfuerzo para poder llegar a su destino.

Antes de que nos diéramos cuenta desaparecieron los árboles subtropicales, los pandanus y los bananos, los mazos de bambú, los árboles de Navidad con sus flores rojas y el último de los pipales.

La senda empezó a gatear por el cañón sumergida en los bosques húmedos de rododendros y pinos, muy por encima del río al que volvía a retomar sobre las largas combas plateadas de los puentes colgantes.

Hace unos años el gobierno se ocupó de ensanchar los caminos, que en ocasiones se limitaban a unos troncos colgados transversalmente a la pared del desfiladero, de instalar kilómetros de cable para la electricidad hacia el interior del valle y de que fueran renovados los antiguos puentes de madera y cuerda de cáñamo. Me resultaba extraño mirar al cielo y encontrarme con el hilo del tendido seccionando la lejana cumbre del Manaslu, el Himal Chuli, o el Annapurna II.

En Tal el valle se abrió como un respiro permitiendo al Margsyandi discurrir desfondado y sin una arruga. Al filo de las paredes levantadas a plomada sobre el agua, muy arriba, la negra cometa de un quebrantahuesos sobrevolaba el cielo. Permanecimos largo rato contemplando el paisaje antes de descender, contagiados por la calma que transmitía aquel espacio. Por un momento recordé las bocinas de los autobuses de Besisahar, mi móvil que llevaba tres días desconectado, y el tumulto de las callejuelas de Katmandú a una hora punta, atestadas de motocarros, vendedores y mercancías colgadas a la puerta de las tiendas asaltando el espacio vital de los transeúntes, y supe que aquella visión de calma solidificada e imperturbable me acosaría cuando toda aquella aventura hubiera terminado y me encontrara nuevamente de regreso en mi casa.

El camino perfilaba la orilla este, atravesaba el pueblo en canal y continuaba sus derroteros valle arriba, donde las paredes del cañón y el horizonte parecían estar a un paso de besarte.

Curro preguntó, una vez más, si realmente llegaríamos a encontrar lo que habíamos ido a buscar. Parecía imposible congelar el agua que se precipitaba al vacío hasta el punto de llegar a permanecer tan inmóvil y sólida que nos permitiera colgarnos de ella. «¿Os imagináis que al llegar nos encontrásemos con que las cascadas no están congeladas?» Miguel sonrió sin responder. Para Curro ésta era su primera vez en el Himalaya e ignoraba lo rápido que el paisaje y el clima cambian con la altitud.

Nada más llegar a Tal nos dirigimos al puesto de policía para sellar los permisos de trekking. El oficial de turno salió de la casa que había próxima a la oficina, en la que supuse estaría cenando porque llegó secándose las manos en el pantalón. Tomó asiento tras una sencilla mesa de madera. Era todo el mobiliario además de unos cuadros ilustrativos sobre la fauna y la flora del lugar, y nos pidió que nosotros mismos escribiéramos nuestros nombres, la nacionalidad y el destino del trekking en el libro de registro. Comprobé que los últimos caminantes habían pasado hacía tres días en dirección al collado de Thorong, el punto álgido del sendero, para continuar por el recorrido habitual hacia el valle del Kali Gandaki. El policía se extrañó de que fuéramos a detenernos en Pisang y no tuviéramos la intención de ascender el pico Pisang, para el que también se necesita un permiso. Miguel le contó que, efectivamente, pensábamos subir hasta los 3.200 metros de altitud y quedarnos en la zona varios días, omitiendo el detalle de las cascadas.

Entramos en el primer *lodge* que encontramos. El color azul y verde pastel de las paredes estaba algo gastado. Había cierta dejadez en la forma en la que habían sido recogidas las cortinas en las ventanas, como si no importara que la casa estuviera apetecible a los clientes; a los que, por otro lado, seguramente no esperaban hasta finalizado el mes de febrero, cuando las altas nieves del Thorong se hubieran derretido.

Las puertas de las habitaciones daban todas a un balcón sobre el jardín, un pequeño terreno descuidado, con geranios plantados en latas de pintura oxidadas y desde el que también se veía la calle.

Los cuatro puntos, algo achaparrados, que bajaban en aquel momento por el desfiladero eran nuestros porteadores, minúsculos en comparación con la pared negra del cañón que se cernía sobre ellos. Óscar les silbó cuando ya se nos aproximaban por la calle para que se detuvieran allí mismo y no perdieran tiempo buscándonos por el pueblo.

Pasang fue el único que se vino a nuestra mesa cuando pusieron en marcha el generador de la casa y enchufamos los walkman. Se sirvió un vaso de cerveza y encendió un cigarro recostado en la silla, ajeno a nuestra charla y con la mirada ensimismada en el jarrón de flores artificiales que mediaba en la mesa interfiriéndonos la visión de los unos con los otros. Parecía realmente agotado, los pómulos se le habían angulado, aunque conservaba la misma expresión sonriente que cuando lo vimos aparecer en el *lodge* de Besisahar.

Entre el primer y segundo plato de la cena nos dio tiempo de abrir los diarios sobre la mesa y plasmar aquello que merecía ser recordado. A Curro le interesaban, sobre todo, los precios de las cosas, cuántas rupias costaba un *chapati*, una especie de tortas de pan, lo que habíamos pagado el día anterior por un Seven-Up o por las habitaciones y lo que quedaba de dinero en el fondo común. En otro rincón de la mesa Óscar dibujaba un croquis de altitudes, que detallaba la ruta que estábamos siguiendo, en cuyo punto más bajo se hallaba Besisahar a 820 metros, seguido de Bahundanda a 1.310, Tal a 1.675, Chame 1.000 metros por encima, y Pisang a 3.200 metros, y el aeropuerto de Hongde en la meseta de Manang. Miguel leía un ensayo sobre ética. De vez en cuando interrumpía la lectura para plantearnos un problema de tipo ético-moral o releer en voz alta un trozo del texto que le había parecido muy interesante y que quería comentarnos.

El segundo pote de té con leche cerró la tertulia. Pasaban quince minutos de las diez y en la casa todos dormían.

De camino a mi cuarto me asomé al balcón, habían apagado el generador, la única luz en toda la noche era la de la luna remontando el tejado. Permanecí a la escucha; se oía la corriente del agua zumbando como las avispas. Soplaba una ligera brisa helada que se colaba hasta el interior de la habitación y me abrigué concienzudamente para dormir.

Con el nuevo día llegaron las pisadas sobre el suelo de madera, los gallos y el aroma del té y del pan tibetano que freían en la cocina.

La jornada hacia Chäme sería mucho más larga que la de Bahundanda a Tal. Encontramos nieve de días anteriores a dos horas por debajo de Chäme, conservada a la sombra de las caras norte. El camino acabó convertido en un zurcido que ayudaba a disminuir la pendiente en cada zigzag. En el bosquc habían sido talados árboles enormes que yacían por el suelo caóticamente, raíces mutiladas de sus troncos que habían emergido de la tierra durante el derribo y muñones que todavía rezumaban savia. En el aire quedaba un espacio vertical que parecía insondable; el de más de cien años de sombra que dieran los cedros, las cicutas y los pinos azules del Himalaya. Había algo de desolación y belleza en aquel lugar que recordaba las playas adonde van a morir las ballenas.

Anochecía cuando entramos en Chäme. Una pandilla de mocosos en chanclas de baño se deslizaba por el hielo sobre burdos trineos de madera. Las *batis*, las casas de té, seguían abiertas, abarrotadas de hombres que conversaban sentados sobre esteras en el suelo, bebían y jugaban animadas partidas de cartas.

La luz dorada que provenía del interior de las tiendas le robaba un minúsculo trozo de oscuridad a la calle. Nos llegaron una a una las escenas de una noche cualquiera; la música de una radio, el resplandor azulado de una pantalla de televisión, los aromas de los guisos que se cocían para la cena, y la indiscreta transparencia de una gasa en la ventana.

Después de la larga jornada, de la oscuridad y el silencio cada vez más saturado del camino, la aldea nos sorprendió como un espejismo. Fue como arribar a puerto tras una larga travesía en el mar.

Aquella noche nuestros porteadores no llegaron para dormir. A las ocho de la tarde empezamos a preocuparnos. Ninguno de ellos iba lo suficientemente equipado para soportar las bajas temperaturas de aquella altitud. Decidí salir a su encuentro y Óscar me acompañó. Miguel y Curro se quedaron charlando al calor de la salamandra de hierro y al de su taza de té apretada entre las manos.

Caminamos mucho más allá de la *kira*, la puerta de entrada a la aldea, y nos internamos en el bosque por si alcanzábamos a distinguir la luz de la única linterna de que disponían o, en el caso contrario, que ellos vieran las nuestras. Después de una hora de espera y llamadas sin respuesta regresamos. De estar en su lugar nos hubiéramos quedado a pasar la noche en Koto, situado a 2.360 metros de altitud, y nos pondríamos en marcha muy temprano. Imaginamos que no querrían atravesar en la oscuridad el camino por miedo a que los asaltase la guerrilla, o la policía de Chäme los confundiese con guerrilleros (en la actualidad la guerrilla ha abandonado la lucha armada tras negociar con el gobierno de Nepal).

—A veces abren fuego. La emprenden a tiros unos con los otros —nos explicaba Pasang por la mañana, recién llegado, secándose el sudor que le perlaba la frente por el esfuerzo.

Chäme era el único pueblo, en muchos kilómetros, mejor dicho, en días a la redonda que contaba con su propio banco; una rústica casita de madera, con barrotes en la ventana y un policía apostado en la puerta que añadía una nueva pincelada de surrealismo a la villa. Mientras, Miguel y yo comenzamos lentamente el ascenso a Pisang para que Óscar y Curro, que habían ido a cambiar euros por rupias, tuvieran tiempo de alcanzarnos.

Los límites de Chäme estaban marcados con una *kira*, un arco de piedra como el que habíamos encontrado en Tal, que señalaba el principio de una nueva cultura, la del budismo tibetano. En ese mismo lugar había un muro *mani* repleto de losas de gneis y pizarra cinceladas con mantras, que se amontonaban como bandejas en un aparador. En el centro, gozando de una situación más privilegiada, seis de ellas contenían cada una de las sílabas del mantra *Om mani padme hum*, que Miguel leyó en voz alta. «Mira», me dijo sacando por encima del forro polar una chapita de plata que llevaba colgada del cuello y que tenía grabado el mismo texto. Me sorprendió que la llevara consigo después de tanto tiempo. Yo misma la había hecho grabar a un joyero y se la había regalado, como un amuleto de buena suerte, antes de partir hacia alguna montaña en el pasado. Los budistas creen que recitar el mantra, una y otra vez, leerlo, escribirlo o escucharlo invoca la energía positiva del mundo en su interior, por eso lo colocan en lugares donde los caminantes puedan verlos. La importancia del mantra no reside en el significado de éste, sino en el sonido que resulta de la concatenación de las sílabas, de la fuerza que emana de la musicalidad cuando se recita repetidas veces.

Hacía frío y sol, una deliciosa combinación para caminar. El graznido de los cuervos, apostados en las ramas y los peñascos, se propagaba largamente en el aire.

Caminamos a solas el resto del día, los arrieros no conducirían las reatas de mulas más arriba de Chäme hasta la llegada de la primavera, cuando fueran reconstruidos nuevamente los tramos que desaparecieron barridos por las avalanchas y ya no existiera el peligro de quedarse bloqueados a causa de una repentina nevada.

La primera gran cascada de hielo apareció sobre las casitas de piedra de Brantang, en la orilla oriental del río. Se trataba del Velo de Novia, bautizada así sobre el mapa topográfico, en la oficina de Sanga, antes de partir. Nos sacamos la mochila para contemplar detenidamente aquella poderosa columna que descendía entre los bosques verticales, y que se volvía más cristalina a medida que se acercaba al suelo, rematando en un encaje de estalactitas casi transparentes. Era como José Ramón la había descrito. «La reconocerás inmediatamente, es un auténtico velo nupcial», había dicho.

—¿Te lo crees ya, Curro? —le preguntó Miguel. Pero Curro se había ido mentalmente, piolets en mano, a escalar su primera cascada y contestó con un «ya te digo» que sonó venido de ultratumba.

Inmediatamente por encima de los contrafuertes de color jade, la inmensa mole blanca del Annapurna II asomaba medio cuerpo fuera de este mundo. Planté la cámara de vídeo en el trípode para poder atraerla con el *zoom*. El viento soplaba con fuerza en la arista de la cima dejando al descubierto el color azul del hielo genuino. Oí a Miguel que me decía que se iban hasta la base de la cascada para comprobar si era posible acceder a ella y que esperaban que el puente estuviera en buen estado y no sé qué cosas más, pero seguí pegada al objetivo que como un túnel del tiempo me devolvía a mi primera expedición al Himalaya, cuando había intentado, sin éxito, escalar a su hermano mayor, el Annapurna I.

Seguí filmando hasta que ellos volvieron con más información. No iba a resultar nada fácil encaramarse al hielo que colgaba a unos cinco metros del suelo, en el borde de una bóveda de roca.

—¿Y qué te ha parecido, Óscar? —le pregunté.

—Tendremos que espitar para poder llegar hasta donde empieza el hielo.

—Es difícil, pero no imposible —sentenció Miguel, dirigiéndome una mirada renovada por aquel primer desafío.

A poco menos de dos horas de Bratang se encontraba la aldea de Pisang, el lugar que habíamos elegido como campamento base, desde donde podríamos acceder a la cascada del Velo y a las del resto del valle.

El viejo Pisang pendía como una colmena de la falda de una colina amarilla y polvorienta, con las casitas apretadas entre sí, a un centenar de metros por encima de las que se asientan en la ribera oeste del Margsyandi, y a las que el camino atraviesa longitudinalmente, como si éste fuera la columna vertebral de todas las aldeas del valle.

Un hombre llamado Tsiring, que dijo ser el dueño de un *lodge* muy confortable y limpio, insistió en conducirnos hasta la misma puerta de su hospedaje, una robusta casa de piedra, de tres plantas y tejado de madera. Miguel propuso verla bien antes de aceptar, puesto que sería nuestro hogar definitivo y era importante que cumpliera ciertos mínimos.

Subimos las escaleras exteriores de madera al primer piso. Las habitaciones estaban forradas con tablones de pino sin barnizar. Cada una de ellas tenía dos catres amplios, una sencilla estantería y un colgador detrás de la puerta. Luego insistió nuevamente en que lo acompañásemos hasta la ducha, de la que parecía estar muy orgulloso porque representaba todo un símbolo de prosperidad que lo distinguía del resto de los albergues de Pisang. La tarima de madera del suelo estaba cubierta por una gruesa costra de hielo del agua que en algún momento debió de gotear del grifo y que nos hizo sospechar que las cañerías estarían heladas. De golpe se esfumó toda ilusión de tomarnos una ducha, al menos hasta que el carámbano que colgaba como un moco de la boca del grifo no se hubiera derretido.

Cuando estuvimos instalados, Pasang anunció que se iba. Nos llevó hacia las ventanas del comedor para enseñarnos una pequeña casa situada en la parte trasera donde podríamos encontrarlo si lo necesitábamos. Curro les pagó el resto del salario acordado y nos despedimos. Los otros tres porteadores aprovecharían la escasa luz que quedaba para descender a Bratang a pasar la noche.

Tsiring nos presentó al cocinero, un joven de mirada inquieta, de tez muy oscura y cabello azabache que dijo llamarse Utal Gurung y que había entrado en ese momento en el comedor cargado con troncos de rododendro para encender la salamandra y preguntarnos si querríamos cenar alguna cosa.

Nos estábamos descalzando para secar los calcetines y calentarnos los pies al calor que despedía el hierro de la estufa cuando Óscar propuso hacer un reconocimiento de la zona al día siguiente. La idea nos pareció bien. Habría que seguir explorando para localizar nuevas cascadas y elegir aquellas que nos resultaran más interesantes, aprovechando la racha de buen tiempo que estábamos teniendo.

Óscar me buscó con la mirada: «¿Qué?, ¿no hay música?». Luché contra la desgana de calzarme las botas y abandonar el calorcito que empezaba a atravesarme la planta de los pies. Fui en busca del CD, los altavoces y el cargador de baterías del vídeo aprovechando el viaje.

La música nos comió la lengua, nos sumió a cada uno en nuestros propios pensamientos. Quién sabe hasta dónde y con quién se fueron en aquel intervalo de tiempo mientras Utal preparaba la cena y le oíamos faenar con los cacharros de aluminio en la cocina.

Me gustaba la idea de quedarnos en aquel lugar durante la exploración de las cascadas, así tendría la oportunidad de charlar con la gente del lugar y conocer un poco más sus costumbres.

Si juntaba todos los meses que había estado en el Himalaya, sumaban un total de diecisiete meses, casi dos años de los que la mayor parte había transcurrido en las nieves perpetuas de las montañas, persiguiendo un objetivo, como persigue un cazador a su presa, aunque esa presa resultaba ser, al fin y al cabo, uno mismo. Esta vez me había tomado aquel viaje como una tregua para abrir

lo que nos esperaba más arriba. Se suponía que éramos los primeros en ascenderlas, así que no podíamos saber a ciencia cierta cuál era su longitud, ni el estado del hielo, ni dónde se podían instalar las reuniones o si sería posible descender por el bosque una vez finalizada la escalada.

Estábamos plantados en la base, vistiéndonos los arneses, los cascos y toda la demás «cacharrada». Me pareció de una excentricidad sublime el haber cruzado un tercio del globo terráqueo para ascender por un río macizo, alejados de cualquier mirada, medio perdidos en una arteria del Himalaya.

Curro se encaramó el primero al muro de hielo, seguido de Óscar, de Miguel y de mí. Los vi desaparecer uno a uno por el borde del primer resalte, clavando los crampones y los piolets que parecían una prolongación natural de sus brazos y de sus pies.

Nuestras dudas acerca de las condiciones del hielo se disiparon en un primer momento, cuando tras los primeros golpes comprobamos que la humedad superficial no afectaba a la resistencia de éste ni a nuestra seguridad. Pero sí comentamos que de haber tardado un par de semanas más nos habríamos encontrado con el principio del deshielo y que la próxima vez que viniéramos lo haríamos en el mes de diciembre.

La cascada estaba formada por una sucesión de muros que variaban entre los diez y los cuarenta metros de longitud. De una inclinación entre setenta y setenta y cinco grados, intercalados con pequeñas terrazas inclinadas sobre las que se caminaba sin necesidad de utilizar los piolets. El cañón estaba resguardado del viento y de los rayos del sol, y mantenía constante una temperatura de unos siete grados bajo cero.

A nuestras cortas charlas colgados en la reunión, intercambiando impresiones, les sucedían largos intervalos de escalada en silencio. Aunque no lo tuviera en el radio de visión, un estrépito como de vasos de cristal estrellándose contra un suelo indicaba que él seguía progresando. Sentí una mezcla de calma y de emoción por el reto que me brindaba cada nuevo muro de hielo. Visualizaba cada paso, analizando los problemas que encontraría y midiendo la fuerza que debía emplear en cada caso, para no agotarme innecesariamente y acabar colgando exhausta de la cuerda.

Recorrimos cuatrocientos metros de desnivel hasta encumbrar el río de hielo. Era como escalar por el costado de un animal que estuviera en hibernación. Decidimos dejar las felicitaciones para cuando nos hallásemos en el suelo. Estábamos a menos de una hora de cruzar la comprometida línea de la oscuridad y nuestros frontales se habían quedado, todos, a pie de vía. Había que descender cuatrocientos metros, deprisa y sin cometer errores.

Miguel y Óscar tomaron la delantera. Al final de cada rapel instalaban una nueva reunión en los troncos de los árboles que crecían al borde del hielo. Una vez que Curro y yo, que descendíamos en último lugar, recuperábamos las cuerdas, eran colocadas en el siguiente tramo del rapel sin pérdida de tiempo. Bromeábamos acerca de si los árboles aguantarían, pero, antes de lanzarnos hacia abajo, cada cual hacía su comprobación y echaba sin disimulo un vistazo al sistema de cordinos que pasaban como una abrazadera por el tronco de los árboles.

La noche nos pilló con los dedos a pocos metros del suelo. Afortunadamente Óscar se hallaba ya en medio de la explanada del valle y nos guió con la luz del frontal. Se encontraba en el mismo punto donde, once horas antes, nos colocábamos el material de escalada y en el que habíamos dejado las botas de trekking y los frontales. Recogimos todo en medio de un viento insufrible que nos había sorprendido en el momento de abandonar el cañón. Sin demora, emprendimos el regreso a Pisang.

Parecía que el camino se había estirado. Incluso pensé en la posibilidad de que nos hubiéramos equivocado. La mochila me parecía muchísimo más pesada y no entendía el porqué. La incógnita quedó despejada cuando tuvimos ocasión de comprobar que las cuerdas no sólo estaban un poco húmedas, como en un principio habíamos comentado, sino que estaban totalmente embebidas en agua.

Utal apareció en el comedor al oír nuestros pasos por la casa. La estufa estaba apagada y tampoco habían puesto a funcionar el generador, así que nos encontró escribiendo el pedido de la cena a la luz de un mechero. Titubeó unos segundos y leyó en voz alta para asegurarse. «Pollo no. No es posible. Lo siento» y sonrió como si estuviera hablando a una panda de ingenuos. Nos tuvimos que conformar con un par de huevos fritos con patatas. «Bueno, pero mañana cae un pollo, será que ahora es tarde, ¿no?», dijo Óscar frotándose las manos después de conseguir la primera llamarada en la estufa.

Pero tampoco hubo pollo. Al día siguiente nos dimos cuenta de que no podríamos llegar a un acuerdo. Utal acabó por ir en busca de Tsiring. Decía que no y que no por mucho que le señalásemos las gallinas que correteaban por el patio, lo que no hacía sino provocarle más la risa. A Tsiring parecía costarle decirnos de qué se trataba:

—Lo siento, sir, las gallinas no se matan, sólo son para poner huevos. —Y si con esta explicación no estaba todo aclarado, tras una pausa de suspense añadió—: Los budistas no matamos animales, sir.

Óscar siguió con la boca abierta y los ojos como platos. Todos sabíamos que a continuación le tocaba un oportuno chiste de los suyos, pero, como también era habitual en él se limitó a hacer un gesto de «pues ya te vale» y a callarse para sí lo que pensaba. Con esta simple explicación terminamos de una vez con el enigma de por qué a lo largo de todo el camino no habíamos encontrado ni un restaurante donde se sirviera carne.

El comedor quedó totalmente tomado por nuestra ropa que colgaba de las sillas y las vigas, por el material que dejamos extendido sobre las mesas esperando ser nuevamente repartido y reordenado, y por las cuerdas que colgaban empapadas del respaldo de los bancos. Acordamos que dedicaríamos la jornada a descansar para darle tiempo a que se secaran. Resultaba costosísimo mover tantos metros con el añadido peso del agua.

Justo después del desayuno coincidí con Miguel en la ducha para hacer la colada. El carámbano de hielo seguía fielmente soldado a la boca del grifo. Las corrientes de aire se encargaban de su buen estado de conservación.

Repartimos el agua caliente que nos trajo Utal en dos baldes y la mezclamos con bastante agua fría.

—Cuéntame qué te está pareciendo. Siempre has tenido ciertas reticencias a lo de estar en grupo —me dijo Miguel.

Un lavadero podía ser un lugar tan bueno como otro cualquiera para las confidencias. Me reí pero era cierto, y él sabía, mejor que nadie, que mi temor estaba del todo justificado.

—Me siento muy cómoda, ¿no se nota? ¿Y a ti, qué te parece?

—Ya te dije, antes de venir, que mi objetivo prioritario era pasar unas semanas entre amigos. Que nos lo pasáramos bien, y si además podíamos subir esas cascadas, pues perfecto, que es lo que mejor sabemos hacer, ¿no?

—Ya tenemos una. ¿Estás satisfecho hasta el momento?

—Sí, hasta el momento sí. La verdad es que todo ha ido muy bien. Esperemos que el tiempo nos siga acompañando. Te sentías bien escalando ayer, ¿verdad?

—Sí, segura. Sin tensión, me dejaba llevar.

—Te vi bien. Se notan todos estos años en los que no has dejado de subir montes. Parece que te encontraras en el Pirineo en lugar del Himalaya. —Sonreí para mis adentros mientras recordaba el Pobeda—. Tampoco te confíes, algunas de estas cascadas van a ser más largas y más duras. Por cierto, ¿qué nombre te gustaría ponerle?

—Pásame el jabón un momento. No sé. Elegid vosotros. Pregúntale a ellos, iban abriendo, ¿no? Les corresponde ponerle un nombre —contesté.

—¿No pensaste en ninguno? —volvió a insistir.

Dudé por un momento la respuesta. Me pareció pretencioso, y como Miguel no era nada discreto con las confidencias que le hacíamos sus amigos, estaba segura de que acabaría por contárselo a ellos.

—Ría de Vigo, ¿te gusta?

—Propónselo, es un nombre bonito —insistió.

—No, Miguel, prefiero que lo elijan ellos, ya tendremos oportunidad cuando subamos otra.

Cuando regresé de tender la colada en los cordeles de las escaleras Miguel sacó nuevamente el tema. Óscar y Curro dejaron lo que estaban haciendo para prestar atención.

—¿Alguno tiene un nombre para la cascada? —Nadie contestó—. Chus tiene uno. Venga, dilo. Le vamos a llamar «Chus Lago».

—Pero ¿qué dices, Miguel?

En mi cabeza le retorcí el cuello como a un pollo, y, como si lo hubiera adivinado, me dedicó una sonrisa llena de sarcasmo.

—¡Pues dilo! —inquirió con la mayor de sus mordaces sonrisas.

Consideraba que aquel honor le correspondía a ellos dos, ya que habían encabezado la escalada la mayor parte del tiempo. Me costó responder, pero los tres me miraban esperando que hablara.

—Ría de Vigo —dije.

Para mi sorpresa, Óscar añadió que sonaba bien, que por él no había ningún problema en que se quedara con ese nombre. A Curro tampoco le desagradó.

—Sí, es bonito, ¡sea! —dijo.

Me sentí aliviada de no tener que competir con otras ideas candidatas, pero por otro lado sabía que lo habían hecho por no hacerme un feo.

Decidí salir a pasear hasta la hora de comer. Tomé la chaquetilla y bajé a la calle. Tsiring charlaba con un grupo de ancianos que estaban sentados en un tronco arrimado a la puerta de su casa.

Reparé en ellos mientras pasaba cerca. Tenían esa vejez de

antes, de la que ya no queda. La habían prohibido en los anuncios publicitarios, yo diría que estaba perseguida. Me recordaron a las manzanas que mi tía Agustina ponía en la repisa de la ventana para que se deshidrataran. Se iban arrugando como su propio rostro en el que los ojitos se le habían ido hundiendo un poco más a cada invierno que pasaba. Sentí una punzada en la garganta cuando se me vino su recuerdo a la memoria. Un día, sin más, dejé de visitarla. No podía explicarle a nadie el porqué, ni a mí misma. Era el miedo a verla cambiar, a que cambiara aquel paraíso que había sido su casa durante mi infancia. Un cuento en el que ella era mi hada. Pero mi hada empezó a morirse, se fue apagando silenciosamente como una lucecita.

Saludé con un «*namaste*» al que respondieron con un dulce «*namatée*» desdentado. Los dejé detrás de mí sintiendo que me seguían con la mirada, pasando las cuentas del *mala* y del tiempo distraídamente. No tenía muy claro adónde quería ir hasta que redescubrí las casas de Pisang en lo alto de la colina.

En la otra orilla, el camino se transformaba en una calzada de losetas aplastadas que atravesaba las huertas. Subí por la empinada escalera que se internaba en la aldea.

Cada casa estaba unida a la siguiente. Los muros, irregulares, abombados y ennegrecidos de tantos siglos de intemperie, parecían existir al margen del tiempo, de la modernidad que había entrado como un viento fresco en el valle hasta el mismo cuarto de ducha del *lodge* de Tsiring.

En lo más alto de la aldea encontré una casa deshabitada y no pude reprimir la curiosidad. La puerta de entrada daba directamente a una estancia inmensa que estaba completamente vacía. Las venas de la luz atravesaban la oscuridad desde unas pequeñas ventanas sin cristal que estaban situadas bastante altas. En el centro de la habitación el suelo tenía un gran rectángulo sin piso desde el que podía verse el establo. Las vigas y las ventanas conservaban tallas y pinturas que, aun descoloridas y carcomidas, dejaban entrever que la casa había sido bella en su día. No quedaba en ella ni un mueble, ni restos de objetos personales de aquellos que la habían habitado y me pregunté cuántos, quiénes, a dónde y por qué se habrían ido. ¿Por qué algunos eligen establecerse en lugares tan remotos donde la vida resulta tan sumamente dura?

La respuesta a mi pregunta podía encontrarla allí fuera, en cualquier parte adonde dirigiera la mirada.

La aldea estaba orientaba al valle, cara a cara con la gran cordillera, expuesta al aliento helado de las cumbres y al rocío sin pudor de las noches. El sol desenvainaba media hora antes sobre los tejados del viejo Pisang que sobre los tejados de las casas del río, y las nieves eternas del Himalaya rezagaban con su reflejo más tiempo el momento del atardecer. El nuevo monasterio se hallaba en una explanada hecha a posta en la falda de la montaña. Parecía un búnker de hormigón con tejados dorados. Estaba cerrado a cal y canto como Tsiring ya me había advertido: «Los monjes se van a la India durante algunos meses del año».

El viento había empezado a soplar con fuerza. Me senté al amparo de un bosque que rodeaba un *chorten*, un pequeño templo budista. Sobre el muro habían depositado calaveras y cuernos de yak para que, a golpe de verlos cada día, los caminantes acabaran familiarizándose con su destino. Debe de ser una gran liberación vivir sin tener miedo al momento de la muerte.

Cuando entré en el comedor hacia las cuatro y media de la tarde, Miguel me recibió con una mirada cargada de reproche.

—¿Dónde has estado? —me inquirió, y le respondí con una sonrisa irónica de las suyas.

—Ayúdame a recoger las cuerdas, ya que Óscar se ha tomado la molestia de ponerlas a secar. Vamos antes de que empiece a nevar. —Por el tono de su voz, comprendí que quería que sintiera que había descuidado mis obligaciones con el grupo.

El cielo se había oscurecido completamente, yo había visto desde el monasterio la llegada de las nubes justo por el noroeste cuando todavía eran simples jirones de color gris.

Las cuerdas colgaban de los troncos del vallado para los animales justo frente a la casa. Mientras las estábamos enrollando para trasladarlas hasta el comedor y que continuaran allí su proceso de secado empezó a nevar.

Miguel recogía una tras otra sin mirarme siquiera.

—¿Qué te pasa, Miguel? ¿De verdad crees que es necesario que estemos todos juntos las veinticuatro horas del día?

—No, la verdad —contestó con un tono de haber recapacitado, y luego añadió—: Hay que tomarte como eres.

Creo que Miguel temía un ataque de autismo por mi parte. Le daba miedo que me encerrara en mi cuaderno de notas y en mis paseos a solas, pero no dijo nada más ni yo di más explicaciones. Miguel tenía unas innegables dotes de líder, aunque yo pensaba que no tenía por qué estar ejerciendo continuamente. Por otra parte, imaginé que era algo que se llevaba en la piel y punto.

Deshicimos nuevamente los ovillos de cuerda y la dejamos colgando de los respaldos de los bancos, cerca del fuego.

Desde las ventanas apenas alcanzábamos a ver los techados cubriéndose más y más de nieve. Miguel elucubraba todo el tiempo sobre lo que debíamos hacer en caso de que el tiempo llegara a estropearse. Nuestros planes de volar desde Hongde a Katmandú en un día se tambaleaban y corríamos el riesgo de tener que regresar caminando nuevamente a Besisahar. Los días que teníamos previstos para la escalada quedarían bastante reducidos. Hartos de marear la perdiz decidimos esperar a ver qué ocurría durante las siguientes cuarenta y ocho horas y tomar, entonces, una decisión al respecto.

A media tarde Tsiring nos hizo compañía. Ordenó a Utal que sirviera potes de té y café con leche para todos y llamó a su mujer, una joven de entre unos veinte o veinticinco años, con el cabello negro recogido en una larga trenza. Llegó con un bebé en brazos y se puso a darle de mamar al calor del fuego. Se me ocurrió preguntarle si había bajado a la ciudad para dar a luz. Habíamos visto a una mujer remontar el sendero de Chäme sobre una enorme mula llevando a un recién nacido en brazos. La seguían a pie algunos de sus familiares y amigos, lo que nos hizo pensar que seguramente vendría de un hospital de Katmandú.

—No, nació aquí mismo, en Pisang —contestó dejando su taza en una esquina del banco e inclinándose hacia delante para crear un ambiente de confidencias.

Realmente no era lógico que cada vez que una mujer fuera a dar a luz recorriera semejante distancia. Tsiring tenía una buena posición económica, cuando sus niños tuvieran edad suficiente podría enviarlos a estudiar a una escuela de Katmandú, como muchos de los sherpas que habíamos conocido. Trabajaban duramente en las expediciones como porteadores y luego levantaban un fabuloso *lodge* en el valle del Khumbu.

Tsiring nos contó que en el momento del parto, a finales del pasado mes de noviembre, había comprendido que su mujer no podría hacerlo sola. Observó con impotencia cómo su rostro se le desencajaba de dolor sin poder aliviarla y decidió no esperar ni un segundo más. Ensilló un caballo y se llevó dos más, uno para el médico y otro por si surgiera cualquier eventualidad. Cabalgó hasta Hongde lo más rápido que dieron de sí aquellos animales a 3.000 metros de altitud.

Había contado, con angustia, cada hora que pasaba desde que aconteció la primera contracción, cuando se encontró a Sunita asida fuertemente al pasamanos de las escaleras y tuvo que tomarla en brazos para llevarla hasta la habitación.

En Hongde los vecinos ayudaron al doctor a encaramarse al lomo de su caballo, estaba completamente bebido, y durante el camino a Pisang se cayó dos veces al suelo, afortunadamente sin consecuencias para él. Para cuando entró en el cuarto de Sunita el frío de la noche y los golpes lo habían despejado ya completamente. La examinó y comenzó a dar órdenes de que le trajeran inmediatamente agua caliente y trapos limpios. El angelito se había empeñado en llegar de nalgas a este mundo.

Inmediatamente recordé un detalle. Fue al regresar del Annapurna en el año 1991. Nos hallábamos cruzando los altos pastos del oeste cuando nos encontramos a una vaca hinchada como un globo que yacía muerta en el suelo. Había sido incapaz de parir el becerro que llevaba en sus entrañas y que malamente le asomaba por el cuello del útero que estaba muy poco dilatado. El pastor le contó a nuestros porteadores que el pobre animal se había pasado la noche y el día mugiendo de dolor.

El relato de Tsiring y el recuerdo de aquel animal con los ojos abiertos sobre la hierba me hicieron cruzar los brazos y las piernas de forma instintiva.

Óscar le mostró la fotografía que llevaba pegada a una hoja del diario. Era de sus dos hijos y de su mujer, Marta, hecha en el salón de su casa, en Madrid. La fuimos pasando de mano en mano hasta que todos la vimos. Cuando volvió a sus manos la miró detenidamente. Se le había puesto cara de nostalgia.

No puedo precisar exactamente qué mecanismo se desencadenó, pero de un momento a otro pasamos de hablar de la vida a hablar de la muerte. Puede ser que fuera yo la que insistió en averiguar qué hacían con los cadáveres, si los incineraban o los enterraban.

—No he visto ningún cementerio. Miguel, ¿recuerdas en el valle del Khumbu, el cementerio de los sherpas?

—Estoy seguro de que los incineran —respondió—. Pero ahora que lo dices, tampoco he visto ninguna pila funeraria. Pregúntaselo.

Necesité un tiempo para escoger las palabras en inglés. Tsiring aguardaba pacientemente.

—Eso depende del lama —me respondió tomando en brazos a su bebé. Comprobó que tenía las manitas calientes dentro de las manoplas y prosiguió—: Es él quien decide qué tipo de ceremonia ha de realizarse en cada caso. Puede ser un sepelio en el agua, una sepultura en la tierra, la cremación, que es la más habitual, o que el cadáver acabe siendo devorado por las aves. Pero eso es algo que desde hace unos diez años aquí ya no se hace.

Sunita le quitó al niño para llevárselo mientras le indicaba a Utal, que estaba muy atento a la tertulia, que era hora de comenzar a preparar la cena. Antes de despedirse preguntó si queríamos que pusiera en marcha el generador. Le contestamos que sí porque necesitábamos cargar las baterías del vídeo nuevamente.

La luz llegó como un soplido débil que estuvo yendo y viniendo hasta que por fin se agarró con fuerza a la resistencia de la bombilla y se estabilizó. Miramos a Tsiring para animarlo a continuar con su relato.

—La última muerte que recuerdo es la de mi vecino y amigo Onil. Su cuerpo fue descuartizado y sus restos se esparcieron en un claro del bosque. Cientos de águilas llenaron el cielo. —Lo que en realidad había llenado el cielo como si fuera una nube de tormenta habían sido las bandadas de buitres leonados acudiendo a la llamada de la carroña—. El cuerpo ya no le servía para nada. —Hizo una pausa—. Era invierno. Las águilas tenían hambre. Era algo bueno alimentar a aquellos animales.

La noche que el viejo Onil cerró los ojos para siempre en esta vida, nevaba con cierta desgana y paz.

Tsiring lo recordaba bien porque entró en la aldea guiado por la única vela que permanecía encendida en una ventana. Pensó que Onil aún estaba despierto.

Se había entretenido más de la cuenta en comprobar cómo se encontraban sus caballos en la ladera este del pico Pisang. Estaba disgustado. El *lita* le había matado a los potrillos más jóvenes. De buena gana hubiera terminado con esa bestia, nos dijo. Semanas antes otro leopardo había atacado a una vaca que pacía en los prados que están más allá del puente. Se acercan a sus víctimas, enrollados sobre sí mismos, con tal sigilo que no levantan sospechas. Cuando están tan cerca que la huida es imposible las atacan con un certero mordisco en la garganta.

Al día siguiente Tsiring echó en falta el humo azul del enebro a los pies de la *kira*, la puerta de entrada a la aldea, allí donde los malos espíritus se detienen. Onil prendía un manojo de ramas secas cada mañana, justo después de que sonaran los *kikiriquís* del sol. Entró en la casa y se lo encontró, tal como la muerte lo había dejado, recostado en el banco cerca de las brasas. La vela se había desparramado en el dintel de la ventana como un reloj harto del tiempo.

Cruzó el puente y ascendió, sin prisa, hasta la vieja aldea.

Entró en el monasterio. Debía contar al lama que Onil había fallecido. Se sentó en un banco que estaba cubierto por una pesada alfombra de lana. Mientras esperaba se perdió en la contemplación de los *thangkas*, pinturas religiosas del budismo tibetano. Algunos de los lienzos, minuciosamente trabajados, seguían en los caballetes a la espera de ser concluidos. Se acercó un poco más para ver de cerca. Le pareció impresionante. Hasta los budas eran más pequeños, menos que el dedo meñique de un bebé, tenían cejas, pestañas y hasta uñas.

Tsiring nunca había estado en el Tíbet. Sus padres habían huido durante la invasión china en el año 1959. Cuando llegaron las noticias de que los saqueos se estaban produciendo en aldeas cercanas a la suya, abandonaron la estepa siguiendo al Dalai Lama en el exilio. Atravesaron durante días el Himalaya para refugiarse en los cálidos valles de Nepal. Otros continuaron más al sur, hasta la India, donde también se establecieron.

Todas las imágenes que tenía de aquel país, situado allende las fronteras invisibles de Manang, pertenecían a recuerdos prestados por sus padres y a postales como la que un día encontró en una tienda de Katmandú, de un hombre que cabalgaba por un paisaje de montañas gastadas, vestido con un largo sombrero de fieltro y botas hasta la rodilla. Onil le había descrito la estepa. Era como el «om», el sonido que engloba todos los sonidos del universo y todos los silencios, era como el vacío que deja un mar disecado. Le bastó para imaginársela, arrugada como el rostro de su madre, del mismo color miel de sus ojos, asediada por el viendo que silbaba a través de las flautas heladas del Himalaya.

No recordaba cuánto tiempo permaneció a la espera de que el lama consultara los tres libros sagrados. Tsedup Rimpoché, así se llamaba el lama de aquella comunidad, debía contrastar la fecha del fallecimiento del viejo, la de su nacimiento, las circunstancias en las que ambas habían transcurrido y la posición de las estrellas aquella misma noche. La suma de todas ellas daría con el modo en el que debía ser llevado a cabo el funeral.

A Tsiring le gustaba la idea de que el cuerpo de su viejo amigo terminara en el honorable estómago de los buitres. Onil las veneraba porque no tenían que matar a otros seres vivos para asegurarse la existencia. Lo prefería a la incineración, o al enterramiento. No sabía por qué, pero pensaba que la oscuridad y aquella lenta putrefacción no eran maneras tan dignas y que al viejo tampoco le hubiera gustado.

Tsedup Rimpoché, abrigado con su chador carmesí de invierno, apareció finalmente y se sentó a su lado. Y ambos conversaron largo tiempo. Los vaticinios del horóscopo decían que el cadáver debía ser devorado por las aves carroñeras.

Regresó a casa despacio. La conciencia de Onil no había tenido tiempo todavía de abandonar su cuerpo. Nadie, ni siquiera él, debía perturbar aquel momento.

Todos en la aldea recuerdan la llegada de los buitres y los quebrantahuesos, al menos un centenar, venidos de todas las partes del cielo. Planearon en círculo sobre un claro del bosque hasta que finalmente se posaron.

—Era algo bueno —insistió mirándonos uno por uno—. Era invierno y la aves estaban hambrientas.

Nos habíamos quedado absortos, atrapados en sus ojos y en la mímica de sus manos simulando el planeo de las aves y las zarpas del leopardo de las nieves.

Óscar metió un ascua de rododendro en la estufa. Utal interrumpió en la sala con la bandeja de la cena. Pronto apagarían el generador y Tsiring se excusó hasta el día siguiente complacido de haber desempeñado el papel de anfitrión, prometiéndome que mañana me contaría muchas más cosas.

Nos esperaba una larga jornada al amanecer así que tan pronto acabamos de cenar subimos inmediatamente a acostarnos.

Oí a Curro, en el cuarto contiguo, que se lamentaba de que las correas de sus crampones se le hubieran helado. El cielo abría una tregua de estrellas y la temperatura había descendido a diecisiete grados bajo cero.

Nos tuvimos que lavar los dientes con el agua caliente del termo porque la que había en las cantimploras estaba congelada. También tuvimos que hacer turnos para entrar en el retrete ya que todos habíamos coincidido al mismo tiempo, justo antes de acostarnos.

Desperté en la más absoluta oscuridad. Tanteé el pantalón y la chaqueta de plumas que había dejado sobre el catre de al lado para no perder tiempo en buscarlo y me vestí. Al abrir la puerta de la habitación me encontré con que la mesa y las sillas de la terraza estaban cubiertas con unos veinte centímetros de nieve en polvo. Las huellas de pisadas en las escaleras indicaban que el resto del grupo ya había subido a desayunar.

Entré en el comedor detrás de Utal que, en aquel preciso momento, empujaba la puerta con la cadera mientras sostenía una bandeja repleta de pan tibetano y huevos fritos. Saludé con unos buenos días y me serví café. La idea de volver a escalar nuevamente provocaba una animación impropia de aquellas horas de la mañana.

—Buenos días, María. ¿Qué tal has dormido? —canturreó Miguel.

—Yo bien, ¿y vosotros? —contesté.

—Ni me he enterado —dijo Curro, que parecía que llevara ya horas levantado y estuviera ansioso por salir.

—¿Has visto qué sol? —bromeó Óscar—. Acuérdate de ponerte la crema.

Dibujamos las primeras huellas que salían del pueblo en dirección a Hongde. La nieve en polvo saltaba por el aire ante la puntera de nuestras botas con más ligereza que la harina. La temperatura había remontado a menos tres grados y no hacía ni pizca de viento.

Caminamos en fila de a uno, completamente en silencio hasta alcanzar la cabecera del valle. Por debajo del collado las huellas de algún animal salvaje habían quedado impresas en el camino y volvían a perderse de nuevo al otro lado del bosque.

Miguel, con voz teatral, dijo que se trataba del leopardo de las nieves pero enseguida lo desmintió.

—Son de un venado. Y no son frescas, de ayer por la tarde.

—Bueno, si querías impresionarnos lo has conseguido. Pero ¿no crees que se habrían tapado? —dije en vista de lo que estaba cayendo.

—Las protegen los árboles. ¿Ves?, aquí nieva menos.

Nos introdujimos campo a través justo antes de llegar al pueblo de Hongde. Cruzamos por el río helado hasta situarnos en el inicio de la cascada, al amparo de una concavidad de roca. Nos vestimos los arneses, los crampones y nos encordamos para empezar la escalada.

A mi pregunta sobre qué le parecía aquello, Miguel respondió que «ya se vería», y buscó con la mirada la posibilidad de que una avalancha pudiera irrumpir mientras ascendíamos por el callejón, algo que le había estado rondando por la cabeza toda la noche.

—No puede volver a suceder lo del otro día. A las tres de la tarde hemos quedado en dar la vuelta, estemos donde estemos. ¿Qué dices?

—Que me subo el frontal de todas maneras —contesté.

—Bien, nunca se sabe. ¡Listo! ¿Estás?

Terminó de ajustarse las dragoneras de los piolets a las muñecas. Se cercioró de que yo estaba preparada con una instintiva mirada por encima de su hombro.

Lo observé mientras escalaba. Se movía con absoluta seguridad, sin el menor atisbo de duda. Clavó con precisión la punta de los piolets una y otra vez realizando movimientos siempre muy controlados. Transmitía la confianza que en sí mismo poseía.

Por encima de Miguel, los árboles que crecían en el borde de la cascada soltaban al aire la nieve que ya no podían soportar y cuyo peso amenazaba con quebrarles las ramas.

Me reuní con él por encima del muro y proseguimos un largo tras otro con la mayor presteza posible.

La niebla se fue comiendo el precipicio por debajo de la punta de nuestros crampones. El suelo podría estar a un metro o a mil metros de distancia que daba lo mismo, no se apreciaba. El claveteo de los «pinchos» en el hielo sonaba a corcho, como si una manta invisible lo hubiera forrado todo amortiguando los sonidos.

La pendiente de aquel nuevo río era visiblemente más fuerte que la de nuestra cascada anterior. Tenía una inclinación constante, de unos ochenta grados, que rebasó en otros cinco grados más en el muro de salida.

—¿Cómo vas? —le grité al ver que se colgaba de las dragoneras para poder descansar los antebrazos. En ese momento si la punta de sus piolets hubiera saltado se hubiera caído seis metros antes de quedar retenido por mi bloqueador, colgando del tornillo de hielo que estaba a tres metros por debajo de sus pies. Sentí un gran alivio cuando se soltó de uno de los piolets para meter un nuevo tornillo y pasar un seguro.

En aquel penúltimo largo sufrí un principio de congelación en los dedos. Los guantes se empaparon con el agua que discurría por encima del hielo. El llevar los brazos levantados por encima de la cabeza, para poder clavar las herramientas, agravaba el problema de circulación y favorecía a su vez el enfriamiento de los dedos. Fue casi instantáneo, en unos segundos sentí como éstos empezaban a paralizárseme. Clavé desesperadamente los piolets y los crampones para alcanzar la siguiente reunión.

—Toma, toma, ponte los míos hasta que entres en calor —se ofreció Miguel sacándose sus guantes.

Estaba a punto de llorar de dolor. En ese momento todo lo que pasaba a mi alrededor dejó de importarme, sólo quería que aquel cuchillo imaginario dejara de amputarme los dedos. A mi espalda llegó Óscar jadeando por el esfuerzo. Quedó temporalmente excluido de aquel asunto que a Miguel y a mí nos tenía ocupados. Por fin, tal como vino el dolor se fue y pude devolverle los guantes. Óscar necesitaba que le ayudara a recuperarse. Las cuerdas pesaban una enormidad. Estaban completamente mojadas y él se encontraba en una posición desfavorable para tirar de ellas. No sabíamos qué le sucedía a Curro que avanzaba muy lentamente y gritaba cosas que no podíamos entender. Me dejé caer hacia atrás para ver qué estaba haciendo. No podía oír qué me decía ni alcanzaba a verle más de medio cuerpo. Cuando ya se acercaba a la reunión supimos que los dedos le dolían tanto por la congelación, que ya no era ni capaz de moverlos. Se metió las manos en las axilas y cuando se rehízo del dolor continuamos subiendo.

Desde la cumbre de la montaña que estaba situada a 3.500 metros de altitud, el paisaje se mostró tal y como lo veían los pájaros. Los árboles eran corolas de paraguas a medio abrir y el valle una anchísima y larga arqueta blanca. Sobre la llanura de una meseta descubrimos otra aldea, que, si bien ya la habíamos localizado en el mapa, no habíamos tenido oportunidad de verla desde ningún otro punto del valle. El origen de la cascada era un ojo de cristal, una pequeña órbita helada que recogía el agua de la lluvia y del deshielo y que luego lloraba montaña abajo hasta unirse al Marsyngdi.

Guardamos el material sin demora. Lo que más trabajo dio fueron las cuerdas. Estaban totalmente rígidas y habían multiplicado su peso.

Era esa hora en la que el frío paraliza las gotas que se balancean en la punta de las estalactitas, silencia el débil flujo de los regatos, deja tiesas las cintas de la mochila, los guantes y te muerde los dedos, la nariz y las orejas.

Miguel y yo descendimos el bosque vertical en busca de una ruta de escape que nos condujera lo más cerca de la base y quedamos en que los esperaríamos allí.

—Enhorabuena —me dijo Miguel—. ¿Te ha gustado?

—Me ha gustado, y me ha gustado escalar contigo.

—A mí también, María. —Me dio un beso fraternal que me dejó la cara mojada.

Se atusó el bigote para secarse las gotas de agua que le colgaban cerca de la boca y sonrió.

—Escucha —me dijo.

—No oigo nada —susurré prestando atención.

—A eso me refiero.

Volvimos a cargarnos las mochilas. Desde lejos contemplé la cascada una vez más. Era como una lágrima bajando a saltos por la mejilla de una montaña que ya tenía ojos, boca, rostro y alma.

Durante las once horas que permanecimos fuera, Tsiring se preguntaba qué estaríamos haciendo, porque si no habíamos venido a escalar el Pisang, como hacen todos, entonces no lo podía entender. Decidí mostrarle las imágenes de vídeo que había estado grabando ese mismo día. Nunca en su vida había visto cosa semejante, que se escalara un río de hielo. Y se levantó para coger uno de los piolets que colgaban de la viga del comedor y tantear el filo de la hoja.

—¿No se rompe?

—No debería, pero a veces sucede —contestó Curro, enseñándole cómo se movía la cabeza de su piolet, que estaba estropeado por los martillazos.

Después de la tregua de buen tiempo de las últimas horas las nubes taponaron el valle y descargaron tanta nieve que los caminos quedaron bloqueados. Llevábamos dos días aguardando que escampara. Tsiring nos aconsejó que descendiéramos. Era inútil aguardar a que la pista del aeropuerto estuviera en condiciones para el aterrizaje de un avión, y el cartero le había confirmado su sospecha de que no esperaban la llegada de helicópteros hasta que el tiempo atmosférico mostrara una contundente estabilidad. Rehicimos el plan inicialmente establecido. Bajaríamos hasta Bratang aquella misma mañana con la esperanza de que allí la nieve fuera menos densa y nos permitiera escalar. Llevaríamos con nosotros sólo lo indispensable y Pasang se encargaría de buscar porteadores en la aldea para que bajaran el resto del equipo tres días más tarde y proseguir juntos el descenso hacia Besisahar.

Nos quedamos sitiados en Bratang. En los alrededores del pueblo no había más huellas que las nuestras. Nadie había subido aquella mañana para confirmar que el camino estaba transitable hacia Chäme.

Curro aseguró que la nieve no cuajaría, que la temperatura era sensiblemente más alta y que el altímetro registraba una subida de tres milibares.

A media noche me levanté del saco, me llamaban las entrañas. Me arrepentí de haber dejado el bote del «pipi» guardado en el petate que se había quedado en Pisang. Al abrir la puerta trasera del *lodge* me encontré con cuarenta centímetros de nieve cubriendo el suelo y otro tanto desafiando la gravedad en el borde del tejado y me acordé de Curro que a buen seguro mearía, tan a gusto, en una bolsa de plástico.

Pasé las horas completamente en vela, dando vueltas en el catre, en busca de una postura en la que distender los músculos lumbares que se me habían tensado como el cable de acero de los puentes, y por los ocasionales pinchazos de una ampolla que me había hecho, no tenía ni idea de cómo, en un dedo del pie.

Las avalanchas caían desde lo alto de los desfiladeros hasta el fondo del valle. Parecían terminar en el reborde de mi saco. Me estremecí, más por el recuerdo de haberlas sentido correr sobre mi tienda en alguna que otra ocasión, arriba en las montañas, que por el temor a que llegaran hasta la aldea. Era del todo improbable que esto sucediera.

Cuando el Velo de Novia se estrelló contra la base de rocas sonó como si una vajilla de mil piezas se hiciera añicos contra el suelo.

—¿Lo has oído? —me susurró Miguel desde el catre de al lado.

—Sí, adiós cascada —contesté resignada y me acurruqué bien dentro del saco.

Nevaba también cuando nos levantamos. Los tejados, los balcones, las escaleras, los árboles, todo estaba perdido bajo un merengue helado.

El altímetro había subido otros dos milibares, algo que la tormenta parecía ignorar.

Por fin el segundo día de espera en Bratang pudimos encontrar quien nos subiera una carta para Pasang, en la que le pedíamos atentamente que enviara a los porteadores lo antes posible para iniciar el regreso a Besisahar.

Estábamos a 2 de febrero de 2003. Aquella misma mañana la comunidad tibetana fuera y dentro del Tíbet celebraba el Losar, el año nuevo, en este caso el 2059. Todos los vecinos de la aldea, una docena en total, se habían reunido en la cocina del *lodge* a beber *chang*, una especie de cerveza hecha con cebada, o *rakshi*, alcohol de arroz, y té y pan tibetano, además habían preparado una tarta y huevos cocidos.

Pasang llegó hacia las once de la mañana del día 2 de Losar. Dejó el petate apoyado en la puerta y entró en el salón nada más verme. Yo estaba escribiendo en un extremo de la mesa, rodeada de folios, con un termo de café con leche, del que me servía de vez en cuando. Era de suponer, puesto que estaba allí, que le habían entregado la carta. Se deshizo en disculpas mientras me explicaba que en lugar de cuatro porteadores sólo eran tres, al hombre que faltaba lo habían dejado en una cabaña, a una hora más arriba, borracho perdido.

—Estamos en Losar, María. Ya estaba bebido cuando salimos de Pisang. No podía caminar ni con su cuerpo —dijo mientras escenificaba cómo habían sido los últimos pasos del porteador maltrecho, antes de caer al suelo de manera irremisible.

No pude reprimir la risa imaginando semejante escena con aquella tormenta.

En menos de lo que canta un gallo estábamos despidiéndonos de nuestros anfitriones de Bratang que seguían con su fiesta y parecían muy contentos de que nos fuéramos, o a lo mejor sólo estaban contentos por el año nuevo.

Algo que se acaba, algo que empieza. Siempre es así. Antes de terminar de hacer nuestras mochilas habíamos planeado que volveríamos los cuatro otra vez, el próximo mes de diciembre.

Cuando atravesamos Chäme los manzanos, cubiertos de nieve, estaban ya a punto de florecer. Los hilvanes del hielo sostenían a duras penas los velos de las novias, soplaba el aire caliente que llegaba del sur. Recuerdo que en el camino a Tal dejamos a Óscar que contemplara, a solas, al Margsyandi ardiendo en la hoguera de la tarde.

En apenas dos días pasamos de los paisajes blancos y los graves silencios de la alta montaña a los tropicales y habitados fondos del valle: Bahundanda, Bhulbule, Besisahar, Katmandú. Dejamos de oírnos por dentro, reabsorbidos por las prisas de las compras de última hora, y las visitas a los palacios y templos y estupas, pretendiendo contemplar en unas pocas horas quince siglos de cultura y de historia.

LA ESTRATEGIA CIRCULAR.
EVEREST 1992-1999

«Vaya, llevamos una guinda en la expedición.» Así se me había presentado uno de los nuevos miembros del equipo del Everest en el año 1992 antes de partir.

Me pregunto qué pensará ahora que la guinda está donde deben estar las guindas, en lo alto de las tartas.

La ascensión al Everest significó sin duda el más importante logro de mi vida deportiva y personal, representó el punto de inflexión del que parte un antes y un después. Descubrí que para escalar una montaña no basta con saber de la ruta, técnica, meteorología, y estar muy en forma. Además, hay que saberlo todo acerca de uno mismo.

Seis meses después de escalar el Annapurna en el año 1991, volvimos al Himalaya, en la primavera de 1992, para escalar el Everest por la arista sureste, la misma ruta por la que Edmund Hillary y Tenzing Norgay realizaron el primer ascenso en 1953.

En lo que a mí se refiere, el Everest no fue un amor a primera vista. Los días posteriores a nuestra llegada al pie de la montaña las condiciones atmosféricas eran realmente desagradables. El campamento base estaba situado en la cabecera del valle del Khumbu, el valle de los sherpas, justo debajo de la Cascada de Hielo. Toda mi atención se centraba en contemplar un paisaje de tiendas de campaña apiñadas sobre el glaciar que en poco tiempo doblaron en número. Aquella falta de intimidad me pareció incongruente. Por otro lado, la convivencia en el seno de nuestra propia expedición empezó a resultar forzada ya desde el principio. Entre nosotros había demasiadas discusiones, conspiraciones y diferencias de opinión.

El equipo había variado en cuanto a los miembros que lo componían en un principio y esto agravó la situación. Más tarde, tendría la oportunidad de comprobar que las aspiraciones de algunos se habían cumplido con sólo alcanzar el campamento base.

Resultaba muy fácil soñar con la cima de cualquier montaña desde casa, mientras se disfrutaba de una agradable temperatura, rodeados de comodidades y con todos los medios al alcance para desconectar de la realidad cuando la situación lo requería. Una vez en el ojo del huracán la situación era diferente. Un campamento base es como una olla a presión, donde se pisan los espacios vitales, donde la generosidad deja de ser una virtud para convertirse en una estrategia. La absoluta falta de confort, el temor a fracasar y el cansancio que proporciona la altitud se encargan de alimentar el fuego.

Aquella primavera, cincuenta y seis personas alcanzaron la cima del Everest, todo un récord hasta el momento. Nosotros podríamos haberlo conseguido, sin duda, pero el objetivo se malogró a causa de las divisiones internas del grupo. «Mírale el lado positivo, siempre se aprende», me diría años más tarde Alberto, el Doc.

Pero había situaciones a las que yo nunca les pude encontrar el mensaje. Por ejemplo, una vez un alpinista de nacionalidad india entró en nuestro comedor. Después de saludar, añadió, pura cortesía, que yo era una chica muy guapa. Sin que viniera a cuento de nada el jefe de expedición le contestó: «Puedes llevártela, si quieres». Aquel chico se había quedado perplejo, yo me había quedado fría.

Sobreponerse día a día a aquella situación desagradable que se repetía con frecuencia resultó un camino más empinado y solitario que ascender la propia montaña. De modo que decidí bajar lo menos posible al campamento base y pasar el mayor tiempo posible en el campamento II, a 6.600 metros, aunque eso supusiese atravesar la peligrosa Cascada de Hielo (al finalizar la expedición, la había escalado un total de dieciocho veces).

Un día, estaba desayunando en el campamento III a 7.400 metros de altitud cuando recibí por radio la orden de «tirar» hacia la cima yo sola. Hasta entonces habían prescindido de mí y no habían contado conmigo como parte del grupo que haría cumbre, así que la decisión me sorprendió bastante, aunque pensé que yo me había convertido en la única baza de la expedición y en esos momentos estaban dispuestos a aprovecharme (cosa que no habían hecho hasta el momento, ya que me tenían poco menos que castigada y marginada). Desde el campamento base, el Doc me sometió a una exhaustiva entrevista para comprobar que la altitud no me había afectado después de tantos días durmiendo entre 6.600 y 7.400 metros.

El plan era el siguiente: yo tomaría el relevo a los tres alpinistas que bajaban y desde el campamento base enviarían a un porteador para que remontase en una jornada hasta el campamento IV. Desde allí ambos intentaríamos la cima. Partí con la idea de que esta última parte del plan era bastante improvisada, tenía mis dudas de que alguno de nuestros porteadores estuviera dispuesto a aceptar. Estaban muy cansados y sobre todo muy desmotivados. Nuestra relación con ellos dejaba mucho que desear. La reciente muerte del ayudante de cocina (había sufrido un infarto), les había dado el definitivo golpe de gracia. No estaban a gusto y no les compensaba el estar allí.

Aun con la duda de llegar a recibir ayuda extra comencé a subir hacia dicho campamento. Estaba muy ilusionada. Al superar La

Franja Amarilla, una beta de cuarzo situada a 7.800 metros que recorre horizontalmente el macizo del Everest y del Lhotse, me crucé con mis tres compañeros. Cuando hablé con ellos, me di cuenta de que toda la ilusión inicial no había sido más que un espejismo.

Según decían, no habían tenido suerte con el tiempo —cosa que era cierta—, y se retiraban definitivamente al campamento base. Uno de ellos tenía la cabeza completamente deformada a causa de la retención de líquidos, sufría de edema por culpa de la altitud. En esas condiciones físicas, aunque luzca un sol de agosto, no se puede escalar el Everest... Así que supongo que ésa era la verdadera razón por la que abandonaban y no solamente las cuestiones climatológicas.

Además, ellos anularon la posibilidad de que nadie más del equipo pudiera hacer cima, ya que no dejaron oxígeno en el campamento IV y le prestaron el regulador y el resto de la comida a un alpinista chileno. De esta manera daban carpetazo a la expedición.

Para redondear la jugada, cuando llamé al campamento base, me enteré de que los sherpas se negaban a subir hasta el campamento IV. Sólo accederían a hacerlo, como era lógico, a cambio de un buen incentivo económico, aunque a mí se me dijo después que lo que no querían era subir conmigo. Por supuesto discutí con los jefes de expedición lo que yo pensaba de nuestra definitiva retirada, pero la situación era imposible, y por supuesto, tuve que descender sin haber conseguido ningún objetivo.

Me encontraba en óptimas condiciones físicas, pero me enfrentaba a un ascenso con demasiadas incertidumbres: sobrepasar por primera vez la altitud de los 8.000 metros sin oxígeno y con los miembros de mi propia expedición divididos.

Regresamos al campamento II. Dejé la mochila en mi tienda y me acerqué a la tienda comedor de la expedición cívico-militar, que en esos días también intentaba escalar la montaña. Estaban al tanto de los acontecimientos, habían escuchado nuestras discusiones a través de la radio y aguardaban mi regreso. Miguel Ángel Vidal, uno de sus componentes, fue el primero en echarme en cara mi falta de valor para seguir adelante, según él no necesitaba el oxígeno. «Llevamos tres horas hablando de ti y hemos decidido que, si quieres, puedes formar parte de nuestra expedición. El coronel está de acuerdo y que conste que tendrías que estar en el campamento IV y no aquí. ¿Por qué te has bajado?»

Para Miguel Ángel Vidal la cosa estaba clara. Era cuestión de creérselo, de confianza en uno mismo. Un alpinista no es alpinista realmente hasta que no piensa y adopta decisiones por él mismo. Comprendí que a mí me faltaba todavía un largo camino por recorrer. Le dije que había demasiada precariedad en aquel intento a la cima, me hubiera bastado con una radio y una voz amiga al otro lado, gas para derretir nieve y comida.

En ese momento, mis pensamientos dieron un giro de trescientos sesenta grados. Decidí que iba a quedarme con ellos. Los propios miembros de la nueva expedición se encargaron de comunicárselo a mis ya antiguos compañeros, yo no quería perder un minuto más de mi tiempo discutiendo con ellos.

A este episodio le siguieron días tremendamente emocionantes, por la espera, por la oportunidad y la confianza que habían depositado en mí. A los pocos días la expedición India me ofreció también un lugar entre sus escaladores. «Les hemos dicho que no, lo que quieren es aprovecharse de ti.» Fue la respuesta de Moncho.

El 15 de mayo la cívico-militar conseguía poner a tres de sus miembros en la cúspide del Everest. Santiago Arribas, el coronel, consideró que aquel logro formaba parte del éxito de todos y que no se debía tentar a la suerte con un nuevo intento, de modo que la tan ansiada oportunidad no llegó finalmente a presentarse. Replegaron sus tiendas y se acordó el regreso.

Fui de los últimos en abandonar el campamento base, cuando

las evidencias del monzón apremiaban la retirada. Pero es que, al final, me había acostumbrado a vivir en aquel yermo rincón del Khumbu, y tenía la sensación de haber vivido una obra incompleta. No podía sacarme de la cabeza aquel frustrado intento a la cima, por unas horas había sido tan emocionante como no lo había sido nada en toda mi vida. Me arrepentí de no haber continuado hacia arriba. Era como haberse retirado en la propia meta de salida, más aún, como si me hubieran sujetado por la camiseta en el momento en el que sonaba el disparo.

Al poco tiempo de regresar a casa empecé a planear mi regreso al Himalaya. Podía haber elegido cualquier otra montaña del mundo, pero ahora que la había conocido no podía olvidarla, quería escalar la más alta. Averigüé que la ruta que se hace por la cara que da al Tíbet estaba menos frecuentada que la que se hace por la cara que da a Nepal y que, además, era bastante más económica. Ambas cosas me agradaron.

El camino más rápido y seguro para alcanzar la cima del Everest hubiera sido, sin duda, apuntarme a una expedición comercial. Automáticamente me habría convertido en un «cliente», y eso suponía delegar en los guías la planificación de la ascensión, sólo me tendría que preocupar de estar en condiciones en el momento de partir. Sin embargo, lo que realmente me estimulaba era la posibilidad de estar presente en cada una de las decisiones, aunque eso supusiera un auténtico quebradero de cabeza.

Si alcanzar la cima era vital, el cómo hacerlo lo era todavía más. Si permitía que otros decidieran por mí la organización y planificación de la escalada, que equiparan la ruta e instalasen los campamentos de altura, si ascendía con oxígeno, entonces, ¿qué me quedaba?, ¿qué sentido podría tener? Para una verdadera alpinista la cima de una montaña no era, al menos no solamente, el triángulo de rocas y nieve que coronan una montaña, la cima era el esfuerzo y la superación personal para alcanzarla. De modo que, si quería ser fiel a mis principios, la línea recta no resultaba ser el camino más corto.

Desconocía muchas cosas, como, por ejemplo, a quién podía dirigirme para obtener el permiso de escalada o incluso la cantidad exacta de comida de altura que debía llevar. Pero eso se podía averiguar. Hasta aquel momento siempre había participado en expediciones en grupo, donde las carencias de unos se tapaban con las virtudes de los otros, y en las que una voz más segura que las demás, equivocadamente o no, tiraba del resto hacia delante en los momentos clave. Pero no todo era un abismo de dudas.

Durante la última expedición había tenido nuevamente la oportunidad de comprobar que mi adaptación a la altitud era más que aceptable, y que había podido soportar, sin desfallecer, el desgaste físico, aunque no había llevado tan bien la presión extra a la que había sido sometida. Llegué a la conclusión de que había que tirar lastre. Iría sola.

La pregunta con mayúsculas era qué significaba «sola», sola las veinticuatro horas del día en una tienda. ¿Qué se sentía realmente a 8.000 metros de altura y sola? ¿Cuándo había que decir «basta, se acabó»? Eran demasiadas incógnitas para resolver al mismo tiempo, no quería volver a encontrarme en la meta de salida con un plan improvisado.

Después de haber analizado concienzudamente los pros y los contras diseñé lo que acabé llamando «estrategia circular». Aquella maniobra me alejaba, por un tiempo, del objetivo final. La táctica consistía en escalar previamente dos montañas, el pico Lenin, de 7.134 metros, y el monte Cho Oyu, de 8.230 metros. La primera debía acercarme a la segunda y la segunda a la tercera. Era impensable, por otro lado, conseguir la financiación para el Everest, si antes no me daba a conocer un poco, y para eso, me bastaba con el ámbito local.

El pico Lenin era una montaña situada en la cordillera del Pamir. Entonces no sospechaba que esta montaña, a su vez, iba a formar parte de otro círculo que habría de cerrar con el tiempo.

Aproveché que aquel año el club de Montañeros Celtas celebraba el cincuenta aniversario de su fundación y *el secretario xeral para o deporte* estaba invitado. Era mi oportunidad para lograr un patrocinio. La verdad es que no tenía dinero ni siquiera para acudir a la cena, no solía cobrar hasta mediados de mes, así que me presenté a la hora de los postres, con mi proyecto bajo el brazo. El señor secretario, tras examinar brevemente la documentación, dijo que de acuerdo, que contara con ello. Podía haber dicho, «tal vez», «quizá», «llámame», «lo veré», pero no, había dicho «sí». Esa misma noche Moncho y yo tuvimos una charla interesante. La expedición al Everest de 1992 era tabú desde nuestro regreso y, sin embargo, después de brindar por mi nueva montaña, él mismo sacó el tema y me dijo:

—¿Sabes por qué no te dejamos subir? —Aguardé su respuesta aunque me llegaba un poco tarde—. Porque podrías haberlo logrado.

El 15 de agosto de 1993 conseguía alcanzar la tercera cima de la cordillera del Pamir, el pico Lenin. Aunque no había sido una expedición en solitario, al menos sí lo había sido el día de cima. Me despegué de mis eventuales compañeros de expedición tan pronto como salimos de nuestras tiendas. A todos nos esperaba una larga jornada y nuestro compromiso como equipo no incluía el de ascender juntos. Recorrí la arista final, ida y vuelta, en sólo siete horas y media. Había sido una buena expedición.

Dos años más tarde, en 1995, conseguí reunir la suficiente financiación para poder escalar el monte Cho Oyu, gracias a una subvención del Ayuntamiento de Vigo. Se trataba de la sexta montaña más elevada del planeta, en la frontera del Tíbet con Nepal y situada a treinta y dos kilómetros al oeste del monte Everest.

Contacté directamente con una agencia de Nepal. La manera

más barata era compartir una plaza con cualquier expedición, para lo que tan sólo había que pagar unas 90.000 pesetas. Los servicios incluían transporte ida y vuelta a través del Tíbet, un cocinero, tiendas de campo base y los royalties que exigía el gobierno. El porteador se pagaba aparte. Además, necesitaba comprar mucho más material del que tenía hasta entonces: tiendas de altura, cocinas, esterillas y unas buenas botas; se trataba de una montaña fría, y además era otoño.

Había planeado hacer una marcha a pie de varios días de duración antes de dirigirme al Cho Oyu, como fase previa de aclimatación, ya que tenía que atravesar la estepa tibetana situada a 4.000 metros de altitud. Toni, mi novio, me acompañó esta vez. También venían dos amigos nuestros, Fernando y Pepe. Elegí el trekking del Khumbu, que duraba unos trece días y que me dejaba en el campamento base del Everest. Desde allí ascendería al pico Kalapatar y con eso se completaba la aclimatación. El regreso lo había planeado desde el pueblo de Lucla, donde tomaríamos un helicóptero de vuelta a Katmandú.

Toni disfrutaba de la parte deportiva de aquel trekking, era corredor de maratón; el caminar ocho horas cada día, subiendo y bajando desniveles era sólo un juego pero él, sin embargo, al final de cada jornada se sentía fuera de lugar.

—¿Y ahora qué se hace? —me preguntó tras el primer día de marcha.

—Ahora nada. Puedes asearte, hacer estiramientos, leer, escribir, pasear por el pueblo, pasmar...

El no tener nada que hacer le resultaba novedoso, como también lo fue la llegada de la «altitud». Una noche, la falta de oxígeno se hizo patente, el sueño dejó de ser profundo para convertirse en una secuencia a intervalos, el apetito disminuyó, y a partir de entonces incluso caminar en llano resultó extrañamente agotador. Ese día me pidió que caminara en cabeza, marcando el ritmo. Era pura sugestión y recordé lo que Miguel me había dicho en el campamento II del Everest: «A veces, la línea de lo posible y de lo imposible sólo se puede cruzar con la mente».

Una vez que regresamos a la ciudad, me presenté a los miembros de la expedición francesa con los que compartía el permiso. Entre ellos había dos alpinistas que iban por libre, Eric y Roland, que, como yo, se habían sumado al equipo francés para abaratar costes. Al día siguiente, Toni y nuestros amigos regresaron a casa. Para mí, la verdadera aventura estaba a punto de comenzar.

A primeros de septiembre llegábamos a las estribaciones del Cho Oyu, «La Diosa Turquesa». La montaña estaba aislada en la estepa, a merced de los gélidos vientos del noroeste que le escarbaban las laderas y dejaban entrever el hielo vítreo que hacía honor a su nombre.

Los tibetanos habían escogido un sabio calificativo con el que destacar aquella montaña nevada que se volvía de color azul verdoso, según la luz y los meses del año.

Habíamos estado viajando durante cuatro días a través del Tíbet, los suficientes para darme cuenta de que no me iba a resultar fácil que entendieran que ni quería formar parte de su equipo ni quería acostarme con ninguno de ellos.

Durante la marcha de aproximación al campamento base nos habíamos ido distanciando. Eric Escoffier y yo alcanzamos el campamento base avanzado en una sola jornada, el resto no lo haría hasta un día después.

Mi relación con el equipo se fue deteriorando a marchas forzadas. Excepto a Eric y a Roland, a los demás parecía no gustarles mi iniciativa de ir en cabeza. Pero yo ya no tenía que dar explicaciones, había cumplido con ellos la única cláusula del contrato: pagar el permiso.

Diez días después de nuestra llegada al campamento base avanzado me había encontrado a Eric y a Roland vaciando sus mochilas y acomodándose en la tienda del campamento I. Se trataba de una enorme tienda-iglú de diez plazas, bastante poco práctica y fría, instalada por los sherpas al inicio de la nieve, en el llamado «nido de águilas».

Yo hubiera preferido instalar mi propia tienda en lugar de tener que compartir aquélla, pero mi porteador se encontraba enfermo en el campo base y yo no tenía forma de transportar las cosas más rápido.

El shirdar de la expedición francesa le había obligado a llevar una enorme carga hasta el campamento III, y yo me lo había encontrado, aquel mismo día, en un estado deplorable, vomitando, con tiritona y un fuerte dolor de cabeza debido a la insuficiente aclimatación. Nunca debí permitir que aquello ocurriera. Tendría que haber estado más atenta, él solo debía llevar mi equipo. Lo mandé de vuelta al base para que pudiera descansar. Seguían escapándoseme detalles, imperdonables y cruciales detalles.

Eric y Roland no tenían previsto volver a bajar, acababan de decidir que continuarían hacia la cima. Me tomé unos minutos para valorar la situación, el ciclo de aclimatación no estaba terminado todavía y lo peor de todo era que no tenía ni una muda de recambio y tendría que soportar cinco días vestida con la misma ropa. «Me voy con vosotros», dije, no fuera a ser que perdiera una oportunidad.

La noche que dormimos en el campamento III registramos una temperatura de treinta y tres grados bajo cero. Aguardamos al amanecer para calzarnos los crampones y emprender el ascenso. Nos separamos casi al principio. No tengo ni una sola imagen de ellos hasta que alcancé el plató somital, después de superar la pared oeste.

Al rebasar la última cuerda fija que superaba unos cuatro metros de roca vertical el viento me dio de pleno dejándome casi sin respiración. La temperatura había descendido a cuarenta y tres grados. Sentía los ojos fríos y resecos. A partir de aquel punto, el camino se allanaba; sin embargo, algunos alpinistas habían empezado ya a darse la vuelta.

Me separaban cien pasos de la zona soleada, pensé que una vez que hubiera cruzado esa línea, entraría en calor y caminé movida por ese pensamiento. Pero cuando llegué, no sólo el sol resultó completamente infructuoso sino que sin la protección de la pared oeste me encontré a merced del viento helado.

Una sucesión de lomas de escasa pendiente indicaban que la cima estaba cerca. Ésta era un enorme plató de casi medio kilómetro de largo. Una vez que se lograba ver en el horizonte el monte Everest, se había alcanzado la verdadera cima del Cho Oyu. Calculé que tardaría una hora o quizá más con el viento en contra.

Di alcance a los dos sherpas que marchaban delante. Al poco tiempo de haberme puesto a su altura el viento nos detuvo en seco. Era imposible dar un paso más. Para poder respirar había que bajar la cabeza. Permanecimos inmóviles calibrando cada uno para sí aquella situación. Creo que todos pensamos que continuar representaba morir congelados.

No había ni una nube en el cielo, el sol parecía un bello espejismo, pero atravesar el plató era inhumano. De pronto, los dos sherpas giraron sobre sus propios pasos y me rebasaron. Recuerdo perfectamente aquel instante, porque el viento me traspasó el mono de fibra y lo sentí en la piel como si me hubiera abrazado desnuda a un carámbano helado. Había llegado el momento de decir «basta, se acabó».

Eric y Roland se aproximaban. Les grité: «Yo bajo». Apenas se lo pensaron unos segundos y empezaron también a descender.

La montaña estaba muy descarnada, el suelo era puro hielo y había muchas zonas de roca que normalmente están ocultas y que habían aflorado a la superficie al volar la nieve.

El primer tramo del descenso era el más comprometido, el viento me arrancaba de la pared.

Eric me gritó desde arriba si me quería encordar a ellos. Respondí que no, el simple hecho de pararme a hacer un nudo era impensable, ya no podía soportar el frío. Nos envolvía un remolino de cristalitos y polvo de hielo que me laceraban la cara y que respiraba contra mi voluntad. Mi único pensamiento era salir de allí lo antes posible.

Al pie de la primera cuerda fija luché desesperadamente para abrir el mosquetón, las bajas temperaturas lo habían soldado. Uno de los sherpas me lo sacó de la mano y forcejeó con él hasta que por fin me lo devolvió abierto. Me anclé a la cuerda fija que sorteaba el muro de rocas y me deslicé hacia el suelo lo más rápido que pude. Continué bajando hasta que llegué al campamento III.

Roland bajó muy afectado por la altitud y Eric me pidió que me encordara a él y que lo cuidara el resto del descenso. Al llegar al campamento I, Eric dejó que Roland continuara solo hasta el base. Me quedé preocupada porque la noche se le echaría encima enseguida y podría desorientarse, estaba muy cansado.

Puse a calentar una tartera con nieve para hacer agua. Recogí el arroz que había esparcido por el suelo de la tienda-iglú y lo eché a cocer. Después de tres horas seguía tan crudo como al principio, así que lo tiré fuera, preparé cacao y desperté a Eric para que bebiera.

Estaba aturdido, sufría una pequeña anacronía con respecto al día de cumbre.

—¿Cuántos días llevamos durmiendo? Tenemos que bajar de aquí —me dijo tan pronto abrió los ojos.

—¿Días? Eric, sólo llevas cuatro horas durmiendo.

—No, *Maguía*, fue ayer cuando intentamos la cumbre. Dos días, llevamos aquí dos días —insistía.

—Eric, escúchame, yo no he dormido ni un segundo, estuve preparando arroz y cacao. Te aseguro que sólo han pasado unas horas. Bebe, bebe y duérmete —le contesté.

—¿Arroz? ¿Has estado cocinando el arroz que los sherpas usan para las oraciones?

Se acurrucó bien dentro del saco y le oí reír.

Cuando llegamos al campamento base Roland y Eric se metieron voluntariamente en la cámara hiperbárica para minimizar el efecto de las congelaciones que les había afectado los dedos de los pies. Yo me dediqué a cocinar y comer hasta que me quedé harta. En las últimas veinticuatro horas había perdido muchos kilos.

El equipo de franceses se pasó parte de la mañana y de la tarde jugando a las cartas, mientras vigilaban la presión de la cámara hiperbárica, y yo me senté con ellos en el comedor. De vez en cuando bromeábamos con Eric que permanecía metido en aquella especie de sarcófago de plástico que simulaba descender altitud.

Sabía que por esta vez había perdido la partida, la verdadera, la que se libraba fuera, con la montaña.

Me sentía desganada, me dolía no tener fuerzas para un segundo intento, me había quedado en los huesos, agotada y sufría de una pulmonía severa. Ya no conseguiría reponerme para volver a intentarlo, estábamos a demasiada altitud. Había gastado toda mi energía en aquel intento. Ahora reconocía que lo más inteligente hubiera sido que me hubiera dado la vuelta mucho antes, antes de que el agotamiento por el frío y por haber subido hasta los 8.000 metros fuera irreversible. Aunque, ¿cómo tener la certeza de que el viento no iba a cesar en algún momento? La montaña no se puede subir sin poner antes una apuesta sobre la mesa.

Al año siguiente, en 1996, acampé en la tierra. Decidí que no haría una expedición puesto que iba a casarme. «Todo un detalle por tu parte», según mi marido.

Regresé al Cho Oyu en la primavera de 1997. Alejandro y Carlos Vales habían seguido preparando mis entrenamientos. Quería volver a la misma montaña, porque me resultaba insufrible la idea de ir dejando cosas a medias detrás de mí y porque no quería emprender desde cero otra aventura, sino continuar, acabar con lo que ya había empezado.

Cambié el planteamiento inicial de instalar tres campos de altura. Esta vez saldría del campamento II, situado a 7.000 metros y desde allí iría directamente a la cima, tendría que recorrer 1.200 metros de desnivel de una atacada. Ong Sherpa, mi nuevo porteador, insistía en que era demasiada distancia, pero yo tenía dos buenas razones para hacerlo de aquella manera: la primera era que no tenía una tercera tienda, tendría que desmontar el campamento II e reinstalarlo en el III, me parecía que el trabajo no merecía la pena; y la segunda era que guardaba un pésimo recuerdo de aquel lugar, que aunque sólo estaba a cuatrocientos metros de desnivel por encima, era un campo muy expuesto al viento.

El 22 de mayo, muy temprano, a las tres de la madrugada, comenzamos a subir. Ong Sherpa se encontraba mal, vomitó al poco de empezar. Entonces me confesó que no tenía gran experiencia en altura, que hasta aquel momento únicamente se había dedicado a llevar turistas por rutas de trekking. Me costó mucho abrir huella hasta el campamento III sin contar con un relevo. Había estado nevando dos días seguidos. Llegamos después de amanecer y nos detuvimos a descansar resguardándonos del viento entre dos tiendas. Tan sólo cuatro personas de unas treinta alcanzaríamos la cima aquella fría mañana. La ventisca nos sorprendió en el plató somital mientras el resto de los alpinistas abandonaban disuadidos por el mal tiempo.

Una vez que conseguimos alcanzar el plató somital, pudimos ver entre el torbellino de las nubes las montañas de 7.000 metros del Tíbet, el Ngojumba Kang y el Gyachung Kang. Las huellas de los que un día antes habían llegado a la cima se asomaban ligeramente al sureste. Ong dijo que aquél debía de ser el punto más alto. Pero yo no estaba totalmente convencida y busqué más al este. Esperé a que las nubes dieran otra tregua. Sólo si lográbamos ver el Everest podríamos tener la certeza de que estábamos pisando el punto más alto. Continué caminando por el borde de la pala. Estaba a punto de rendirme cuando de pronto otro nuevo golpe de viento apartó la masa de las nubes unos segundos y Ong señaló al horizonte mientras repetía una y otra vez: «El Everest, el Everest».

Esa misma tarde (22 de mayo de 1997), mientras nosotros iniciábamos el descenso hacía el campamento II, Eric llegaba al campamento base al mando de una nueva expedición. Al día siguiente, cuando nos encontramos, me dijo que me había visto descender a través de los prismáticos y que había sido un momento tremendamente emocionante.

Con el Lenin y el Cho Oyu, a mi círculo le faltaba todavía un cuarto de vuelta.

Recién llegada a casa, la prensa se mostró interesada por aquel nuevo logro y durante una entrevista por radio conocí a Gaspar Rosety, un presentador de programas deportivos de Radio Voz.

La idea de escalar el Everest le parecía fascinante. Me facilitó varias entrevistas con posibles patrocinadores, casi todos relacionados con empresas del congelado en Vigo. Visité por separado a cada uno de ellos, al señor Roberto Fontán de Galfrio, al señor Luis Oubiña de Ultracongelados el Mar y al señor Eduardo Viera, de Ricomar; y por último viajé a Madrid para entrevistarme con el señor Tato Goya, gerente de la empresa Viajes Dublín. Presenté mi proyecto a la Diputación y nuevamente al Ayuntamiento de Vigo. Necesitaba reunir al menos cuatro millones de pesetas, sin contar con que todavía tenía que hacer frente al préstamo bancario que ya tenía por la expedición al Cho Oyu.

Cada día era una auténtica montaña que escalar. Preparaba mis clases de aeróbic, entrenaba en los huecos libres, hacía la compra, arreglaba la casa y visitaba despachos. Nada estuvo realmente listo hasta el día anterior a mi partida.

—Hay que desconvocar la rueda de prensa —le decía a Gaspar Rosety por el móvil una semana antes, mientras recorría la calle como un gato enloquecido—. No tengo todo el dinero, la subvenciones del Ayuntamiento y de la Diputación no están ingresadas como dijeron. ¿De dónde voy a sacar lo que falta?

Lo saqué del banco. A la vuelta me tendría que enfrentar a dos préstamos y a sus correspondientes intereses durante los meses que tardaran en ingresar las subvenciones.

Toni decía que aquello estaba acabando conmigo, que no era vivir, que no merecía la pena, cuando algo costaba tanto conseguirlo, no valía la pena. «Mira qué cara de estresada» insistía una y otra vez, pero al otro lado del espejo yo sólo veía el Himalaya. El crono no empezaría a contar hasta haber llegado a pie de montaña. Todo el esfuerzo anterior no contabilizaba en aquella estrategia. Decía que yo era una egoísta, que todos los alpinistas lo éramos, que no me importaba la angustia que mis padres y él pasaban cuando yo estaba fuera. Pero yo me sentía un punto sin retorno: hacia atrás me quedaba sin mi sueño y no estaba segura de si sabría vivir sin él; hacia delante contra todos y contra todo atravesaría un túnel demasiado solitario, y la salida parecía estar siempre muy lejos. Sin embargo, me parecía el único camino hecho para mí.

Embarqué en el avión agotada y con ojeras. Toni se ponía siempre de mi lado en el último momento, cuando ya no tenía remedio.

A mi llegada a Katmandú tuve muchas cosas que resolver. Primero, asimilar la noticia de la reciente desaparición de Eric Escoffier mientras escalaba el pico Broad en Pakistán.

Justo la noche antes de partir del Cho Oyu, de esto hacía un año, habíamos estado charlando en su tienda comedor, a la luz de un candil de queroseno, sorbiendo té para soportar mejor el frío. Hablamos sobre los tibetanos que cruzaban aquellos días el Nampa-La, una antigua ruta de comercio entre el Tíbet y Nepal. Las caravanas de yaks pasaban muy cerca de nuestro campamento, remontaban el collado y continuaban en dirección al río Bhote Kosi hacia Nanche Bazaar, la capital del Khumbu, el valle de los sherpas. Hablamos de nuestros proyectos y no puedo decir que aquella noticia de su reciente desaparición me cogiera por sorpresa. Eric era uno de los mejores escaladores en los años ochenta hasta que sufrió un tremendo accidente de coche en 1987. Las secuelas habían sido una hemiplejia del treinta por ciento en su pierna derecha. Pero yo había podido comprobar la milagrosa transformación que se operaba en él cuando se calzaba los crampones, apenas se le apreciaba que su pierna estuviera paralizaba, pero en los descensos yo sentía miedo por él, la fuerza de sus pulmones no podía compensar la falta de un apoyo seguro. Eric parecía caminar siempre por el borde de un cuchillo afilado.

La mañana que abandoné el campamento base del Cho Oyu, Eric se había asomado a su tienda para despedirse. Con medio cuerpo todavía dentro del saco me gritaba: «*Adieu María, à tout à l'heure*». Lo recordaba alzando la mano al aire helado del amanecer, el brillo de su pendiente de oro y sus profundos ojos azules de empedernido soñador.

Por si aquella noticia no hubiera sido suficiente, Tendi, uno de los tres gerentes de la agencia Transerku, me confesó que había habido un error. No se esperaban expediciones para la cara norte aquel otoño. Pensaban que con esas disculpas ya estaba todo resuelto, que regresaría a casa dando por finalizada mi aventura. Les dije que tendrían que arreglarlo, porque yo pensaba seguir adelante con lo que había venido a hacer y que sólo les pagaría lo acordado. Mientras resolvían aquel embrollo me fui de trekking a los lagos de Goisaikund. Agosto me parecía una época preciosa para recorrer los altos valles del Himalaya. Los bosques estaban encharcados de humedad, y los ríos rebosantes de agua. Los días despejados el cielo aparecía de un azul intenso y la nieve era inmensamente blanca. A mí me parecía que eran el paso intermedio entre la ciudad, y el campamento base, entre lo sencillo y lo improbable, entre la humanidad y la soledad, la fuga al lugar perfecto que me devolvía el equilibrio, y me ponía al otro lado del túnel.

Al regresar a Katmandú me fui directamente a la agencia para cerrar todos los trámites, incluido el número de yaks que llevarían mi equipo y el de los porteadores hasta el campamento base.

Sin otras expediciones que colaborasen en abrir la huella, o en equipar la pared mis posibilidades de cima eran prácticamente ninguna. Una persona sola no podría abrir la ruta, las nevadas son como cremalleras que cierran el paso entre los campamentos una y otra vez.

Lo sabía; aun así, contraté a dos porteadores: Dawa Sherpa y Pasang Sherpa. En nepalí, el nombre de Dawa quería decir lunes y el de Pasang, viernes. Los sherpas tienen por costumbre poner a sus hijos el nombre del día de la semana en el que han nacido. Para ellos yo era María Bahini. María porque eso era lo que ponía mi pasaporte, *Bahini*, que quería decir: «Hermana Pequeña». De haber sido menores que yo me habrían llamado Didi, María Didi. Me encantaba cómo sonaban todos estos nombres.

Dawa se prestó a venir de compras conmigo. Los dos disfrutamos de aquel día, aunque el regateo con los vendedores terminó por volverme loca. Nos hicimos con 2.000 metros de cuerda estática, tres docenas de estacas para fijarla y otro tanto de clavos de hielo. Compramos un bidón grande para poder llevarlo todo hasta el hotel. Me sentía un poco incómoda con Dawa caminando con semejante bulto cargado sobre el hombro a unos pasos por detrás de mí, aunque allí no llamásemos mucho la atención.

Justo el día antes de partir hacia el Tíbet, Tendi me llamó al hotel para comunicarme que habían decidido unir mi permiso con el de otra agencia y que nosotros viajaríamos con otros dos alpinistas de nacionalidad italiana que también se dirigían a la cara norte del Everest. Formalmente éramos la misma expedición, pero eso sólo contaba hasta que atravesáramos la frontera, después gozaríamos de independencia absoluta. Tal como había acordado, yo tendría un cocinero y tiendas independientes para el campamento base.

El 20 de agosto Dawa, Pasang y Kusang, el cocinero, llegaron puntualmente. Habíamos quedado en que me recogerían a las seis de la mañana en el Tilicho, un hotel barato (cinco dólares por habitación) situado en el límite del barrio del Thamel de Katmandú. Cargamos al hombro el equipo hasta la avenida de Trivedi Marg; el camión aguardaba aparcado delante de la Oficina de Inmigración.

Rodeamos los exuberantes jardines y los bosques de bambú del palacio real para poder acceder a la avenida de Khaldara. En las inmediaciones del International Guest House, los nuevos pasajeros esperaban ya en la calle. Embarcaron media docena de bidones de plástico, y algunas canastas *doko* repletas de tarteras de aluminio y víveres, sillas plegables, varias tiendas de campaña empaquetadas, fogones, tanques de queroseno y rollos de esterillas. Tan sólo hicimos una concisa presentación de rigor en el momento de tomar asiento y en el más absoluto mutismo emprendimos viaje.

Más tarde, en los días de tertulia, cuando las nevadas no daban más opción que reunirse al calor de un té y charlar sobre la logística de ascenso y otras cosas de la vida, Sergio, uno de los italianos me confesaría que cuando le comunicaron que una española iba a ir sola al Everest se había sentido muy sorprendido y automáticamente se había imaginado a una mujer con vello en el rostro, y con aspecto masculino... la montaña no está desprovista de prejuicios.

Conocía muy bien aquel camino hacia las laderas norte del Himalaya, había hecho el mismo trayecto antes, durante dos expediciones al monte Cho Oyu, en el posmonzón del año 1995 y el premonzón del año 1997. Conocía de sobra el salto geográfico y cultural que se producía al cruzar la población de Kodari, en la frontera de Nepal con el Tíbet. Teníamos por delante ciento cincuenta kilómetros de viaje, una distancia que no recorreríamos en menos de nueve o diez horas.

Nuestros vehículos maniobraron con dificultad hacia las afueras de la ciudad, entre conductores de bicis, vacas sagradas y motocicletas.

Contemplé el paisaje a través de la ventanilla, absorta en calcular raciones de avituallamiento y repasando el número de bombonas de gas que acababa de comprar.

El valle de Katmandú se fue quedando atrás y me relajé en mi asiento para contemplar el paisaje desde la ventanilla. Disfruté de la sedante visión de los arrozales del valle. En cada una de las fuentes de la cuneta las mujeres nepalíes se afanaban en dejar brillantes las tarteras a base de frotarlas con barro y con hojas.

A pocos kilómetros de la frontera tuvimos que detenernos, nuestro autobús se sumó a la larga fila de camiones azules que también se dirigían al Tíbet. La ruta se hallaba cortada en cinco puntos diferentes. Los aludes de piedra y lodo provocados por las lluvias habían invadido la carretera arrastrando consigo enormes rocas que bloqueaban el avance, o se habían tragado parte de la carretera mostrando el precipicio sobre la garganta del río.

Un joven se encaramó a las escalerillas de nuestro autobús y nos ofreció el servicio de un grupo de *coolis* (porteadores tibetanos) que estaban esperando fuera. La única solución posible que había para continuar suponía abandonar nuestro camión, atravesar a pie las zonas de derrumbes porteando todo el equipo hasta un nuevo vehículo y repetir el traslado tantas veces como fuera preciso. Cuando acordamos el precio definitivo dejamos que los *coolis* hicieran su trabajo.

Hacia las seis de la tarde, horario de Pekín, aparcábamos a las puertas de la aldea de Zagmun, en el tiempo límite para cruzar la frontera.

La joven militar de la aduana le estuvo dando vueltas y más vueltas a nuestros pasaportes, visados y permisos hasta que por fin acabó de estampar el último de los sellos.

Los dos porteadores y los dos cocineros, el de Sergio también, se jugaron a pares y nones quién dormiría esa noche en el camión para vigilar la carga. Dawa regresó al hotel radiante de felicidad, por esta vez se había salvado. «Le ha tocado a Maila», me dijo; el desafortunado era el cocinero de los italianos.

El pueblo de Zagmun parecía escalar laderas imposibles. Los tejados de las casas se sobreponían dejando la impresión de una colmena colgante en la falda de la montaña, sobre la garganta del río.

A lo largo de la empinada calle principal se extendían numerosas tiendecitas de licores, tabaco, electrodomésticos y ropa. Los sherpas se entretuvieron haciendo compras hasta la hora de la cena.

El resplandor de los relámpagos se dibujó en el cielo gris; conté mentalmente, al llegar a cuatro estallaron los truenos y en pocos minutos la lluvia se convirtió en fuentes que bajaban al aire desde lo alto de los tejados y trotaban por más de una escalera abajo. El hilo lejano de las cascadas se dilató en las negras paredes de la profunda garganta del río Bhoti Khosi.

Subí a mi habitación, utilicé una almohada para estrellar mosquitos contra el techo (era la manera más eficaz de acabar con ellos) y me adormilé escuchando la nana del último aguacero.

El monzón se acababa. Después de tres meses sin pausa, regando con agua bendita los bancales de arroz y las selvas esmeralda, de llenarle el vientre a los lagos, se apaga en un estentóreo esfuerzo por empujar hasta el sagrado Ganges las cenizas de los muertos que llevaban consigo los cauces río abajo.

Los vientos cálidos que originan el monzón suben desde el Índico y el golfo de Bengala hacia Nepal. Al llegar a la cordillera, incapaces de remontarla, descargan toda cuanta agua llevan en la vertiente sur, mientras, al norte se extiende la desértica estepa tibetana.

De Zagmun viajamos a Nylam, una aldea situada a 3.750 metros. Desde allí, el 21 de agosto a Tingri. Atravesamos el collado de Lalung. Dawa y Pasang pidieron al conductor que detuviera el camión para poder atar sus banderolas de ofrendas al poste de madera que se erguía solitario como un árbol de hojas de trapo.

El enorme macizo del Kangchenjunga, «Las Cinco Casas del Tesoro de las Nieves», se alzaba imponente en el cielo, sobre la frontera oriental de Nepal.

La carretera descendió nuevamente. Atravesamos una pradera de color ámbar que se hacía más inmensa al paso de las horas, y que iba apartando las montañas gastadas hasta el horizonte. De vez en cuando se divisaban sobre la llanura los terrones de arcilla de alguna fortaleza derruida, o la figura de un hombre-caballo apareciéndose entre la realidad y el espejismo. Las pocas aldeas por las que pasamos estaban pintadas con la misma cal que nacía de la tierra, con su bosquecito de árboles chupados y su riachuelo, en absoluta concordia con el resto del paisaje.

A medio día aparcamos en el hotelito Everest View, de Tingri. Desde la puerta, como bien rezaba el letrero, se distinguía el Everest a setenta kilómetros de distancia. Después de instalarnos decidí dar un paseo. Los sherpas se enfrascaron en una entretenida partida de dominó.

Caminé sin rumbo fijo, sin la cámara de fotos, para no caer en la tentación de robarle el alma a las cosas, como me habían dicho los quechuas en Perú. El viento olía a arena, la que se había dejado tras de sí el mar de Tetis, pensé. Yo siempre había creído que los paisajes desolados como aquél no podrían gustarme, pero eso había sido antes de ver amanecer al sol a gatas sobre la estepa.

Esa tarde los pastores nómadas llegaron a Tingri. Tomaron el pueblo con el balido de las reses, el ladrido de los mastines y la chiquillada que corría jugando por la travesía de la aldea. Levantaron tiendas de campaña a las afueras de la aldea y las mujeres encendieron humeantes hogueras de boñigas para preparar la cena. Cuando me levanté a la mañana siguiente ya no estaban y una hilera de carros se alejaban en medio de la pradera a mucha distancia.

El 24 de agosto también nosotros nos pusimos en marcha. Emprendimos camino campo a través, siguiendo las roderas en la hierba hasta enlazar con una pista de tierra que remontó el collado de Pang-La y volvió a bajar en dirección sur por un valle que se fue estrechando y desertizando, hasta quedar convertido en un auténtico pedregal.

Poco antes de llegar al campamento base nos detuvimos en el monasterio de Rongbuk, el más elevado del mundo, a 5.000 metros de altitud. La cima del Everest desplegaba una bandera de nieve agitada por el viento. Salté a tierra, el día estaba desapacible. El Everest taponaba el valle con la mole blanca de su pared norte. Me pareció enorme y escarpada. «Impresiona, ¿verdad?», dijo Sergio parándose a mi lado.

El campamento base se encontraba a pocos minutos de allí, coincidiendo con el final de la carretera.

Descargamos el camión e instalamos nuestras tiendas sobre un recorte de hierba a orillas del río glaciar. Excepto aquella minúscula franja vegetal, el resto del paisaje era pura grava. Sobre un pequeño montículo que dominaba el valle estaba el puesto policial, un pequeño refugio destinado a vigilar el paso de las expediciones. Por las noches Dawa y Pasang subían hasta allí para beber una cerveza y ver alguna película de vídeo, un milagro que sólo era posible gracias a un generador.

Durante los tres días que permanecimos en el campamento base me dediqué a hacer excursiones con la finalidad de ganar altitud. El 27 de agosto, tal como lo habíamos pactado con la agencia, llegaron los yaks y lo hicieron como un constante goteo de pequeñas reatas hasta que por fin se reunió la manada. Los yakeros instalaron dos tiendas sencillas. Entre sus lonas manufacturadas y nuestras canadienses de fibra de Gore-Tex había un siglo de historia, si no más. El día 28, muy temprano, los yakeros cargaron los bultos a lomos de los animales y tranquilamente empezamos a ascender valle arriba.

Dawa y yo tuvimos que sujetar la carga de un yak que se había puesto nervioso ante la estrechez del camino, corríamos el riesgo de perderla barranco abajo. El yakero me echó de allí con cajas destempladas.

—Dice que no es trabajo de mujeres —me tradujo Dawa entre risas, asomándose sobre el lomo del animal. Tenía los ojos rasgados pequeños y brillantes, y cuando sonreía apenas se le distinguía lo blanco—. Vete, *bahini*, no te preocupes, Pasang y yo vigilaremos la carga.

Al llegar a la altura de 5.800 metros, sobre la morrena del glaciar oriental del Everest los yakeros liberaron a los animales y los alimentaron con la hierba que traían en sacos de rafia. Esa noche hizo un frío terrible, el hielo estaba cerca.

La jornada siguiente fue lenta, el camino discurría por el guijarral de la morrena, marcado por el constante paso de las reatas y las expediciones, las primeras habían sido las expediciones británicas de 1923 y 1924.

A la altura de 6.200 metros encontramos dos tiendas militares de lona que pertenecían a un equipo de investigadores chinos. No pensaban escalar el Everest, estaban allí para medir las grietas del glaciar, el espesor del hielo y cosas parecidas.

Nosotros instalamos el campamento base a 6.400 metros, a una media hora de distancia, sobre la misma morrena, entre la pared occidental del monte Changset y la orilla oriental del glaciar de Rongbuk.

Sergio me recomendó que no pusiera mis tiendas cerca de la pared, que era peligroso por las piedras. Me llevó más de tres horas preparar una plaza decente sobre la que instalar mi tienda. Los yaqueros habían dejado la carga completamente diseminada por la morrena y tuvimos que efectuar costosos paseos hasta que por fin la reunimos en el lugar elegido.

Sobre la lengua del glaciar, casi al pie de donde arrancaba la arista noreste, los científicos chinos habían montado otro campamento, sus tiendas apenas se distinguían sobre la nieve hasta que al llegar la noche encendieron las lámparas de queroseno.

Desembalamos los cacharros de cocina, los víveres y puse a funcionar el generador para cargar las baterías del teléfono satélite. No tenía ni idea de cómo funcionaba aquello, así que Dawa me echó una mano.

El 1 de septiembre recibimos la visita inesperada de otros tres alpinistas de nacionalidad francesa y de sus tres porteadores. Su ruta, en realidad, era el corredor Horber, una vía difícil que recorre la pared norte, pero cuando la vieron a través de los prismáticos cargadísima de nieve les había parecido un suicidio. «Más piernas para abrir huella» había pensado yo cuando los vi aparecer seguidos de una nueva reata de yaks.

Improvisamos una reunión en mi tienda cocina para hablar del material que habíamos traído entre todos. Estaba claro que lo más lógico era colaborar en el trabajo de equipar la arista. Con mis dos mil metros de cuerda fija, los doscientos de Sergio Martini y los otros mil del equipo francés darían para bastante, aunque no para la parte superior, la arista noreste.

El 3 de septiembre, aclimatados por fin a la nueva altitud, Pasang, Dawa y yo nos aproximamos al cuello norte, el lugar donde el Everest y el monte Changset se unían levantando una pared de hielo de unos seiscientos metros de desnivel. Cuando la morrena se terminó, cruzamos hacia el centro del glaciar hasta situarnos bajo la pared, y dejamos un depósito de cuerdas y estacas para cuando llegara el momento de equipar la ruta. El campamento I lo situaríamos arriba de todo, sobre el collado de la arista norte a 7.100 metros de altitud.

Esa misma noche ocurrió algo inesperado. Hacia las dos de la madrugada me desperté bruscamente, el suelo se movía de forma violenta, estábamos sufriendo un terremoto. Las rocas de la morrena hacían un ruido espantoso provocado por la fricción entre ellas. Fui incapaz de ponerme en pie hasta que el suelo dejó de moverse. Me precipité a gatas hacia la puerta. De pronto otro rugido, como el de una tormenta sin fin, tomó el relevo. La cremallera estaba atascada, me ahogué en un último y desesperado intento de tirar con fuerza hasta que por fin cedió, y allí estaba la luna iluminando de pleno la avalancha que recorría la pared este del monte Changset.

Los seracs que colgaban en la arista se habían desprendido a causa del terremoto y ahora rodaban montaña abajo sobre nuestras tiendas.

Sergio, el alpinista italiano, me gritó que corriera, a continuación desapareció en plena oscuridad.

Me lancé lo más rápido que pude en dirección opuesta a la pared, descendí a tropezones al glaciar. Sentí quebrarse bajo mis pies una costra de hielo y di un par de pasos torpes dentro del agua. Remonté la nieve y continué gateando por el suelo, exhausta y dolorida hasta que me detuve contra una panza de hielo; el aire de la avalancha me empujó hacia atrás. Al estruendo de toneladas de bloques impactando contra el suelo le siguió la angustiosa espera en silencio. Una nube de polvo llegó entonces agitándose violentamente por el aire que tapó la luna. Se me escapó un «no me quiero morir». Aguardé la inminente llegada de la ola de nieve, que imaginaba estaría remontando la rimaya tras haber sepultado primero el campamento base, y que ahora se estaría dirigiendo sibilina y letal hacia mí. Esperé. No ocurrió nada.

Me puse en pie, todavía descalza caminé un poco, me dolían las plantas de los pies, entonces reparé que estaba aferrada a mis botas plásticas. Las había cogido del avance de la tienda en el mismo momento de la huida, una previsión a sangre fría que tantas veces con anterioridad había meditado por si una situación como aquélla llegaba a producirse.

Los demás alpinistas aparecieron de entre la oscuridad, sin decir palabra, tosiendo convulsivamente y caminando como los pingüinos, a pasitos cortos, estaban descalzos. Nadie dijo ni una palabra, excepto Dawa, que al pasar por mi lado me palmeó en la espalda: «Cosas de la montaña, *bahini*», dijo con una voz que le temblaba por el frío y los nervios.

Encontramos el campamento cubierto por dos palmos de nieve. Nos llamamos a voces los unos a los otros y de la oscuridad llegaron varios *yes* y *oui* poco enérgicos. Estábamos todos, no había más que hablar a aquellas horas de la madrugada y con aquel frío.

Sacudí mi tienda para poder entrar.

Con esa resignada impotencia a la que uno se acaba por acostumbrar en la montaña, regresamos a nuestros sacos de dormir sin más historias. En el momento de entrar reparé en la hilera de luces de frontal que venían atravesando a buen ritmo el glaciar. «Los chinos que regresan a su campamento base para averiguar si todavía estoy en pie», pensé yo.

Por la mañana, el aire olía a pólvora, me recordaba cuando de niños hacíamos explotar *martinicas*. Me impresionó lo cerca que habían caído los seracs, estaban a un metro de la tienda ducha, la que más cerca estaba de la pared. Sentí un escalofrío. No había sido un sueño. El fino cordel que separaba la vida de la muerte se había vuelto a tensar.

La rocalla de la morrena reapareció al fundirse la nieve en polvo.

Kusang se sentó a la puerta de su tienda y aprovechando el tibio calor del medio día empezó a pelar patatas para el almuerzo. Había puesto a funcionar una pequeña radio de pilas. Prestamos atención, estaban transmitiendo la noticia del terremoto: «... de intensidad 6 en la escala de Richter...». Se nos hubieran detenido los relojes de péndulo, de haberlos tenido, pensé. Nadie parecía tener muchas ganas de hablar. Jérôme, otro de los alpinistas franceses, dijo que sus sherpas no querían subir hasta pasados unos días, que les dolían los pies. «Miedo —pensé—, todos tenemos miedo.»

Después de comer preparé la mochila y comencé a ascender la morrena para acercarme a la base de la pared norte. Sergio dijo que también venía y quedó en encontrarse conmigo en el «depósito». Me sentía parada en otro punto sin retorno, había tantos, o vencía el miedo o volvía a casa. Al llegar al final de la morrena me detuve, justo antes de entrar en el plató. Contemplé detenidamente la pared. Los bloques de hielo desafiaban la gravedad, aguardaban su oportunidad para deslizarse por las laderas del Everest y romperse en mil y un pedazos incontrolados, tal como la noche anterior habían hecho desde el monte Changset. Se adivinaba el camino que habían seguido las avalanchas recientes, delatadas por los restos de nieve de diferente color que se amontonaban al final de las canales.

Perseguí con la mirada a dos enormes *goraks* negros (cuervos del Himalaya) que remontaron el vuelo y que fueron a posarse en lo más alto, sobre la fina lámina de la cornisa del collado.

Permanecí inmóvil, pensando, calibrando. Aquel lugar era lo que el fondo de un vaso para una hormiga. Una vez dentro, no tendría escapatoria si un trozo de la arista o cualquiera de aquellos bloques de hielo se precipitaba hasta el suelo. Era una cuestión de probabilidades.

Oía mi respiración que me llegaba de fuera. Inspiré profundamente y di el primer paso. Encarrilé la única línea de huellas que habíamos dejado Dawa, Pasang y yo cuando hicimos el primer porteo de material.

La zona del depósito parecía la más segura. Clavé los bastones de un banderillazo, y busqué el petate con los dos rollos de cuatrocientos metros de cuerda estática que estaban dentro de una bañera excavada en el suelo.

La temperatura alcanzó los cuarenta grados al abrigo del viento, mi camiseta térmica olía a chamuscado.

Cuando Sergio llegó nos vestimos los arneses y ascendimos buscando el camino más evidente y el menos expuesto que nos condujera hacia el futuro emplazamiento del campamento I. Colocamos trescientos metros de cuerda fija sujetos a la pared con estacas y clavos de hielo. Los restos de cuerdas de antiguas expediciones se hallaban atrapadas en el interior del hielo, alguna pendía deshilachada al vacío. A las cinco de la tarde nos dimos por satisfechos y regresamos. Las cuerdas que acabamos de poner lucían tensas, recién desempaquetadas, descifrando una ilusión sobre la nieve reciente del monzón.

Tras dos jornadas más de trabajo, la ruta del Cuello Norte quedó abierta con cuerdas fijas que iban desde el plató hasta el mismo collado. Durante los días posteriores realicé varias subidas de aclimatación hasta el recién inaugurado campamento I.

Los ciclos atmosféricos se sucedían limpiamente: cuatro o cinco días de buen tiempo seguidos de dos o tres días de borrascas. El 17 de septiembre, Didi, Jérôme, los franceses, Simone y Sergio, los italianos, Dawa y yo terminamos de abrir huella hasta 8.200 metros. Y el 25 Dawa instaló allí nuestra tienda y Sergio dejó la suya en depósito, anclada al suelo con una estaca. Al bajar me quedé a pasar la noche en el campo II, siguiendo uno de los principios más fundamentales de la aclimatación, escalar alto y dormir bajo.

El campamento II se hallaba situado a la altitud de 7.700 metros, en medio de la arista norte. Dawa dijo que se bajaba al campamento base, porque así podría subir un último porteo al día siguiente. Rasqué la nieve con la pala del piolet para buscar debajo otra capa más compacta, que tuviera menos aire y llené una bolsa de plástico. Lo vi alejarse por la arista, hasta quedar convertido en un insignificante puntito negro sobre la inmensidad blanca. Cuando desapareció, la soledad me pareció infinita y, fue como si el silencio hubiera cerrado de golpe la puerta.

Entré en la tienda y me entretuve algunas horas derritiendo nieve para la cena y rellenando el termo y la cantimplora. Cuando por fin terminé me escurrí bien al fondo del saco de dormir con la luz del frontal encendida y escribí un poco. El frío abrió una nueva fisura en el hielo, sonó como un latigazo al aire debajo de mi cabeza, después el silencio restauró su ciclo voraz en el que pude oírme pensar: «Nadie, esta noche en la Tierra, duerme más alto que yo».

El termómetro marcaba veinticuatro grados bajo cero y la tinta del bolígrafo se congeló enseguida. Traté de recuperarlo frotándolo enérgicamente entre las dos manos, probé a tenerlo en la boca, en el hueco de la axila, y finalmente lo sumergí dentro del té, pero volvió a helarse cuando apenas llevaba escritas unas palabras. Me pregunté cómo habrían hecho Irvine y Mallory para escribir sus diarios, durante aquella expedición de 1924 a este mismo lugar. Escribirían con un lápiz, pensé.

La condensación de mi propia respiración y la del vapor de agua se heló en las paredes de la tienda y el aire se fue enrareciendo más. La falta de oxígeno me produjo una ansiedad terrible. Necesitaba salir. Me deslicé al exterior con ese agotamiento enfermizo que provoca la altitud. Con sólo dar unos pasos me situé al borde del precipicio, a 1.300 metros de caída libre sobre el glaciar principal, una lengua de veintidós kilómetros que discurría convertida en un río a los pies del monasterio de Rongbuk.

La noche era perfecta, sin viento. Se apreciaba la Vía Láctea con toda nitidez. Contemplé la lluvia de estrellas hasta que el frío se me hizo insoportable. Regresé sobre mis pasos crach crach crach. Mi campamento no era más que una tienda de campaña sobre una repisa escarbada en la nieve, pero era la última luz que brillaba sobre la Tierra.

El esfuerzo realizado provocó enseguida que se me acelerara el pulso, el corazón se estaba cobrando la deuda de oxígeno. Esperé a recuperar el aliento antes de realizar el siguiente movimiento, y es que desde que había superado la altitud de los 6.000 metros, de esto hacía ya varias semanas, mi cuerpo y mi mente convivían anacrónicamente y no parecían querer negociar una reconciliación. Cuando el cerebro daba la orden de caminar veinte pasos, a mis músculos les costaba lo mismo que realizar un *sprint* de cien metros.

Me serví del termo y estuve a punto de derramar el cacao sobre el saco ante un nuevo acceso de tos. Todo por culpa de la avalancha, me había dejado al borde de una pulmonía y ya no la curaría hasta que hubiera perdido altitud.

Dormí con ese sueño intermitente de siempre. Sentí la llegada del amanecer, me despertó el frío, un frío cada vez más intenso que precedió la claridad del día. Cuando el sol calentó la tienda me decidí a moverme.

Había tenido la previsión de dejar los termos repletos de agua caliente. Me preparé un café con leche en polvo y cereales y, sin perder más tiempo, rebusqué los botines que había dejado en el fondo del saco para evitar que se helaran. Dentro de mi saco de dormir había casi de todo: un colirio, crema solar, calcetines, mecheros y un paquetito de toallitas húmedas. Me calcé las botas, los dos pares de guantes y las gafas. Fuera me ajusté las correas de los crampones y empecé el descenso hacia el campamento I, eran aproximadamente las ocho de la mañana, hora nepalí, las diez en el lejano Pekín, tan lejano que no guardaba relación con aquel rincón de China. El campamento base parecía minúsculo, un puñado de setas de colores bajo la pared de nieve y roca del monte Changset.

La nieve dura facilitaba mucho el descenso y en menos de una hora llegué al campamento I. Me saqué el mono de plumas que ya no sería necesario, lo eché dentro de mi tienda y me puse el arnés.

Al asomarme a la pared del collado vi a Dawa. Estaba parado a tres largos de cuerda y cambiaba el jumar al siguiente tramo, salvando el nudo. Cuando tuve montado el anclaje en la cuerda, le grité. Levantó la mano y continuó el ascenso. Yo empecé el primer rapel, a sólo unos metros un *gorak* se lanzó pared abajo, plegó las alas y entró en barrena hacia el vacío, en unos segundos llegó a la base de la pared del Cuello Norte, a mí me llevaría más de una hora. Me pregunté que si, de ser pájaro, me atrevería a hacer un picado como aquél. Lo perdí de vista sobre el glaciar que desde allí parecía una serpiente blanca deslizándose valle abajo.

Al llegar a la altura de Dawa quise averiguar dónde estaba Pasang. Señaló hacia donde cambiaba la pendiente, su cabeza asomó en ese momento y vi en su rostro los signos evidentes de la fatiga. Seguí bajando hacia él, apenas se había movido desde que lo vimos aparecer. A mi eufórico «*¡Namaste!*» respondió pausadamente con una sonrisa, levantando ligeramente la mano. Su problema de aclimatación ya no tenía solución. Si después de un mes por encima de los 5.000 metros no había conseguido adaptarse a la falta de oxígeno difícilmente podría recuperarse ya.

Continué encadenando rapels hasta la base de la pared y sin sacarme el arnés crucé el plató. Aquel lugar me producía espanto, a la vez que también me emocionaba su belleza.

La primera tienda que se divisaba, sobresaliendo de las dunas de rocalla, era la de color rojo de Didi. Dawa acababa de contarme que se había quedado solo, sus compañeros habían tenido que descender al campamento base de Rongbuk por problemas de altitud.

A mi llegada al campamento encontré a Sergio preparando un

porteo. Se disponía a subir de un momento a otro. Mientras hablábamos tosió varias veces. Todos lo hacíamos desde la noche de la avalancha.

Miró hacia el cielo, meneó disgustado la cabeza. El viento se había intensificado a lo largo de la mañana. Una cortina de nieve en polvo se elevaba en aquel momento sobre el emplazamiento del campamento II envolviendo nuestras tiendas. «Ok —dijo resignado—, voy para allá, es el último porteo antes de intentar la cumbre.»

Le deseé buen día, dejé la mochila al pasar por mi tienda y fui directamente a la cocina, para avisar a Kusang de que ya había llegado. No estaba. Maila me dijo que lo había mandado al puesto chino de Rongbuk en busca de comida, de esto hacía dos días. Esperaba que ese mismo día o el siguiente a lo más tardar, estuviese de vuelta. Lo decía con disgusto, con cierto reproche y entendí enseguida el porqué. Imaginé a Kusang tomándose una cerveza y disfrutando de la vivificante sensación que proporciona el oxígeno.

Maila entró con un plato de pasta y un bote de ketchup. Lo dejó sobre la mesa y se detuvo en el umbral de la puerta para decirme que el cielo se estaba cubriendo de nubes y que no le gustaban nada y que si quería darme una ducha tendría que esperar a que regresase Kusang, que él no podía con todo, que ya había ido hasta el glaciar dos veces esa mañana para buscar agua y, además, empezaba a hacer frío. «Descansa, mañana podrás ducharte.» Por el tono de su voz, más que un consejo parecía una orden.

Tenía un hambre atroz. En aquel plato no había ni un triste trozo de carne, ni un vegetalillo de nada. Me resigné ante la realidad de unos tallarines fríos, cocinados con cierto despecho, pero ¡pensar que no habría un café para después de la comida! Mi integridad mental empezaba a hacer pequeñas fisuras. Me había prometido no evocar la crueldad de un confort lejano.

Hacía días que no pensaba en otra cosa que en cremosos pasteles, café expreso, gigantes chuletas y frescas lechugas (que no probaría, con toda seguridad, hasta el próximo verano). Imaginaba grifos que se giraban suavemente sin esfuerzo y descargaban litros y litros de agua hirviendo.

Maila trajo un termo para que pudiera preparar cacao. Se inclinó hacia mí mostrándome la cajetilla de tabaco de la marca Kukuri en el bolsillo de su camisa.

—¿Dónde lo conseguiste? ¿Quién te los ha dado? —le pregunté con curiosidad. Hacía al menos quince días que se nos habían terminado, a ambos nos gustaba encender uno después de la comida.

Se hizo el interesante.

—Me los regaló el porteador de Didi.

Fumamos en silencio, el Everest fumaba también. Toda la arista noreste y parte de la norte parecía la crin de un caballo blanco en plena huida al galope.

Hice acopio de una buena dosis de fuerza de voluntad para pasar por mi tienda y coger mi diario y el radiocasete. Me entretuve escribiendo durante la tarde, sin dejar de soñar con los ojos abiertos, en esa tan deseada, última y mágica noche antes de salir hacia la cumbre.

Hacia las cinco de la tarde regresaron Dawa y Pasang. Por fin todo lo que necesitábamos para emprender el camino hacia la cima estaba en los campos superiores: dos tiendas en el Collado Norte, otra en el campamento II y otra tienda instalada a la altitud de 8.200 metros en el campamento III, con un depósito de comida y gas.

Por encima de los 8.200 metros no había ni huellas ni cuerdas fijas. A partir de ahí, Didi, Sergio, Moro, Dawa y yo tendríamos que unirnos si queríamos la cima, debíamos turnarnos para abrir huella, equipar algún tramo expuesto como el Primer Escalón, un muro de unos treinta metros de roca, vertical y comprometido situado a 8.600 y el Segundo Escalón, tras el cual nos situaríamos a la altitud de 8.700 metros, por encima de todas las montañas, pero aún nos quedarían doscientos metros de desnivel que remontar hacia la pirámide somital.

Escalaríamos sin bombonas de oxígeno, lo que se añadía al tremendo esfuerzo que suponía abrir huella por una arista completamente inmersa en nieve reciente. La incertidumbre por lo que me iba a encontrar más allá del último campamento me tenía preocupada, pero al mismo tiempo me parecía emocionante.

No había nada que hacer cuando el sol se iba, excepto entrar en el saco de dormir para soportar el frío y reciclar la ilusión de la espera.

Esa noche la montaña habló en sueños, en realidad eran los aludes de piedras que se precipitaban por la pared este del Changset.

El viento no me dejó dormir en toda la noche. Zarandeó la tienda a su antojo, se metió por debajo del faldón y me levantó en peso varias veces. El altímetro, colgado del techo por un cordino, se balanceaba siniestramente movido por las corrientes de aire. No conseguí entrar en calor, la cena me regurgitaba ácido en la garganta.

Así estuvo tonteando diez días enteros. Únicamente se podía ir de la tienda al almacén, un refugio de piedras que Maila y Kusang habían ido construyendo poco a poco aprovechando una depresión en el terreno. En el tejado le habían colocado un gran plástico de color azul y lo habían sujetado con cordeles que lo cruzaban en todas direcciones. Mi tienda comedor ya no existía, se había soltado de cuajo y aunque pudimos recuperarla mientras daba saltos sobre la morrena como una rana fue imposible volver a ponerla en pie.

El espectáculo que ofrecía la montaña era desolador. El viento del oeste soplaba vertiginosamente. La nieve se levantaba un centenar de metros por encima de la arista, después de remontar el Cuello Norte enfilaba el collado contra el campamento base. En una de aquellas embestidas la tienda se había tumbado completamente sobre mí y por poco me ahogo. Había tenido que salir en más de una ocasión para reajustar los cordinos que la mantenían tensa y en tierra, y a poner más peso alrededor de los faldones para impedir que el suelo se hinchara y deshinchara como un globo.

La temperatura descendió otros cinco grados más. La espera se recrudeció y reciclar la paciencia se convirtió en un reiterado ejercicio. A veces me sentía desanimada y otras me sentía igual que la protagonista de *El exorcista.*

La comida se estaba acabando, se habían terminado las cosas ricas; el queso, el azúcar, el pan, los huevos y la carne. Nos manteníamos a base de pasta, té y sopas sintéticas. Asearse se convirtió en una aventura arriesgada. El aislamiento se intensificó cuando hubo que racionar el queroseno que ya no daba para conectar el generador, imprescindible para cargar las baterías del teléfono vía satélite. Además, Didi se retiró definitivamente llevándose la única placa solar de la que podía disponer. A los pocos días, Simone se retiró también y volvimos a estar casi como al principio.

El 4 de octubre las cosas seguían igual. El vendaval parecía haber recalado en el interior de mi cabeza y estaba a punto de hacerme perder la cordura. La única forma de no oírlo era colocándose los cascos del radiocasete y huir hacia el interior de uno, perseguir los acordes musicales, buscar el principio de las frases o descifrar los compases. En eso estaba cuando vi a Maila que se asomaba desde la cocina (era la tercera vez aquella mañana), buscaba algo con la mirada sobre la arista, y volvía a entrar. Lo observé mientras abría latas de piña en conserva. Estaba tenso y completamente absorto en sus pensamientos. A veces, Pasang y él cruzaban palabras en nepalí que no podía entender. Entonces caí en la cuenta de que llevaba toda la mañana sin ver a Dawa. Salí afuera y busqué en el horizonte. En la cornisa blanca de la arista norte localicé una rayita negra inmóvil en la nieve, era como una i minúscula. Sentí una punzada en el estómago.

—Dawa —dijo Maila asomando su rostro por encima de mi

hombro. La i minúscula cayó al suelo y sobre ella pasó una nube de nieve en polvo.

—¿Dawa? ¿Dawa está allí? —Busqué los ojos de Pasang esperando una respuesta de por qué Dawa estaba en la arista un día semejante.

Didi nos había advertido, tras haber hablado con el centro meteorológico de Chamonix, que se esperaban vientos con una intensidad de ciento cincuenta kilómetros por hora, que en el mapa la región del Everest aparecía cubierta de una mancha de color rojo, que indicaba vientos huracanados y que nos aconsejaban abandonar la zona lo antes posible. Esperé la respuesta de Pasang. Sus ojos estaban irritados y enrojecidos por los efectos de la radiación solar y el frío de los días pasados. Rehuyó mi mirada, pero Maila saboreó con especial placer la respuesta.

—Sí, sí es Dawa, *bahini*. Ha subido a recoger todos los campamentos. Salió está mañana a las seis. Yo le preparé el desayuno. —Había en el tono de su voz un orgullo mal disimulado de complicidad. Sabían que no quería que ninguno subiera a desmontar hasta que las condiciones del tiempo mejoraran, incluso a riesgo de que las tiendas se destruyeran con la ventisca y de perderlo todo.

La i se puso nuevamente en pie y avanzó, esta vez, inclinada en cursiva.

Pasang y Maila rieron para descargar la tensión y parodiaron al pobre Dawa muerto de frío y agotado. Lo dejamos solo sobre el horizonte y pasamos el resto del día pendientes de verlo bajar.

Ocho horas más tarde reapareció en lo alto del Collado. Maila terminó de cerrar el termo de té y lo metió en una mochila junto con una bolsa con *chapatis* recién hechos, un trozo de queso de yak, y tres lámparas de frontal.

Ascendimos por la morrena. Lo encontramos tambaleándose, agotado, embutido en una mochila que desbordaba su capacidad, con bultos que colgaban de todas partes. Su rostro completamente ennegrecido por el viento gélido nos conmovió.

Lo rodeamos para desembarazarle de la mochila. Se dejó caer sobre una roca.

—¿Estás feliz, *bahini*? —me preguntó sonriendo, con un gesto que parecía habérsele congelado—. He subido hasta 8.200 y he desmontado todos los campos.

Pasang y Maila aguardaron también mi respuesta.

Sonreí y nos abrazamos brevemente y Maila dejó en su mano un tanque con té.

Entre él y Pasang repartieron en dos mochilas la carga y empezaron a bajar. Dawa y yo nos quedamos sentados viéndolos difuminarse en la masa grisácea de las rocas. Cuando encendieron sus lámparas de frontal se transformaron en dos luciérnagas que flotaban alejándose en la oscuridad.

—No se podía, *bahini*, es imposible subir a la cumbre —me dijo lo que yo ya sabía, lo que no quería oír, lo que el viento había estado cantando durante semanas y yo trataba de no escuchar refugiada en la música de mi radio—. Hicimos todo lo posible. Todo. Fue una buena expedición, estamos vivos, no ha habido ningún accidente, *bahini*. El Everest seguirá ahí, podremos volver. —A lo que contesté con un abatido «sí» con la cabeza.

El 6 de octubre llegaron los yaks. El tintineo de las campanas irrumpió con la luz de la mañana, por detrás de mi cabeza.

Kusang vino a mi tienda con el acostumbrado tanque de café con leche. Lo dejó en el avance y oí sus pasos, más ligeros que otras veces, que se alejaban. Me quedé un rato más dentro del saco, sin moverme, escuchando el silbido de los conductores de yaks a través del viento. Descorrí la cremallera de la tienda esperando que el tiempo mostrara trazas de algún cambio, con la esperanza de que esa ventana atmosférica diera por fin señales de abrirse. Saqué la cabeza buscando la montaña. La visión espantosa de la nieve sobrevolando la arista me sacó de dudas. Empecé el aseo y antes de una hora todo mi equipo personal se amontonaba sobre el canchal a la espera de ser cargado sobre los yaks.

Dawa y yo empezamos el descenso, Kusang y Pasang bajarían siguiendo la caravana de yaks, a ritmo más lento, y no llegarían al campamento base hasta dos días después, debían vigilar que no se perdiera algún bidón barranco abajo o que los yakeros no abrieran los petates tratando de robar alguna cosa.

Sergio salió de su tienda:

—¿Te vas ya, María? —me gritó desde la puerta.

—Sí, nos veremos en Rongbuk —contesté impaciente por perder altitud y dejar atrás el frío que ya no encontraba razones para seguir soportando. No me daban las cuentas por más que hiciera ecuaciones sumando dificultades y posibilidades.

Empezamos el descenso dejando el glaciar a la derecha. El Everest dominaba el cielo en plena cólera divina. Íbamos lentamente, pero animados ante la perspectiva de perder altitud por primera vez en cincuenta días, y de poder dormir en un catre aquella misma noche.

Hacia las tres de la tarde nos sentamos para comer. Los *chapatis* estaban resecos, pero no importaba, nuestra hambre era existencial, de la que no repara en sabores. Dawa me sirvió agua caliente de su propio termo. Nos reímos, sin decir nada más, porque para qué iba a repetir por centésima vez que el agua de la nieve, así sin más, no sirve para hidratarse porque carece de sales.

Sobre la última colina de guijarros de la morrena asomó por fin el tejado del puesto chino.

Dawa los puso al corriente de los últimos acontecimientos y averiguó que nuestro camión no vendría a recogernos antes de tres días, entre otras cosas porque todavía tendría que subir una nueva reata de yaks para recuperar el campamento de Sergio.

Esa noche, cuando pusieron el generador en marcha, llamé a Toni. Le dije que regresaba y que nunca más volvería a intentarlo; me sentía frustrada, con las emociones demasiado recientes. Me parecía que los días de sol y de calor, cuando parecía que la cima era posible, estaban muy lejos, ocultos bajo mil días de ventisca, de incertidumbre y de obligada reclusión en mi tienda, aplastados bajo ese sempiterno agotamiento.

Al día siguiente por la tarde, sin prisa, cargamos nuevamente con las mochilas y bajamos al monasterio, esperaríamos allí el momento de regresar.

Dawa buscó a alguien para que nos diera alojamiento. Tenía idea de que alquilaban cuartos para peregrinos por muy pocos yuanes.

Dormimos hasta bien entrada la mañana, todavía cansados por el descenso y, sobre todo, desgastados por tantas semanas viviendo a una altitud nada aconsejable. Por la mañana desayunamos en la única taberna de la aldea, si es que se le podía llamar así a aquel poblado de casuchas, y regresamos al monasterio. Queríamos visitar a Nang, una monja tibetana que habíamos conocido el día de nuestra llegada. Le habíamos prometido que al bajar iríamos a visitarla.

Dawa se perdió un momento tras la pesada cortina que colgaba del dintel de la puerta principal y reapareció enseguida para indicarme que lo siguiera. Dentro estaba oscuro y olía a humedad, a incienso y a la mantequilla rancia de las lámparas. Entre un grupo de monjas que estaban sentadas en el suelo sobre mullidos cojines, reconocí a Nang, recitaba mantras de memoria meciéndose de delante atrás como si estuviera en estado de trance.

Por debajo de la manta de lana que le cubría los hombros colgaba su collar de cuentas de madera que iba dando saltitos a medida que iba pasando bolitas de una en una. Cuando abrió los ojos me sonrió y, sin dejar de salmodiar rezos, palmeó sobre el cojín libre que tenía más próximo. Acepté su invitación y me senté entre ellas. Me preguntó, con un leve gesto de cabeza, si estaba bien. Respondí que sí.

Mientras, Dawa paseaba por la gran sala. Al fondo estaba la enorme estatua de Buda cubierta de *katas* blancas y amarillas y una pared contra la que se apilaban como ladrillos cientos de libros sagrados, cada uno envuelto con una muselina roja. Cerré los ojos, la voz de Nang se fundió con las demás, aquel murmullo monótono de rezos superpuestos se convirtieron en olas concéntricas que se irradiaban en el espacio. A mi mente acudieron a la vez todos los rezos que tantas veces había estado escuchando en los monasterios de Boudanaht en Katmandú o en el Thyangboche, en el valle del Khumbu, y recordaba muy bien las risas de los estudiantes más jóvenes rompiendo la sobriedad de la ceremonias.

Veinticuatro horas antes me hallaba a 6.400 metros de altitud y este lugar me había parecido lejano, lejano en la distancia y en la mente, teníamos por medio un glaciar de varios kilómetros y una sola idea en la cabeza: la cima.

Nang me tiró de la manga para que abriera los ojos, parecía que su tiempo de oraciones había concluido.

Dawa le dirigió un respetuoso saludo agachando la cabeza y se pusieron a hablar en lengua tibetana. «Dice si quieres pasear. Quiere enseñarnos las antiguas celdas de los monjes.»

Fuera soplaba un viento helado que levantaba remolinos de polvo y mantenía tiesas en el aire las banderolas de oración que estaban atadas al gran *chörten* de la entrada. En el horizonte se recortaba la silueta blanca del Chomolugma, como llaman los tibetanos al Everest, y que significa «la Diosa Madre de Tierra». Pero yo reparé en que Nang había pronunciado aquel nombre de una manera un poco diferente que sonaba más gutural, y el significado resultó ser otro, como ella misma nos dio a entender: «Montaña tan elevada que ningún pájaro puede sobrevolarla». Fuera de aquí, el nombre más conocido era, sin duda, el que hacía honor al topógrafo británico sir George Everest, con el que fue bautizada en 1865. Este nombre se lo pusieron un año después de que él muriera aun a sabiendas de que él quería que se respetara la toponimia local.

Acompañamos a Nang el resto del día, parecía encantada de hacernos de guía. Nos condujo a las afueras del recinto por un sendero que faldeaba por una montaña, quería mostrarnos los pequeñísimos ermitarios, anteriores a la construcción del monasterio, y donde antiguamente se encerraban los monjes para meditar.

—A veces todavía vamos —dijo.

No entendí por qué alguien podía querer encerrarse en aquellas frías cuevas y cabañas y pasarse días meditando en un completo aislamiento, sin hablar con nadie, como si la vida en el monasterio no fuera dura de por sí, y con aquel clima extremo y a aquella altitud, vestidos apenas con una túnica y un chal de lana. La soledad estaba implícita en el paisaje sin tener que hacer nada para buscarla.

Regresamos para ver el gran molino de oración que había en la entrada del monasterio y el *chörten*, una construcción circular en cuyo interior se guardaba lo que no podía ser destruido, los pergaminos sagrados y las reliquias de los lamas fallecidos.

El cielo amenazaba tormenta y Nang nos llevó a su celda situada a las afueras del monasterio. Tuvimos que agacharnos para entrar en la minúscula habitación de adobe, cuyo mobiliario constaba simplemente de un catre situado bajo la ventana. Junto a éste, estaba el fogón, un banco y una pequeña estantería contra la pared, con tacitas, platos y unas fotografías sin marco. Una vez estuvimos todos dentro no quedaba espacio para andar, así que nos sentamos. Nang encendió el fuego con boñigas secas y raíces, y puso agua a hervir para el té. Nang echó el té, la mantequilla y la sal en el *jadong*, un cilindro de madera de un metro de alto que funciona como un pistón, y estuvo batiendo la mezcla durante un buen rato. La observábamos sin hablar y cuando por fin se sentó reanudamos nuestra charla.

Tomó una de las fotografías en la que se la veía posando sonriente junto al Dalai Lama en el Dharamsala, un monasterio al sureste de la India, en Darjeeling, donde vive una importante comunidad tibetana de monjes exiliados.

Nang y Dawa sorbían té ruidosamente, a veces, seguido de un largo silencio que no parecía molestar a ninguno de los tres y durante el que bajábamos la mirada hacia las llamas del fogón que terciaba entre nosotros. Las gotas de agua nieve estampaban sus narices contra la ventana y petaban insistentemente en el cristal. Desde mi posición podía ver la barriga blancuzca del *chörten* y los penachos de la cúpula agitándose con el viento y el contrafuerte del Everest cerrando el valle a lo lejos. La tarde se oscureció prematuramente. Dawa me hizo un guiño y señaló la puerta, era hora de marcharnos, no habíamos tomado más que té amargo desde la hora del desayuno. Antes de dejarla, le ofrecimos viajar en nuestro camión, ya que nos había dicho que pensaba visitar a su familia. No había otro modo de salir de allí, pensábamos nosotros, que atravesando los treinta kilómetros del desierto valle hasta alcanzar la carretera de Lhasa.

El 12 de octubre el camión aparcó a las puertas del monasterio. Maila y Kusang subieron a la cabina y en la batea entre los petates se acomodaron una pareja de turistas y Nang, que llegó en el último momento, cargando con una pequeña mochila, sin habernos confirmado antes que efectivamente vendría. Era una mañana venteada, un mal día para viajar en un vehículo que no contaba con una lona con la que protegerse. Dawa, Sergio, Pasang y yo montamos en el jeep. Cuando llevábamos pocos kilómetros recorridos el camión se detuvo y la vimos bajar. Alzó la mano para decirnos adiós y se encaminó hacia la orilla del río. «¿Adónde va por ahí?», pregunté. Dawa se encogió de hombros. La aldea más próxima debía de estar a varios días de marcha. Quizá trataba de evitar los controles de la policía china, ¿quién podía saberlo? Nos pusimos lentamente en marcha mientras la veíamos como se alejaba abrigada hasta la cabeza con su chador de color burdeos.

Para mí, aquel meteórico viaje de regreso, primero a Katmandú y luego a casa, fue como caerse por un desagüe de un lavabo, envuelta en la turbulencia del agua.

La ciudad resultó un contraste demasiado fuerte en comparación al paisaje estático y silencioso de las montañas. Antes de que pudiera darme cuenta, me encontré paseando por los estrechos bazares de Katmandú, esquivando a los vendedores, aturdida por los bocinazos y los timbres de los vehículos que pitaban constantemente para apartar a los transeúntes. El aire tenía, de repente, demasiado oxígeno y me emborrachaba, temí que fuese a desmayarme en plena calle.

Era la ciudad que más adoraba en el mundo, pero en aquel momento me saturaba y terminé por refugiarme en la terraza del hotel hasta el momento de tomar el vuelo. Salía al atardecer, cuando las calles se vaciaban, y parecía que el espacio se agrandaba un poco más. Estaba muy lejos de desear la soledad de Nang pero muy cerca de entenderla.

Me fui de Katmandú con la firme idea de volver al Everest en primavera, mi frustración se había reciclado ya en un nuevo proyecto. No tenía absolutamente ninguna memoria cuando se trataba de recordar los malos momentos.

Llegué a casa el 16 de octubre, y a las veinticuatro horas de haber aterrizado cambié la mochila por la bolsa de deporte y me incorporé al trabajo. Si no hubiera sido por las secuelas de la altitud extrema que se traducían en la delgadez, el cansancio, y un sueño alterado por la diferencia horaria, creería que me había despertado en el cuerpo de otra mujer, en otra vida. Era la perspectiva de poder regresar al Everest en primavera lo único que me impedía desfallecer. Ahora ya sólo quería recordar los lagos cristalinos de Gosaikund, los bosques del Lantang, la nieve impecable del Chomolugma, los precipicios verdeazulados y ese silencio submarino del mar de los glaciares.

A las pocas semanas una inflamación en la rodilla derecha me obligó a coger una baja médica. En quince años, sólo las expediciones me habían apartado de mi trabajo como monitora de aeróbic. A partir de ese momento las recaídas empezaron a ser constantes. El simple hecho de bajar una escalera se convirtió en una tarea imposible, dolorosamente imposible.

En el mes de diciembre acudí al hospital para recoger los resultados de la resonancia magnética, la prueba decisiva que iba a revelar el origen del problema. Cuando el médico entró en la sala de espera y desplegó la lámina a contraluz, me confirmó que efectivamente el cartílago articular de la rodilla había desaparecido, se había gastado. Hasta el momento no se había inventado nada efectivo para su regeneración y menos para alguien que como yo realizaba entre cinco y siete horas de deporte diarias.

El Everest me esperaba a la vuelta de tres meses, la primavera no podía empezar si yo no llegaba a tiempo de escalarlo.

Estaba dentro de «la estrategia circular» con los cinco sentidos arraigados a su epicentro, era un estado mental que no era posible romper y reconstruir tan fácilmente. Suponía someterse a una dura disciplina que no podría soportar eternamente.

Regresé a casa con la resonancia magnética dentro de un sobre y la guardé en un cajón, como si apartándola de mi vista pudiera tener efecto sobre la realidad. No la necesitaba, el dolor me lo recordaba constantemente.

Carlos Vales, mi entrenador entonces, tampoco se rindió ante la evidencia de los resultados, preparó nuevas sesiones de rehabilitación en la piscina e investigó concienzudamente las últimas publicaciones médicas.

Me sentí como un pez lastrado, me angustiaba nadar por un pasillo veinticinco metros, aprisionada entre dos cuerdas, agobiada porque el nadador que venía detrás me pisaba los talones. Me angustiaba que pasaran las semanas y el no saber si aquel esfuerzo valdría para algo y lo que iba a ocurrir después con mi trabajo, con mi vida... me sentía como una inválida.

Empecé a frecuentar la piscina a horas menos concurridas. Poco a poco me reconcilié con el agua, con la monotonía de los largos y con la raya negra pintada en el fondo del vaso que me seguía a todas partes. Me concentré en acabar cada día el entrenamiento que Carlos me ponía. Sólo podría dar el ciento por ciento si conseguía olvidar, relajarme y visualizar el objetivo.

Contra todo pronóstico, fui mejorando. La inflamación desapareció casi por completo, aunque el dolor seguía estando ahí. Mis músculos se desarrollaron hasta suplir la función del cartílago, y el problema desapareció.

En enero reuní a los patrocinadores en un restaurante, les debía el relato de mi expedición anterior. Les mostré las diapositivas y los envenené con mi sueño. Para los postres se habían embarcado nuevamente en otra aventura al Everest. Viajé a Madrid y le presenté por segunda vez el proyecto a Tato Goya, de Viajes Dublín, a la Diputación y al Ayuntamiento de Vigo. Mientras esperaba la confirmación de su apoyo continué entrenando. Sin la colaboración de todos aquel proyecto era rotundamente inviable. Lo más difícil de todo fue conseguir que Toni se pusiera de mi lado una vez más. Se había prometido a sí mismo no mover ni un dedo para facilitarme las cosas, le había dicho tantas veces ya que aquélla sería la última vez.

Finalmente se cambió de bando, como siempre, en el último momento.

El día que aterricé en el aeropuerto de Katmandú llevaba sendas rodilleras apretándome los muslos (parecían dos chorizos cebolleros), sufría del mismo problema en la rodilla izquierda, aunque en menor grado, pero no lo había confesado, ¿para qué?

Entré en la ciudad como si nunca me hubiera marchado, eso era lo que Toni me había dicho: «Me miras pero no me ves. Físicamente estás aquí, en casa, pero tu cabeza sigue allí, en el Everest».

Regresé a los lagos de Gosaikund para realizar la aclimatación previa, esta vez me acompañaba uno de mis nuevos porteadores, Ningpemba, Dawa se había echado atrás y me lo había recomendado y también a un primo suyo llamado Sandu. Durante la ascensión, las rodillas casi no me habían dado problemas pero en la bajada me había tenido que ayudar con los bastones de esquí, e incluso había tenido que descender de lado los tramos más empinados.

Viajé por cuarta vez al Tíbet, a Zhangmu, a Nylam y a Tingri y como novedad nos desviamos a la población de Segar en la que permanecimos dos días. Compartía el permiso con el equipo de Sergio Martini, su oferta era más barata que la que yo tenía y cambié de agencia dos semanas antes de partir, aunque decliné su ofrecimiento de compartir el porteador de altura; eso suponía hacer planes de cooperación. Estaba claro que al tener el mismo período de permiso acabaríamos coincidiendo en más de una ocasión durante la ascensión, pero no quería tener el compromiso de compartir la logística y él lo había entendido.

El 19 de abril llegamos al campamento base. Salté a tierra desde la cabina del camión para subirme a la batea con Sandu y descargar los bidones.

El Everest se había convertido en una montaña negra, el viento la había dejado en carne viva. Pero el paisaje no era lo único que había cambiado. Cuando días más tarde alcancé el campamento base avanzado, me quedé estupefacta al descubrir la cantidad de tiendas que jalonaban la morrena hasta el horizonte. Había llegado unas dos horas antes que el resto de los italianos con la finalidad de buscar un buen sitio donde instalarnos y para obligar a los yakeros a detenerse con los animales en el lugar exacto y que no pasara lo del otoño anterior.

Durante las cuatro semanas siguientes no hubo ni un solo día completo de sol, ni una sola muestra de estabilidad que albergara la más mínima posibilidad de hacer cumbre con relativa seguridad.

Me encerré en mí misma, concentrada en la disciplina de la aclimatación y la instalación de los campos superiores, sin perder la esperanza de que me tocara la oportunidad. Hasta nuestra tienda llegaban de vez en cuando rumores de lo que hacían la expedición americana, la georgiana, o la ucraniana, de unos que se retiraban y de otros que iniciaban el intento a la cima, aunque por lo demás yo desconocía hasta a quién pertenecían las tiendas más cercanas a nuestro campamento. Rechacé sistemáticamente las invitaciones que los otros grupos nos hacían de ir a tomar un té a su comedor. La vida social del campamento me traía sin cuidado. Necesitaba estar sola, por dentro y por fuera.

El 21 de mayo me acosté tarde. Todas las luces del campamento base estaban apagadas excepto la del comedor de los italianos. Muchos alpinistas ya se habían ido a sus respectivos países de origen o habían bajado a descansar al campamento de Rongbuk, yo era la única persona que no había descendido, ni siquiera una vez, en toda la temporada. La idea de dar un paso atrás se me hacía imposible, quería presenciar con mis propios ojos cualquier cambio atmosférico, por pequeño que fuese.

La vida a aquella altitud era especialmente dura, pero yo me había acomodado bastante bien, aunque tenía la impresión de que aún seguía allí desde el otoño pasado y algunos días ya se me hacían muy cuesta arriba. Nadie quería permanecer en él más de diez días seguidos, estaba situado en la llamada «altitud extrema», se dormía mal y la fatiga lo acompañaba a uno a todas partes.

Esa noche, mientras aguardaba a que el bolígrafo se descongelase dentro de un vaso de agua templada reanimé la llama de la lámpara de queroseno y me senté en una de las sillas de cámping dispuesta a esperar. Llevaba puesto el mono de plumas y aun así estaba muerta de frío. Cuando saqué el bolígrafo dejé caer dentro una cucharada de café liofilizado, y como la leche condensada parecía haberse helado me resigné a tomármelo solo. Escribí en mi diario que las baterías del teléfono vía satélite se descargaban a los pocos minutos de haberlas recargado, la cámara fotográfica dejaba de funcionar si no la tenía constantemente abrigada en el bolsillo interior del mono de plumas, la ropa mojada se quedaba tiesa días enteros y que desde el 28 de abril el paquete de toallitas húmedas para el aseo permanecía tan duro como un ladrillo. Sin embargo, había algo en el aire que empezaba a cambiar. Tenía el presentimiento de que, al día siguiente y no más tarde, iba a cruzar por séptima y definitiva vez el campamento base en dirección a la cima. Hasta la fecha, ninguno de los intentos había salido bien parado, el balance era de tres alpinistas muertos, algunos rescatados y otros con graves secuelas de congelaciones.

Por encima de los 7.500 metros se cruzaba «la frontera» y se entraba en la llamada «zona de la muerte», donde el oxígeno iba disminuyendo paulatinamente hasta quedarse en un treinta por ciento al llegar a la cima del Everest, lo que apenas daba para caminar muy, muy lentamente. El cerebro y los músculos sufrían de un hipoxia que conducía irreversiblemente a la muerte si se permanecía más tiempo de lo debido; para algunos esto representaba unas horas; para otros, un día, dos; en cualquier caso, se trataba de un tiempo prestado. No quería dejarme intimidar por aquellos datos, pero no tenerlos en cuenta también me parecía una temeridad por mi parte. Sandu me acompañaría a la cima, pero eso suponía más que nada un apoyo moral. Sabía que nadie podía bajar de la arista noreste si no era por su propio pie, y en el caso de necesitar ayuda, no contaba siquiera con una radio para informar a nadie en el campamento base. En el caso de que la caridad de alguno diera para efectuar un rescate, se necesitaban días y descender del campamento III era toda una odisea. Había tenido la oportunidad de comprobarlo cuando bajaron al alpinista ucraniano completamente en coma y congelado.

Antes de irme a acostar escribí la hora (las dos de la mañana), la temperatura (diecisiete grados bajo cero) y que una gota de sudor se me había escurrido por el brazo y que se me habían humedecido las manos; me sabía en la recta final.

La mañana del 22 de mayo de 1999 el sol hizo un guiño en el cielo. Entré en la tienda comedor y le dije a Sandu que nos íbamos.

A Toni le había dicho que no podría llamarle en varios días, que apenas quedaba queroseno para el generador pero que antes de subir, si la oportunidad se presentaba, le avisaría. No lo hice. Me despedí de Ningpemba, de Maila, de Sadru (su ayudante tibetano) y de Isicawa, el alpinista japonés que también compartía nuestro campamento.

La tarde se estropeó con nubes y una nevada breve y desganada, de las que te puedes esperar cualquier cosa. Aguardé en la tienda del campamento I a que llegara Sandu con nuevas provisiones. También Sergio llegó a eso de las cuatro o cinco de la tarde.

El día 23 remontamos la arista norte hacia el campamento II, situado a 7.800 metros. El tiempo era inestable, nubes y viento helado, pero no era igual que otras veces: los grandes trozos de cielo azul me parecían el preludio de un definitivo cambio atmosférico. Me pregunté cuántas veces durante aquella primavera había escalado hasta allí con renovadas esperanzas de poder continuar hacia la cima.

El 24 de mayo amaneció tormentoso. Valentini, otro de los escaladores italianos, llegó al campamento en un mal momento, cuando el viento azotaba con fuerza. Permanecimos recluidos en nuestras tiendas otras veinticuatro largas, tediosas, incómodas y desmoralizantes horas en las que Sandu no paró de repetirme que la expedición se había acabado, y que era mejor bajar. Apenas nos dirigimos la palabra, me resultaba incómodo compartir codo con codo un espacio tan pequeño, casi íntimo, con alguien que sólo parecía querer huir. A mí no me daba la gana rendirme, todavía había demasiada ambigüedad meteorológica. Sandu empezó a animarse cuando al final de la tarde vio desde la puerta que llegaban una docena de alpinistas y ocupaban unas tiendas más abajo. Tan pronto anocheció el viento gastado disolvió las nubes y aparecieron algunas estrellas, pensé que jamás podría transmitirle a nadie la sensación que aquel momento me produjo.

Por fin, el día 25 de mayo prosiguió nuestro avance. Escalamos hasta el campamento III, situado a 8.200 metros de altitud, bajo el contrafuerte de rocas y nieve de la arista noreste que ahora parecía haberse alargado. Era como ser el punto de la i y estar a un centímetro del borde de un folio tras el cual la tierra se acababa.

Permanecí completamente inmóvil, tanteando metro a metro los tres kilómetros de aquella travesía que en unas horas estaría recorriendo.

Sandu me señaló desde más arriba la tienda en la que él iba a pasar la noche, para que no hubiese confusión cuando llegase el momento de salir y convinimos a gritos que la hora de salida sería a las dos de la mañana. Lo vi entrar en una tienda canadiense amarilla seguido de Valentini. Sergio y yo compartiríamos una tienda que se encontraba a sólo unos pasos de mí. Esperé a que entrase y cuando me dirigía hacia allí, en el momento de ponerme de nuevo en marcha, descubrí que me había detenido justo al lado del cuerpo de un alpinista muerto. Lo observé un momento, tenía el rostro macilento y estaba medio envuelto con los restos de una tienda hecha jirones por la intemperie. No quería recrearme en aquella imagen que me llegaba a contraluz, pero pensaba con lentitud y me había quedado pasmada mientras decía para mí misma que aquello parecía un cadáver pero que no lo era, asaltada por preguntas cuyas respuestas eran evidentes. Nadie había llegado hasta aquella altitud para gastar sus últimas fuerzas en prepararle una tumba decente, era un trabajo demasiado agotador, fuera del alcance de cualquiera. Todo lo que no fuese dar un paso hacia la cima carecía de sentido, y eso sólo lo podíamos entender los que habíamos llegado hasta allí.

La tarde del 25 de mayo fue impecable, la esfera del sol declinó limpiamente dejando a su paso un reflejo púrpura sobre la negra pared que también tiñó el interior de nuestro habitáculo. Aguardé sentada a que fuera la hora, no había espacio para tumbarme, el suelo de la tienda se había hundido en un socavón de nieve blanda.

La fatiga del campamento base, donde la presión atmosférica era menos de la mitad en relación al nivel del mar, ahora parecía puramente anecdótica. Aquélla era la tercera noche que pasaba por encima de los 7.500 metros. El cuerpo no había hecho más que degenerarse y debilitarse desde entonces, ni la aclimatación ni la recuperación eran ya posibles. Decidí que era el momento de olvidar todas las cifras, los mitos y las leyendas que conocía en torno a la barrera de los 8.000 metros, estaba allí, mis sensaciones eran la mejor estadística y éstas eran inmejorables. Mientras cada uno recorría a solas la isla de su conciencia, las horas fueron pasando, ni lentas ni rápidas, me pareció que lo justo. A las dos de la mañana sonó el silencioso pistoletazo de salida y esta vez yo estaba en el lugar y en el momento adecuados. Al sacar la cabeza fuera de la tienda la mirada se me fue directa al cielo, estaba lleno de estrellas. El frío había espolvoreado el jumar con cristalitos helados, las cuerdas y las rocas estaban barnizadas de hielo, calculé que debíamos estar a unos 35° bajo cero.

Valentini no se encontraba bien y se quedó en la tienda, Sandu se pegó a mi espalda y comenzamos a escalar la arista noreste. Una decena de luces atravesaban la arista moviéndose imperceptiblemente, eran el grupo de los georgianos y americanos que habían partido a la una y media, apenas una estrecha franja de pared los separaba del resto de las estrellas.

Al amanecer, descubrí que caminaba por el filo de un paisaje boquiabierto. Las nubes tenían la extraña forma de unas columnas verticales que partían desde el glaciar occidental de Rongbuk, 3.000 metros más abajo. Avanzábamos en travesía, a un lado la pared norte y al otro el vacío, y ahora todas las montañas quedaban lejos, algunas en la distancia y otras en la profundidad.

Me fue fácil imaginar a Irvine y a Mallory, los dos escaladores británicos que se perdieron en las laderas del Everest en 1924. Ellos caminaban por el mismo lugar por el que yo lo hacía ahora. La última vez que se les vio estaban completamente solos, escalando entre las nubes. Justo tres días antes de que yo pasara por allí, se había descubierto el cuerpo de Mallory, que había quedado enterrado en el hielo durante setenta y cinco años. Pero ese año, el viento era tan brutal que consiguió limpiar el hielo y dejar que la montaña nos regalara una última visión de Mallory aunque sin desvelarnos si aquella entrañable cordada fantasma había llegado a alcanzar realmente la cima.

Nada se interponía entre el paisaje y yo, la perspectiva pierde intensidad cuando a uno le ampara la espalda del compañero y por eso me impresionó tanto encontrar de repente un cadáver. Sandu me empujó suavemente y me pidió que no mirase, pero tenía que hacerlo si no quería acabar pisándole las piernas. Recuperé el aliento apoyada en una gran roca y proseguí sin pensarlo más. Al llegar al muro del Primer Escalón, encontramos un nuevo cadáver sentado en la base. Aunque entonces no la reconocí, más tarde supe que se trataba de Franca di Estefano, la mujer americana que en la primavera del año 1998 había intentado también aquella ascensión sin oxígeno. Estaba metida hasta la cintura dentro de un saco de dormir, ladeada contra la pared, y el extremo de la cuerda, a la que yo tenía que echar mano, le pasaba por encima del hombro.

A Sandu, la mascarilla de oxígeno le protegía de la realidad, le otorgaba poder, poder contra el frío y la altitud, contra esa enfermedad que, en pocas horas, había convertido mi cuerpo en el cuerpo de una anciana, y me confería una sensación de fragilidad sin medida. Me quedaba el ocho por ciento de capacidad física, el resto lo movía la razón. A pesar de aquella lentitud del cuerpo que magnificaba y sobredimensionaba hasta el obstáculo más pequeño, me sentía más dueña de mí misma que nunca, porque todo, hasta respirar, requería voluntad.

Me icé con el jumar por la pala de hielo y la angustia se reabsorbió en un tiempo que parecía irreal. El sol me reconfortó al finalizar el muro y no volví a mirar hacia atrás. Busqué a lo lejos, la luz había vuelto de color dorado la nieve del cono somital. Al final de la travesía el mítico Segundo Escalón se asomaba al camino como un acantilado vertical. Algunos de los georgianos se dirigían hacia él, estaban a unos centenares de metros de distancia de donde yo me encontraba; por detrás se les acercaba Sergio, lo reconocí porque llevaba un plumífero amarillo.

Aquél parecía el tramo más expuesto de la arista. Pasé el mosquetón por la primera de las cuerdas colocada horizontalmente en la pared, estaba completamente destejida y conté los hilos del entramado: cinco. Si resbalaba se rompería con toda seguridad y acabaría precipitándome 4.000 metros al vacío. Pero había que pasar por allí o darse la vuelta y me dije que donde uno no se puede caer, no se cae. Les hablé a mis pies y a mis dedos para indicarles dónde debían apoyar el crampón o a qué piedra sujetarse: «En esa laja. ¡No, ahí no!, en esa laja plana. Y deja espacio para el otro pie. ¡Bien! ¡Así! No hay por qué mirar abajo, las impresiones son siempre subjetivas». Con movimientos absolutamente precisos enlacé una cuerda tras otra.

Llegamos a la base del Escalón, tuve que ralentizar el ritmo para dar tiempo a los que iban delante. ¡A mí aquello me podía de frío! Estaba convencida de que si superaba aquel muro de treinta metros, conseguiría llegar a la cima. Estaba ansiosa por escalarlo. Los metros finales estaban equipados con dos escaleras metálicas, una de ellas estaba un poco descolgada. No podía fallar al dar aquel paso, no tendría la fuerza suficiente si me quedaba colgada de la cuerda. «Sin dudar —pensé—, hay que hacerlo sin dudar.» Aquellas escaleras habían sido colocadas por la expedición china de 1975. En el supuesto de que Irvine y Mallory hubieran conseguido llegar hasta allí, habrían tenido que superar aquel tramo en escalada libre, y me hice la misma pregunta que se hacen todos los que logran llegar hasta ese punto: ¿Habrían sido capaces de hacerlo?

A 8.700 metros de altitud, justo por encima del Segundo Escalón, se extendía una explanada ancha de rocas planas sobre las que destacaban, a pocos metros del vacío, tres bultos de color sospechoso. Eran lo que me temía.

El equipo de alpinistas georgianos se había detenido a descansar bajo el cono final, pero no quise entretenerme, así que bebí un poco de café con leche del termo sin siquiera sentarme y continué. La emoción vibraba en el aire, en nuestros ojos, y en nuestras voces.

Al poco tiempo todos nos pasaron delante, excepto dos alpinistas que se habían echado atrás cuando comprobaron el mal estado de las cuerdas en la travesía, antes de llegar al Segundo Escalón. Sandu se puso muy nervioso, intentó que apurásemos, pero a casi 9.000 metros de altitud y sin oxígeno me pedía lo imposible, entonces trató de persuadirme de que nos diésemos la vuelta. Me convencí a mí misma de que debía mantener la calma, discutir era un lujo fuera de mi alcance. Con una tranquilidad forzada, le dije que mirara el cielo, que el tiempo era realmente bueno, estable, y todavía eran las once la mañana, y que acabábamos de ver el monte Makalu (había sido en el momento de girar al sur desde el oeste), y eso sólo era posible si estábamos muy cerca de la cima... Me contestó que lo esperase allí mismo. Estaba furiosa, su miedo era injustificado y me obligaba a reconstruir constantemente un equilibrio cada vez más frágil. Me puse en pie, era la primera vez que me sentaba en todo el camino. Cuarenta metros más arriba la nieve terminaba en el cielo. Sandu llegó primero. Intuí su reacción. Se volvió, levantó el brazo y lanzó una jubilosa exclamación que sonó amortiguada por la mascarilla.

Llegué hasta el punto donde Sandu había lanzado aquel grito y entonces yo también pude verla: era la cima del Everest, el final de la Tierra.

Contemplé la suave pendiente que se iba estrechando hasta acabar coronada en un promontorio, los georgianos, los americanos y Sergio habían llegado.

Me invadió una tranquilidad absoluta, ni ansiedad, ni deseo, ni prisa. Ahora que mi cuerpo y mi cabeza no tenían que estar unidos para cuidarse mutuamente, podían caminar por separado. Recuerdo perfectamente la extrema agudeza del silencio y la sublime transparencia del aire, era como si se hubiera esfumado ese filtro a través del cual uno percibe las cosas, como si la mente realmente me hablara desde fuera. «Veinte pasos», conté. Tenía la extraña sensación de haber estado allí anteriormente, pero lo más raro de entender para mí era que, ahora que estaba a punto de alcanzarla, se me ocurriese pensar que tal vez lo mejor sería no hacerlo.

«Diez», me dije, y brindé por los míos. «Dos...» y pisé la cima del Everest, abracé el cielo, a Sandu y a Sergio, que me salió al encuentro con los ojos llenos de lágrimas (dijo que por la emoción que le causaba verme llegar sin oxígeno).

La cima no se acaba si uno no la llora. Me dejaron a solas con esa parte de la gloria que no se puede compartir. Es una ceremonia en la que uno se confiesa a sí mismo que llegar a la cima significa acabar con su fantasía. Me senté cara a cara con el monte Makalu, su afilada arista sur y con un océano de picos y nubes que no tenía fin. Busqué al oeste, la figura achaparrada del Cho Oyu, el círculo se cerraba. «¡Ya está!», pensé.

Lloré por la emoción de saberme en el punto más elevado del planeta, sin más, lloré porque la intensidad tenía la misma medida que mi esfuerzo, era la suma de todos los intentos que había hecho por escalarla. Para mí, el Everest no nacía en el campamento base sino muchísimo más lejos, en el fondo de una piscina, en la tarima de mi gimnasio, nacía al lado mismo del mar, que era donde yo la había soñado.

Los demás empezaron a bajar, me quedé completamente sola, sola en el extremo más extremo de la Tierra. Había permanecido veinte minutos en la cima, el tiempo no importa, unos segundos, una foto, un abrazo o ninguno. Ya está dentro de ti.

Me rehíce a la idea de bajar. Visualicé el regreso, las cuerdas deshilachadas de la arista y me dije a mí misma que debía congelar las emociones, dejarlas para otro momento. Me esperaban horas más duras si cabe, tenía que concentrarme en no cometer ningún fallo. Es mucho más fácil caerse de una escalera cuando uno la baja que cuando la sube. «Olvida la cima —me dije—, no habrás hecho nada más importante en toda tu vida que bajar la arista de regreso al campamento III.»

Descendí con Sandu el cono somital hasta el Segundo Escalón, los demás estaban atravesando la arista en dirección al Primer Escalón, excepto Sergio, que se había quedado a descansar sobre la zona de las lajas planas. Sandu me hostigaba cada vez más para que me pusiera el oxígeno. Intenté romper el ritmo saliéndome de la cuerda fija pero volví a retomarla, me convencí de que debía mantener la misma cadencia al caminar, y que la paciencia era mi único recurso; si dejaba que me venciera la angustia por llegar al campamento III sufriría todavía más. Me senté en la nieve y contemplé los tres kilómetros de arista, era como contemplar el infinito. Quedaban tres horas de luz pero yo me había traído el frontal por si acaso. Nunca me habría de enfrentar a un reto mental como aquél, me dije, y por un momento pensé en mi propia muerte, en mi madre que me había dicho antes de partir: «Si tú te mueres, nena, yo me muero». Me puse en pie mientras me repetía que todos habían subido con bombona de oxígeno, que no podía dejarme llevar por la misma sensación de miedo que Sandu. Era una cuestión de confianza, que él se obstinaba en robarme. Cuando llegué a la altura de Sergio éste empezó a hostigarme de que le hiciera caso, que me lo pusiera de una vez y que me bajara corriendo de allí, que ya lo había conseguido, ahora sálvese quien pueda, era la vida de Sandu la que yo ponía en juego. Pero yo me resistía a hacerlo, había meditado tanto acerca de ese momento, me había imaginado que si esa situación llegaba tendría que ser por puro ahogo, porque ya no sería capaz de seguir caminando por mi propio pie, me lo pondría un segundo antes de sospechar que estaba perdiendo la capacidad de pensar por mí misma. Pero todavía podía, la tarde era perfecta, sin viento y por fin había dejado de temblar de frío. La distancia era larga, más para mí que sabía que no podría luchar contra dos miedos al mismo tiempo, que no podría estar pendiente de cada mosquetón que tendría que abrir, poner y sacar de cada cuerda; sabía que no podía concentrarme en apoyar una y otra vez el pie en cada repisa con la actitud de Sandu. Yo sólo quería que se callara, que tuviera paciencia y que me dejase luchar. Me había prometido a mí misma que no me pondría el oxígeno para subir, que antes me daría la vuelta, pero que si mi vida peligraba en la bajada, ahí sí que me lo pondría. Por un reto, no estaba dispuesta a perder la vida, aunque también me parecía que aún no había llegado el momento de utilizar el oxígeno artificial. Sin embargo, me coloqué la mascarilla mientras me preguntaba qué estaba haciendo. Volví a sacármela, me ahogaba. Sergio me dijo que debía inspirar profundamente por la boca. De pronto, una bocanada de vida lo cambió todo, ni siquiera me pesaba la botella de oxígeno que había cargado a la espalda. La arista ya no me parecía infinita sino posible. Y sin embargo, las ganas de luchar se esfumaron, la motivación, el reto, y al ver los cuerpos de los tres alpinistas dramáticamente tumbados sobre las rocas, pensé en ellos como en unos perdedores. Desapareció aquella sensación de fragilidad y yo también sentí el poder. Nos dirigimos al rapel. Primero Sandu, luego yo. Le dije a Sergio que aquella mascarilla no me dejaba ver, ¿por qué no me ayudaba a descender? Ya no había reto, ya no me importaba cómo hacerlo, mascullό unas palabras y comprendí que no estaba a su alcance, que no me podía ayudar. Me saqué nuevamente la mascarilla y empecé a bajar, en medio del muro bloqueé el descensor y eché mano a la mascarilla, inspiré profundamente y proseguí. Continué la arista hacia el Primer Escalón. Allí el cuerpo de Franca parecía decir: «¡Sal de aquí, vete, corre, baja, aléjate!». Hacia las seis de la tarde solté el ocho de la última cuerda, habíamos llegado al campamento. Mi cuerpo y mi mente luchaban codo con codo por recorrer los últimos metros. Se ponía el sol, y las rocas y la nieve se habían teñido de púrpura otra vez. El oxígeno se me había acabado hacía tiempo y sufría por el peso de la mochila, me moría, ésa era la sensación. Me dejé caer a la puerta de la tienda, Sandu y Martini dijeron que seguían bajando hasta el campamento II. La noche sobrevino inmediatamente y entré. Aldo preparó té y me ayudó a sacarme las carcasas de las botas. Se tumbó a descansar. Para mí no había espacio y permanecí sentada el resto de la noche. Necesitaba oxígeno y salí para comprobar si quedaba alguna botella en un saco que estaba apoyado contra un costado de la tienda, pero todas estaban vacías. Respiraba agitadamente para poder compensar la deuda. Sentía los latidos del corazón como si le costara bombear, lento pero con fuerza. Aldo se fue a la una de la madrugada. A los primeros indicios del amanecer preparé la mochila y empecé a descender. Respiraba como un pez que hubiera saltado al suelo desde una pecera.

Apenas podía dar cuatro pasos seguidos. Tardé una vida entera en alcanzar el campamento II y otra el campamento I. Pero me iba sintiendo mejor a medida que perdía metros.

Ningpemba nos encontró a Sandu y a mí cerca del campamento en el Collado. Los vi abrazarse emocionados. En aquel momento había empezado a nevar y me dejé caer sentada en la nieve.

Distinguí a duras penas las tiendas del campamento base, donde todo empieza y acaba, pronto volvería a casa. Ahora que nuevamente mi cuerpo y mi cabeza no tenían que protegerse el uno al otro, podía dejar de pensar en mi seguridad, en la supervivencia y empezar a reflexionar sobre todo lo que había pasado.

Estaba justo en la frontera entre la cima y mi casa de Vigo. Pensé que había llegado el momento de encontrar la fórmula que reconciliara mis dos mundos, nunca había sido capaz. Necesitaba averiguar para qué iba a servirme allí esta experiencia, cuál era su transferencia. Ya sabía que lo que había hecho era muy importante en mi carrera deportiva, pero además, necesitaba interiorizarlo, llevármelo para siempre conmigo, que no sólo fuera una muesca en piolet.

A un lado estaba ese mundo cotidiano donde uno se aferra a la inmortalidad con uñas y dientes, a la inmortalidad de la belleza, de la juventud y del éxito; al otro, éste, donde la intensidad duraba un suspiro y convertía las cosas en únicas y bellas, donde aprendes que hay que saber dejar que los sueños mueran o que vivan un segundo, donde la soledad y la muerte tienen su valor y sólo allí aprendí a reconocerlo. Entonces supe entender a Nang. Hasta los aviones de mi padre tuvieron su momento de gloria, y había sido la brevedad de sus vuelos lo que en realidad los había hecho imperecederos en mi memoria. Había que dejar morir a los sueños en paz, al menos me había atrevido a vivirlo.

Me remonté al origen, cuando había saltado la chispa, me pregunté si la expedición del año 1992 había sido la razón o simplemente una excusa, ya no lo recordaba bien, tampoco importaba, a lo largo de aquellos siete años se me habían perdido muchas cosas por el camino de tanto atar y desatar nudos con la mente.

Recordé la cumbre, sin aplausos, sin testigos (sólo nosotros mismos), sin palmadas de ánimo en la espalda, en la absoluta invisibilidad, y en ello había radicado la belleza de aquel momento. No tenía que seguir buscando un «para» sino un «porqué», porque el espíritu humano se alimenta de los retos de la misma manera que también se aparta de ellos. Me sentí en paz, algo que ya no recordaba.

Ningpemba se cargó las dos mochilas a la espalda y continuamos bajando. Al borde de la pared del Collado pensé que ya estaba, que ahora el campamento base se acercaba a mí.

Al llegar cogí el teléfono y llame a Toni... ¡Cima, hice cima!